Manouche

Éditions J'ai Lu

ROGER PEYREFITTE | ŒUVRES

LES AMITIÉS PARTICULIÈRES	J'ai Lu
Prix Théophraste-Renaudot 1944	
LES AMOURS SINGULIÈRES	J'ai Lu
MADEMOISELLE DE MURVILLE	J'ai Lu
L'ORACLE	
LA MORT D'UNE MÈRE	
LES AMBASSADES	J'ai Lu
LA FIN DES AMBASSADES	J'ai Lu
DU VÉSUVE A L'ETNA	
Prix de la Ville de Palerme	
LES CLÉS DE SAINT PIERRE	J'ai Lu
LE PRINCE DES NEIGES	
JEUNES PROIES	
LES CHEVALIERS DE MALTE	
L'EXILÉ DE CAPRI	
LE SPECTATEUR NOCTURNE	
LES FILS DE LA LUMIÈRE	J'ai Lu
LA NATURE DU PRINCE	
LES JUIFS	J'ai Lu
NOTRE AMOUR	J'ai Lu
LES AMÉRICAINS	J'ai Lu
DES FRANÇAIS	
LA COLOQUINTE	J'ai Lu
MANOUCHE	J'ai Lu

En vente dans les meilleures librairies

ROGER PEYREFITTE

Manouche

AVANT-PROPOS

Variété, c'est ma devise. Je n'en aurai jamais fait une application plus complète qu'en écrivant la vie de Germaine Germain, dite Manouche. Cette femme, tant par elle-même que par ceux qu'elle a aimés, côtoyés ou connus, représente un aspect de la société, qu'il fallait avoir la hardiesse de peindre. Mais le modèle et le peintre étaient destinés à se rencontrer : si je me suis voué à la vérité, elle est « la bouche de la Vérité », comme le célèbre masque de marbre que l'on voit à Rome.

Un homme d'esprit, qui est un vieil ami de Manouche, me disait, quand j'écrivais ce livre : « Prenez garde! pas d'euphémismes. Cette fois, vous devez vous mouiller, jusque dans le style. » C'était bien mon intention. Si la bouche de la Vérité se permet d'être mal embouchée, ce serait dommage d'en tamiser les paroles. Elles appartiennent, du reste, à un monde qui n'est pas seulement celui de Manouche, mais celui de la jeunesse. Je me suis cru assez jeune pour les employer.

Voltaire, — « le Français suprême » selon Goethe, — a dit que « la perfection » est d' « assortir son style à la matière qu'on traite ». S'il n'a pas utilisé, pour son compte, le style qu'on appelait « poissard », il a rendu hommage au chansonnier qui l'a illustré, en intitulant un de ses propres ouvrages *Contes de Guillaume Vadé*. D'ailleurs, qu'il s'agisse du « genre de style » ou du « genre d'ouvrage », c'est lui qui a édicté la règle des règles :

Tous les genres sont bons, hors le genre ennuyeux.

Je m'assure que l'histoire de Manouche, à quelque genre qu'on la rattache, ne sera pas cataloguée dans celui-là. Comme son apparition à la télévision, qui a réjoui toute la France, mais qu'un personnage officiel a qualifiée de « grossière et pénible », ce livre de « haulte gresse » est dédié aux esprits libres et aux gens dont le goût est assez sûr pour savoir jouir d'une exception.

PREMIÈRE PARTIE

1

Un docker regarde la jolie fille effondrée sur un banc du port, à côté de sa valise. Il lui adresse des obscénités, dans un slang qu'elle ne cherche pas à comprendre. Elle sanglote, après une brève explication avec un gaillard à rouflaquettes, coiffé d'un feutre à long poil. Il l'a plantée là, indifférent à ses dix-sept ans. Les larmes qu'elle verse, sont celles de la désillusion.

Un instant, elle se demande si elle va repartir pour Londres en vue de rattraper ce truand, ou de retrouver le jeune lord qu'elle lui a sacrifié. Elle juge plus sage de regagner sa famille à Paris, qui attend anxieusement de ses nouvelles. Des gouttes de pluie précipitent sa décision. Elle se dirige vers la passerelle du bateau pour lequel son billet était déjà pris, — le bateau qui aurait dû l'emmener avec cet individu. Quelqu'un lui fait observer qu'elle oubliait sa valise. Ce n'est plus l'embarquement pour Gnide, mais pour le purgatoire. Quand le steamer démarre, elle est près de se jeter dans ces flots huileux de Douvres. Les sirènes des navires se mêlent au grondement de l'orage; les fumées, à l'odeur de la saumure et des embruns.

Malgré elle, le spectacle du bord la distrait. Un officier s'approche et la réconforte. Il n'a pas l'accent de cette gentry au milieu de qui elle a vécu une année d'étourdissement, mais non plus l'accent du débardeur. Du moins, n'a-t-il pas assisté à la scène pénible dont elle vient d'être l'héroïne. Elle lui dit qu'elle est triste de quitter des amis charmants.

— Vous êtes française? demande-t-il.

— Oui, répond-elle.

— Voulez-vous vous reposer dans ma cabine?

Elle le toise. Cet Anglais s'imagine-t-il que toute Française est une grue? Celle-là est, certes, sensible à l'appel du plaisir, mais il faut, pour la séduire, des manières ou des muscles. Ce petit bonhomme, dans son uniforme étriqué, la ferait rire. Elle va seule au bar, ouvre son sac, se remet un peu de poudre, étonne le public de 1930 en grillant une cigarette. Son chagrin est surmonté.

Pourquoi se serait-elle désespérée? Les aventures de ces douze mois lui en prédisaient d'aussi grisantes et d'aussi cocasses. Les deux amants qu'elle a eus, formaient le plus beau contraste. Elle évoque sa marraine Clémentine, directrice du rayon des articles de Paris chez Selfridge, et sous le couvert de qui elle est allée faire ses études chez les religieuses de Notre-Dame-de-Sion à Worthing. C'est cette veuve pétulante, maîtresse d'un ténor italien, qui a protégé ses amours avec le jeune lord B., frère d'une de ses camarades de collège. L'intrigue s'était nouée à la faveur des sorties. La nuit de Noël, tandis qu'au salon, dans son appartement de West End, la marraine jouait du piano et que le ténor chantait à plein gosier la Nativité de Pergolèse, John avait dépucelé Germaine sur le lit de la chambre à coucher. La sœur n'était pas de la fête, qu'elle n'aurait peut-être pas approuvée. A Worthing, elle avait initié Germaine à des jeux différents. Mais que ces jeux paraissaient maintenant dérisoires à celle qui les avait ensuite partagés avec la petite-fille d'un amiral français, une princesse belge et deux ou trois autres jouvencelles! Elle n'était pas née pour Lesbos.

John, après l'avoir empêchée de regagner Worthing, l'avait conduite en Ecosse, puis à Brighton, enfin à Londres au Savoy. Il avait des chiens, des chevaux, des voitures. Elle n'imaginait pas de pouvoir être plus heureuse, jusqu'au jour où elle connut, dans un dancing, un maquereau français de Soho, qui lui tourna la tête. Comment résister à un homme qui, en dansant, faisait vibrer sa virilité sur votre cuisse et qui, en souvenir d'un coup de couteau reçu à Pigalle, s'appelait Charlot l'Eventré? Pour la fugitive de Worthing, le monde des lords s'était effacé devant le monde du milieu. Charlot l'avait convaincue de le suivre pour tenir un petit hôtel à Paris : c'était plus romanesque que de chasser la grouse ou de jouer au golf. Ils avaient rendez-vous sur le quai de Douvres. Elle arrive haletante. « Où sont les diam's? — Quoi? — Les bijoux de ton type, conasse! — Je n'ai pas voulu les prendre. » Il la dévisage avec tout le mépris dont un Charlot l'Eventré est capable, lui applique une paire de gifles et part sans lui dire un mot. Elle voyait à quoi elle avait échappé.

Cette matinée avait décidé de son destin. En quittant sa chambre au Savoy, elle emportait les bijoux que lord B. lui avait donnés et que Charlot avait admirés. Dans le couloir, elle eut une bouffée de honte. Il lui semblait voler ces perles et ces pierreries, dont certaines étaient de famille. Si le truand l'aimait, il l'aimerait sans bijoux. Elle avait rouvert doucement, écouté John ronfler dans la chambre contiguë, et posé les bijoux sur une table, près de son billet d'adieu. Un adieu d'une autre espèce l'accueillit à Douvres.

Elle s'examina de nouveau à son miroir. Ses yeux bleus, son petit nez retroussé, ses joues rondes, sa bouche déjà experte à tous les baisers, ses longs cheveux châtain clair, qui tombaient en boucles sur ses épaules, ses seins provocants sous son corsage, lui inspiraient confiance.

Dans le train de Calais à Paris, elle oubliait ses aventures anglaises pour penser aux escapades de son enfance. Elle se revoyait dans l'île de Bréhat, où ses parents l'emmenaient en été. Ses jambes nues, sous des robes plus courtes que la mode n'exigeait, lui valurent ses premières conquêtes. Le peintre Foujita, qui était là en vacances, fit son portrait. Et il touchait ses jambes pour mieux les peindre. Schueller, le fondateur de l'Oréal, l'invita dans sa villa, sur la côte en face. Des politiciens de toutes nuances frayaient chez cet industriel, qui avait saisi la fortune par les cheveux. Germaine, jeune muse de ces colloques, préférait le rôle de figure de proue sur le yacht l'Oréal. L'art de montrer ses jambes la dispensait de montrer autre chose.

Maintenant qu'elle s'était affranchie, que lui diraient maman Adrienne et papa Auguste? Sa mère, fille d'un charcutier de Lyon, l'avait eue à quarante-cinq ans, après force neuvaines à Notre-Dame-des-Victoires pour triompher d'une stérilité coriace. Son père, fils d'un vigneron du marquis de Vibraye à Cheverny, était le propriétaire du restaurant Voyenne, place Voltaire. Elle avait été baptisée Germaine, en écho à leur nom de Germain.

Adrienne tempérait son amour maternel par le souci des principes, mais Auguste avait l'indulgence d'un homme presque toujours en état d'ébriété. Plus familier des bistrots que des églises, il avait fait scandale lors de la première communion de sa fille : il vacillait et marmonnait des phrases contre les curés, tandis que sa femme pleurait de honte et que Germaine étouffait de rire sous le voile blanc. Encore avait-il un peu amendé ses habitudes : jadis, à la campagne, revenant du marché sur sa voiture, il s'arrêtait si souvent pour lever le coude qu'il roulait dans le fossé et son cheval rentrait seul à l'écurie. Adrienne allait à sa recherche. Quand sa fille fut plus grande, il la conduisait à Cheverny, où il avait encore une cave : il vidait chez le marquis quelques bonnes bouteilles, dansait avec le fermier et disparaissait à travers bois avec la fermière.

Germaine adorait ce père qui l'amusait, qui se dessinait des mèches au fusain sur son front dégarni, qui lui apprenait des chansons de Lucienne Boyer et qui lutinait les mariées dans les banquets de noces de son restaurant, au point qu'une fois, un époux irascible l'avait jeté par la fenêtre. Une photographie de l'album de famille montrait Germaine à cinq ans, assise entre sa mère et sa marraine; derrière, étaient debout son père et son parrain, avec une femme qui appuyait les mains sur la chaise de l'enfant : c'était la maîtresse d'Auguste. Les confidences de son père la traitaient depuis longtemps en jeune fille. Peut-être avait-il cru la préserver par l'aveu de ses désordres, comme ses saouleries l'avaient dégoûtée du vin.

Ses parents, à qui elle avait téléphoné de Calais, étaient à la gare du Nord. Dame Germain, raide et corpulente, avait la dignité qui appartenait à une ancienne caissière du Pré Catelan. Papa Auguste était vieilli et fatigué, malgré son teint haut en couleur et son sourire de bon vivant. Germaine avança pour les embrasser. Un soufflet de sa mère, plus formel que cuisant, raviva ceux de Douvres.

— Tu es vêtue comme une gourgandine, dit Adrienne, en voyant l'élégante tenue de sa fille.

— Cette robe te va très bien, dit le père.

— C'est un cadeau de marraine.

— Et ce sac en croco, c'est aussi un cadeau de marraine? demanda la mère.

— Ce n'est peut-être que de l'imitation, dit Auguste pour tendre une perche.

— Ah non! s'écria sa fille. Je n'aime que le vrai.

En disputant, ils avaient pris un taxi pour Vincennes, où était leur villa.

— Tu nous déshonores, dit Adrienne, qui refusait de se calmer.

— Quand la fille prodigue est de retour, dit Auguste, on fait sauter les bouchons de champagne. J'ai mis la veuve Clicquot dans la glacière, en son honneur.

— Pour une fois que tu cites l'Evangile, dit sa femme, tu aurais pu t'en dispenser.

La jovialité d'Auguste réussit à endiguer les reproches de dame Germain. Ayant décidé de prendre sa retraite, il avait vendu son restaurant. Le commentaire de cette nouvelle qui étonnait Germaine, occupa le reste du parcours.

Elle retrouva le décor bourgeois de sa chambre, comme si elle retrouvait son enfance. Cela l'émut un instant. Le mobilier datait de l'exposition des Arts décoratifs. Au-dessus du cosy-corner, étaient encadrés le diplôme de première communion et une photographie du Mont-Saint-Michel. Un vase de Daum contenait un bouquet artificiel de lilas blanc. Une lampe en fer forgé éclairait un plateau d'opalines. Un chien de faïence tirait sa langue rose. Germaine, dont le goût s'était formé, lui tira la sienne.

Tandis qu'elle était dans la salle de bains, sa mère défaisait sa valise et lançait derechef des réflexions désagréables :

— Des dessous mauves, comme ceux d'une danseuse de Tabarin!... Sans doute un cadeau de la mère Eveline. Elle a dû être fière de toi, cette supérieure française! Et un cache-col de renard! Et un manchon d'ocelot! Mon Dieu, ramenez à vous cette fille perdue! Voyons ce que renferme ton sac.

— Maman, cria Germaine, je te défends de l'ouvrir.

— Ah! tu me défends quelque chose, maintenant?... répliqua la mère, qui vida le sac sur le lit.

Germaine se précipita, à demi nue, pour empêcher l'inspection, mais dame Germain lui barra la route. Indignée, elle brandissait un étui de préservatifs.

— Que ferons-nous de toi? dit-elle en essuyant une larme. Nous te cherchions un mari et tu es déjà sur le trottoir.

— Si j'y étais, je ne serais pas ici.

Germaine s'empara de l'étui et le jeta dans les cabinets dont elle tira la chasse.

— Un chapelet au milieu de toutes ces saletés! s'exclama Adrienne.

Sa fille fut trop heureuse de cette diversion.

— Tu vois que je n'ai pas oublié tous tes enseignements, dit-elle. C'est un chapelet que m'a offert sœur Rachel. Il a été béni à Jérusalem.

Adrienne touchait ces petits grains en bois d'olivier, où était fixée, entre deux dizaines, une médaille de la Vierge. Elle sourit en lisant l'inscription gravée au dos : « Indécrochable ». Les câlineries de Germaine achevèrent de la rasséréner et l'on descendit pour manger le veau gras.

Auguste, qui était un maître queux remarquable, s'était surpassé. Il évita de poser des questions indiscrètes pendant le repas. Mais, quand il eut fait sauter le bouchon de champagne, il alluma un cigare et entraîna sa fille au salon, pour la confesser. Il avait persuadé sa femme que l'unique moyen de tout savoir, serait de le laisser seul avec Germaine.

— Tu nous as écrit, dit-il, que tu étais en Ecosse chez une de tes copines de collège; ta marraine, que tu étais chez elle à Londres, et la mère supérieure, que tu avais filé avec un homme.

— Un lord, répliqua Germaine, — le frère de cette copine. Tout a débuté chez marraine.

— C'est du propre! et ce lord t'interdisait de nous donner ton adresse?

— Si je vous l'avais donnée, vous auriez accouru.

— J'ai dû retenir ta mère, qui voulait avertir la police. Mais, quand nous t'envoyons à grands frais dans un collège en Angleterre, c'est pour que tu fasses ton éducation, et non pour que tu fasse la vie.

— Pourquoi me fourrez-vous toujours chez les dames de Sion? dit Germaine. Je n'ai pu les supporter rue Notre-Dame-des-Champs et vous m'expédiez chez elles à Worthing. Je ne suis pas une juive à convertir.

— La mère Eveline de la Forest n'est pas une juive convertie, dit Auguste. Et ta camarade Isabelle d'Orléans-Bragance non plus.

— Imagine ce que c'est, pour une fille de dix-sept ans, qui n'est pas une sotte, d'être un ange ou un demi-ange.

— Que veux-tu dire?

— Vous êtes un ange, moyennant un certain nombre de notes, et vous avez dix moins bonnes élèves à évangéliser. Comme je n'étais qu'un demi-ange, je n'en avais que cinq... et je te jure que cela m'épuisait.

— Merde pour les anges, dit papa Auguste. As-tu toujours ton berlingot?

16

— Non.

— Et tu es sûre de ne pas être enceinte?

— Oui... pour le moment.

— Diable! il faut te marier au plus vite. Ta mère a un candidat : le fils de son amie la corsetière, qui prépare un diplôme de pharmacie. Il est beau garçon.

— Vraiment, il est beau garçon? demanda Germaine.

Auguste se mit à rire :

— Beau garçon pour un pharmacien.

— Et toi, tu n'as pas de candidat?

— Si! le fils du maire de Vincennes.

— Commençons par lui. J'ai plus de confiance dans ton choix que dans celui de maman.

Elle gagna sa chambre. Debout devant son grand miroir, elle moulait entre ses mains sa taille fine. Elle songeait aux deux amants qu'elle avait eus et aux deux fiancés qu'on lui proposait.

4

C'était le déjeuner de fiançailles. Adrienne, en robe de velours noir, avait mis sur sa tête des plumes d'oiseau du paradis, qui tremblotaient devant le boa de la femme du maire. Auguste avait gominé les crocs de ses moustaches et supprimait désormais la facétie de se peindre des mèches. Germaine, vêtue de taffetas bleu, affichait l'attitude modeste de la demoiselle qui sort du couvent. Le maire de Vincennes présenta son fils à la promise. Ce jeune rouquin n'était pas l'image de la séduction, sans en être moins prétentieux. Probablement ignorait-il que jadis les Egyptiens tuaient les enfants nés roux. Il briguait un portefeuille d'assurances et expliquait à Germaine l'avantage de se faire assurer sur la vie le plus tôt possible. Il lui parla ensuite des courses de Vincennes : il savait les noms de plusieurs cracks.

Au dessert, il tira cérémonieusement un écrin de sa poche et le tendit à Germaine en rougissant. La conversation s'était arrêtée : tout le monde avait les yeux fixés sur ce geste symbolique. Germaine souleva le couvercle et éclata de rire.

— C'est un brillant bouffé aux mites! s'écria-t-elle. Il manque une loupe pour le voir.

Son père toussotait, sa mère pâlissait. Le maire et la mairesse de Vincennes étaient sur le point de défaillir. Leur fils souriait bêtement.

— Germaine plaisante, dit Auguste qui tentait de sauver la face.

Pour bien faire comprendre qu'elle ne plaisantait pas, elle arracha le minuscule brillant de son écrin et le lança dans la bombe glacée. Ce fut comme si la foudre tombait sur la table. Germaine n'avait plus qu'à quitter la place.

— Buvons, mes amis! dit Auguste à ses invités. Ma fille a pris de mauvaises manières chez les Angliches. Elle s'en corrigera.

Elle était allée dans le jardin. De crainte que

sa mère ne la rattrapât, elle franchit la grille et marcha le long du cours Marigny. Un commis du Voyenne passait à bicyclette et s'arrêta pour la saluer. Il était instruit de ses fiançailles, connaissait même le menu et lui demanda si la bombe glacée était bonne.

— Mon fiancé l'avait garnie avec des brillants gros comme des grains de café, dit Germaine.

— Eh bien, ça rapporte, d'être le maire de Vincennes, dit le garçon.

Germaine aurait eu envie de sauter derrière lui sur la bicyclette, de s'égarer avec lui dans le bois et de se fiancer autrement.

La soirée fut consacrée aux reproches et aux jérémiades. Auguste regrettait l'amitié du maire et Adrienne le fils de la corsetière, que décourageait cet incident.

— Tant mieux! dit Germaine, je ne veux pas d'un pharmacien.

— Tu es atteinte de la folie des grandeurs, ma pauvre fille, dit Adrienne.

— Je ne réclame pas des brillants, dit sa fille; mais, si l'on me donne des brillants, je veux que ce soient de gros brillants.

— Après tout, elle a raison, dit Auguste. Elle a droit à de gros brillants. Elle est jolie comme un cœur et elle a une dot de cinq cent mille francs. Je vais consulter une agence pour lui dénicher un bon parti.

Il ne consulta pas longtemps. Une semaine après l'esclandre des fiançailles, on le trouva moribond dans la salle de bains : ce joyeux buveur ne se releva pas de cette attaque, au moment qu'il avait juré de se mettre au régime.

5

Germaine ayant à se faire soigner les dents, sa mère l'envoya chez le dentiste de la famille, place Voltaire. C'était un juif oranais d'une trentaine d'années, nommé Ben Sidoun. Client du Voyenne, il y traitait royalement les beaux garçons du quartier. On ne l'avait jamais vu avec une femme et Germaine se sentit fort tranquille en s'asseyant devant lui.

Sa surprise ne fut que plus grande, lorsque, la fraise en main, il lui fit une déclaration. Il lui dit qu'elle était la première fille à l'exciter. Sevrée de jouissance depuis son retour, elle jugea flatteur de mener à Canossa un homme qu'on appelait « la reine des folles ». Mais, quand il l'eut courbée sur le fauteuil de moleskine, elle constata que, si, pour une fois, il se trompait de sexe, il ne se trompait pas de chemin.

Adrienne s'étonna du nombre de visites que Germaine faisait chez le dentiste. Elle ne s'inquiétait que de la dépense : Ben Sidoun était protégé par sa réputation. Elle fut rassurée en apprenant que les soins seraient gratuits; il honorait de la sorte, d'après Germaine, la mémoire de son ancien restaurateur. Adrienne, qui détestait les juifs sans avoir jamais pu dire ses raisons, et qui en avait un pour dentiste, proféra qu'il était certainement le seul généreux de cette race. Elle ne se doutait pas qu'elle avait fait de lui l'amant de sa fille. Toutefois, les goûts de Ben Sidoun étaient moins exclusifs que ne l'avait révélé la première séance et Germaine avait souvent la gloire de les lui faire oublier. C'était une manière de convertir les juifs, non prévue à Notre-Dame-de-Sion.

Fier de cette conquête, le dentiste l'invita au Casino de Paris. Il connaissait Mistinguett par un de ses danseurs et emmena Germaine dans sa loge après le spectacle. Celle-ci avait été avertie de ne pas s'offusquer de la froideur de la réception : Mistinguett n'aimait que les pédérastes. Sans doute aussi ne tenait-elle pas à être vue de trop près par des jeunes filles, car elle venait de dépasser les soixante ans. Tout à coup, une réflexion de Germaine la fit rire.

— Elle est pas bête, la p'tite, dit-elle; j' la croyais une oie blanche.

— Je ne m'en mets pas comme vous les plumes sur le cul, répliqua la fausse Agnès.

Ce mot lui valut d'accompagner Miss au cabaret de la place Blanche, Jean et Bob, où elle finissait généralement ses soirées. Germaine avait quitté la maison en vêtements de deuil, mais, comme elle changeait de robe chez le dentiste, elle n'avait pas l'air d'une orpheline débauchée par Mistinguett.

La principale attraction de Jean et Bob était

le fantaisiste Odett' qui, en costume de mariée, couronné de roses, chantait des chansons comiques. Intime de Mistinguett, il fêta sa compagne, dont la gaieté, la fraîcheur et le langage plurent à tous. Germaine reporta ce succès sur sa protectrice, qui en parut flattée.

— T'as un très joli nom, dit la Miss, mais i' faut l' changer. J'avais dix-huit berges comme toi et j' m'appelais Jeanne, quand j'ai pris le train d'Enghien à Paname pour m'engager dans un music-hall. Ma mère était matelassière, mais pas chapelière. J' voulais un chapeau à la mode, avec des oiseaux. J'avais pas les moyens d' l'acheter. Alors j'avais tué nos deux moineaux, qu' j'avais vidés, bourrés d' coton et piqués sur un chapeau d' paille. C'était en été. J'arrivai chez l'imprésario dans un vol d' mouches. J' lui dis que mon nom était « Tinguette », pa'ce que j'aimais les guinguettes et qu' j'avais imaginé un nom qui rimait avec. « Bravo, dit l' type, fous ton chapeau à la poubelle; tu s'ras Miss Tinguette. »

Germaine estimait charmant le nom de Manouche, qu'elle avait lu dans une histoire de romanichels. La Miss fut du même avis et lui versa quelques gouttes de champagne sur le front, pour la baptiser ainsi.

Le lendemain, Adrienne protesta, mais sa fille déclara qu'elle n'aurait pas d'autre nom.

6

Toujours épris, le lord écrivait lettre sur lettre. Manouche finit par lui répondre qu'elle l'attendait. Avec lui, elle se sentirait plus forte à l'égard de sa mère, entêtée du pharmacien.

Quand John fut à Paris, son style aristocratique, sa munificence, les souvenirs qui les unissaient, effacèrent vite Ben Sidoun. Cette aventure parut aussi lointaine à Manouche que l'épisode avec Charlot l'Eventré. Les bijoux de famille ornèrent de nouveau son cou, ses oreilles, ses doigts, ses poignets. Dame Germain dut consentir à la laisser loger au Ritz, où John était censé en compagnie de sa sœur. Lorsque Manouche allait à Vincennes, elle quittait ses perles et ses brillants, et s'efforçait de ne pas sourire, en écoutant sa mère lui reparler du fils de la corsetière.

Avec John, elle achevait de se façonner, sans perdre son naturel et sa drôlerie. C'est sans doute pour cela qu'il lui était attaché. Ils fréquentaient les endroits élégants. Elle eut son premier dîner chez Maxim's.

Au Bœuf sur le Toit, Cocteau faisait un de ses numéros habituels : pour étonner les provinciaux, il commandait, d'une voix claironnante, « un verre de sperme ». John fut choqué par cette bravade. Il prononça le mot de pédéraste avec un mépris que Manouche jugea stupide.

Elle lui dit que presque tous les hommes qu'elle lui avait fait connaître, étaient de cette catégorie.

— Tu ne m'as fait connaître que des clowns, répliqua-t-il.

— Tu appelles clowns des gens qui ont le sens de l'humour.

— Leur principal humour, dit John, consiste à ne pas avoir le sens du ridicule.

— Le ridicule est affaire d'appréciation, dit-elle. Mais l'essentiel est d'être ce que l'on veut être. Il est évidemment plus facile d'être pédéraste que d'être lord.

Au Casino de Paris, John envoya une gerbe de fleurs à Mistinguett et Manouche l'introduisit auprès de cette artiste, qu'elle qualifiait désormais de marraine. Une autre gerbe avait paru sur la scène; celui qui l'avait offerte, était dans la loge avec sa maîtresse, la chanteuse Raquel Meller : c'était le roi d'Espagne Alphonse XIII, réfugié en France depuis la proclamation de la république à Madrid. John, imperturbable, lui demanda des nouvelles de la reine, qu'il avait rencontrée en Angleterre. Cela jeta un froid.

— Lequel vaut mieux, dit ensuite Manouche : être un clown ou un gaffeur?

Cette situation, où les plaisirs de l'amour et du luxe l'emportaient sur les sujets de discussion, dura plusieurs mois. La sœur du lord, qui était maintenant leur complice, vint enfin à Paris. Manouche les convia chez sa mère. Elle se divertit de la voir céder aux vapeurs du snobisme et couver John des yeux comme futur gendre. Il n'était plus question des prétendants de Vincennes.

Effectivement, John offrit à Manouche de devenir lady. Elle n'eut pas à réfléchir longtemps pour lui donner réponse. Elle connaissait le château familial en Ecosse, la villa de Brighton, le haras, les Bentley, mais tout cela lui semblait peu de chose au prix de sa liberté. L'Angleterre, d'ailleurs, ne l'attirait pas. Elle était sensible au charme de John, mais elle l'avait été à celui de Charlot l'Eventré et de Ben Sidoun. Elle entendait voltiger d'un degré à l'autre de l'échelle, plutôt que d'en choisir un, fût-il le plus élevé. Ce qu'elle désirait, c'était s'amuser.

Elle l'avait prouvé, en demandant à Ben Sidoun l'adresse d'un « faiseur d'anges », pour se débarrasser d'un demi-lord, qui était peut-être un quart de dentiste. John fut très affecté de cette détermination.

Un matin, Manouche ne le trouva plus dans sa chambre. Il avait déménagé à la cloche de bois, en lui laissant ses adieux, un chèque et les bijoux.

Après ce qu'elle avait fait naguère au Savoy, elle aurait eu mauvaise grâce à se dire trahie : c'était un prêté rendu. Elle descendit au bar, s'assit à une table, avala un tonic. Des idées noires flottaient autour d'elle, dans la fumée de sa cigarette.

Elle déchira le chèque, puis en recueillit les morceaux pour les recoller. Elle voyait que l'initiative des événements ne lui était pas réservée : la leçon du lord était presque aussi mortifiante que celle du marlou. Elle avait de gros brillants, mais pour retourner à Vincennes.

Accoudé au bar, un homme brun, d'une quarantaine d'années, le nez busqué, les lèvres épaisses, l'air sensuel et impérieux, la lorgnait avec obstination. Lorsqu'elle eut écrasé sur le cendrier une cigarette de plus, il s'approcha pour lui en allumer une autre. Il se présenta : Jacques N., un des rois du cinéma.

— On m'a posé un lapin, dit-il, et j'ai l'impression qu'on vous a fait de même.

— Peut-être, dit-elle avec un sourire.

— Vengeons-nous en déjeunant ensemble.

— Un autre jour. Je dois remonter dans ma chambre.

— Vous habitez ici?

— Oui, provisoirement.

En fin de compte, elle accepta d'aller, le soir même, à une première au Paramount : *le Chanteur de Jazz*, d'Al Jolson, début du film parlant.

7

Sa viduité avait été brève : l'espace d'un matin. Cependant, Manouche avait réintégré le domicile familial. Elle ne voulait pas brusquer dame

Germain. Mais quel prétexte lui fournir pour être absente toute la journée et pour rentrer à des heures indues? La porte était close et dame Germain refusait d'ouvrir ou faisait une longue morale par la fenêtre. Manouche, pour éviter ces sermons, dormait dans un fauteuil du jardin. Alors, dame Germain ferma le portail et Manouche, enjambant la grille, fut surprise deux fois par une ronde de police. Odett' lui offrit un refuge près de sa mère, concierge rue Caulaincourt, mais elle se lassa d'être réveillée pour tirer le cordon. Jacques N. résolut le problème : il lui fit avoir une place de mannequin chez Patou, ce qui était supposé lui donner l'indépendance, et il l'installa dans un joli appartement, rue Erlanger.

Elle n'avait jamais prononcé devant Adrienne le nom de N., comme si elle ne devait sa place et son installation qu'à ses seules vertus. Elle disait ressortir avec l'insoupçonnable Ben Sidoun. Mais le cours Marigny à Vincennes n'était pas au bout du monde et dame Germain finit par apprendre la vérité. Elle débarqua chez sa fille sans s'être annoncée et se trouva nez à nez avec Jacques N. Elle fut glaciale, malgré les politesses du roi du cinéma. Avant de se retirer, elle recommanda à Manouche de réciter le chapelet de sœur Rachel pour la conversion des juifs.

N. vanta la patience et la courtoisie dont il avait fait preuve envers cette virago.

— C'est bien l'antisémitisme de la petite-bourgeoisie française, dit-il. Les préjugés sont indéracinables.

Manouche releva qu'il y en avait dans toutes les classes : témoin, le mépris de lord B. pour les pédérastes.

— Une minorité méprisée ou combattue tend à s'unir. Il ne faut donc pas nous le reprocher, dit Jacques.

En fait, de même que Manouche n'avait vu que des pédérastes à l'ombre de Mistinguett, elle ne voyait que des juifs autour de N.

A l'Empire, elle assista avec lui à la générale de l'opérette *Deux sous de fleurs*. La vedette en était la cantatrice Rita Georg, juive hongroise, maîtresse du directeur juif de ce music-hall, Hayotte. Après le spectacle, un souper rassembla, au restaurant Cotti, de l'autre côté de l'avenue de Wagram, une pléiade d'invités. M. Alexandre, l'amphitryon, — « le bel Alexandre » — était un juif grisonnant, aux manières fastueuses : chaque dame découvrit sous sa serviette un petit clip de chez Cartier. La ravissante Mme Alexandre, prénommée Arlette, fille d'un héros de la grande guerre, le commandant Simon, était beaucoup plus jeune que son mari. Elle sympathisa avec Manouche, qui contemplait ses émeraudes, et l'invita pour le dimanche suivant au Claridge, où elle résidait.

La simple attitude du portier, quand on demandait les Alexandre, faisait deviner leur crédit. Ils occupaient au troisième étage une suite d'appartements, comme un couple royal.

Arlette présenta ses deux enfants, chaperonnés par une gouvernante.

M. Alexandre, que sa femme appelait Sacha, évoqua avec Jacques N. une société qu'ils avaient cherché à fonder, une dizaine d'années auparavant : la *Franco-American Cinematograph Corporation*, au capital de cent millions de dollars.

— Oui, dit N., c'était en 1921. Tu avais déjà la bosse de la finance.

Pour montrer que sa notoriété ne datait pas d'hier, M. Alexandre fit voir à Manouche un article du *Figaro* d'octobre 1909, encadré dans sa chambre. C'était une interview de « Monsieur Sacha », comme directeur du théâtre Marigny.

— J'avais vingt-trois ans, dit-il, et tout Paris à mes pieds.

Il désigna une pile de livres, à côté de l'article :

— L'auteur de cette interview, est l'auteur de ces bouquins : Marcel Proust. Il s'était entiché de moi et m'assiégeait au théâtre. Affolé par « mes yeux de velours », il tenta une fois de m'embrasser et je lui interdis ma porte : c'est peut-être ce qui m'a épargné de figurer dans ses livres.

» J'avais attrapé le virus du théâtre et de la littérature à Condorcet, continua l'heureux financier. En sixième, j'y avais pour camarades des gaillards, connus maintenant dans les lettres : Jacques Deval, Jean Cocteau, René Rocher... Cette année 1909, Cocteau publia son premier recueil de poèmes. Il me le dédicaça à Marigny, en souvenir de Condorcet.

— Eh bien! dit Arlette, après ce qu'il avoue dans le livre qu'il publie sous le manteau, je vais soupçonner tes mœurs. Tu as rebuté Proust pour te réserver à Cocteau.

Sacha demanda ce que ce livre racontait.

— Que les classes de Condorcet sentaient « la craie, l'encre et le sperme » et que vous ne saviez où vous mettre, quand une question du professeur vous surprenait « au bord du spasme ».

— C'est une exagération poétique, dit Sacha.

— Comme son verre de sperme au Bœuf sur le Toit, dit Manouche.

— Puisque nous parlons des écrivains, dit Arlette à son mari, n'oublie pas d'envoyer un chèque à Joseph Kessel.

8

De nouveau, Manouche eut à faire un choix et à subir un avortement. « Si tu as un enfant de ton juif, lui avait dit Adrienne, je ne te reverrai de ma vie. » Jacques N. offrait à Manouche un moyen d'échapper définitivement à sa mère : le suivre à Hollywood, où on lui faisait des propositions alléchantes. Il ne résistait plus à l'envie de se transplanter dans la capitale du cinéma. Dame Germain, affirmait-il, ne s'opposerait pas au départ de sa fille, qui aurait un contrat de script-girl auprès d'une grande compagnie et, quand Manouche serait majeure, elle deviendrait Mme Jacques N., en dépit d'une mère ennemie des juifs. L'Amérique la séduisait plus que l'Angleterre, mais elle répondit à cette offre aussi vite qu'à celle de John : elle ne voulait vivre qu'à Paris; tout lui était exil, en dehors de Paris.

Jacques ne lui avait pas caché d'autres motifs de sa décision : il se sentait mal à l'aise dans une Europe où le vent de l'antisémitisme commençait à souffler. Lorsqu'un parti aussi considérable que le national-socialisme allemand et son chef Hitler montaient à la conquête du pouvoir, avec le double programme de lutte contre les juifs et de revendications territoriales, il valait mieux, pour un juif, s'éloigner le plus possible et le plus tôt possible. Manouche n'avait rien à répliquer à une telle argumentation. Rue Erlanger, elle reçut une dernière fois les amis de N., avant son départ : les Alexandre; Bleustein-Blanchet, qui avait fondé la société Publicis; Pierre Lazareff, qui tirait sur ses bretelles et augmentait le tirage de *Paris-Soir*; Lévy-Lecléry, propriétaire des chaussures André; Robert Dorfmann, fils d'un exploitant de salles de cinéma; Bouchard-Lévy, négociant en tissus.

Cette soirée d'adieu ouvrait en même temps les candidatures à la succession. Certains des familiers de N. courtisaient cette jolie fille délurée qui n'avait pas encore vingt ans. Si elle voulait faire son choix parmi eux, il lui était difficile de choisir un chrétien. Le négociant en tissus, qui était le plus jeune, fut le plus entreprenant. Il avait, d'ailleurs, la singularité d'être un faux juif; sa mère, bretonne, du nom de Bouchard, l'avait eu d'un Breton qui, déjà marié, ne put le reconnaître; elle épousa ensuite un sieur Lévy, qui prit la vache et le veau. Bouchard-Lévy disait que le nom de Lévy lui était beaucoup plus utile dans les affaires que celui de Bouchard.

Pour leur premier rendez-vous, il emmena Manouche visiter son entrepôt de Belleville, à une heure où il n'y avait personne. Quelques ballots de tissus leur servirent de lit. Malgré les ardeurs qu'il lui témoignait, elle eut l'impression que cette liaison n'était qu'un intermède : Bouchard-Lévy était marié et semblait tenir à sa femme.

Un week-end, il voitura Manouche à Deauville, où avait lieu un concours de beauté entre mannequins. Elle retrouva les Alexandre au Normandy. Arlette venait de gagner le prix de l'élégance automobile. Manouche, en robe d'organdi blanc et capeline noire, un danois en laisse, fit triompher Patou. Avec la protection de M. Alexandre, elle joua au casino. Il l'éblouit en faisant un banco d'un million contre Citroën.

Bouchard-Lévy ne pouvait rester aussi longtemps qu'elle l'aurait souhaité. Il devait se rendre en Tchécoslovaquie, pour des commandes de textile : c'était une façon élégante de se retirer. Il fit connaître à Manouche un banquier, qui ne lui déplut pas. Sylvain Wolfr. lui rappelait Jacques N., par l'âge, l'aspect, l'autorité et la religion. Il était célibataire. Le contrat fut sanctionné à l'hôtel du Golf. L'engagement paraissait destiné à être durable.

Le lendemain, au bar du Soleil, une femme s'approcha de Manouche et lui allongea un coup de pied dans les jambes :

— Sale garce, lui dit-elle, tu m'as chipé mon mari et mon amant.

C'était Mme Bouchard-Lévy, ex-maîtresse de Wolfr.

9

Manouche abandonna la rue Erlanger pour se transporter chez le banquier, boulevard Richard-Wallace, à Neuilly. Il avait un vaste appartement, rempli de meubles anciens, de tableaux modernes, de livres précieux. Tino Rossi, le coureur Charles Pélissier figuraient parmi ses voisins. Sa banque était boulevard des Italiens. On le surnommait « Zizi dixième », parce qu'il exploitait les dixièmes de la loterie nationale. Il confia à Manouche que l'on vendait plus de dixièmes qu'il n'aurait dû y en avoir, mais, à côté de ces menus profits, sa principale activité était le commerce de l'or.

Ils allèrent à Marrakech en « voyage de noces ». Le pacha de la ville, El Glaoui, pour lequel Manouche avait une introduction, la serrait de près dans les interminables couloirs de son palais. Ce visage gris, sous le capuchon blanc du burnous, resta longtemps un galant cauchemar de sa mémoire, sur un fond de montagnes neigeuses, de murailles rouges et de palmeraies luxuriantes.

Ami des Alexandre, Wolfr. renforça les liens qu'elle avait avec eux. A la grande fureur de Patou, Arlette fit faire à Manouche des présentations de robes chez Rosange, couturière juive que protégeait son mari. On y rencontrait des femmes de députés et de ministres, qu'il habillait à ses frais.

Pour les Pâques de cette année 33, les Alexandre se rendirent à Monte-Carlo, où le banquier et Manouche les avaient précédés. Celle-ci gagna un nouveau prix de beauté, dans un concours organisé par des Italiens, sous la présidence de la princesse Charlotte de Monaco. Au casino, Alexandre, plus chanceux encore qu'à Deauville, rafla deux millions à Zographos. Cet homme, dont le nom brillait à Paris sur les immeubles de ses sociétés, avait des doigts qui attiraient l'argent.

Manouche avait adopté le restaurant Cotti, depuis la soirée de l'Empire. Elle en aimait le patron, qui était italien, la cuisine, qui était raffinée, la disposition des tables, le long de l'étroite salle lambrissée de glaces. Trois habitués faisaient bande à part. Leur accent violemment méridional les distinguait. L'un d'eux, qualifié « le baron », avait un air plutôt équivoque; un autre, à la taille élancée et aux joues légèrement grêlées, ne manquait pas de distinction; mais celui qui avait une allure de chef, était un homme brun, large d'épaules, le visage rond, les pommettes saillantes, la bouche à la fois douce et énergique. Un jour que Manouche était seule et qu'il la regardait volontiers, dans le jeu des miroirs, elle finit par demander au patron qui c'était.

— C'est M. Venture, dit-il : un Corse de Marseille.

— Et les autres ?

— Le baron de Lussatz, un Monégasque de Menton, et M. Spirito, un Italien de Marseille.

M. Venture avait deviné qu'on parlait de lui. Une bouquetière arrivant avec sa corbeille, il offrit une rose à Manouche. Elle remercia, d'un sourire, et apprécia la discrétion qu'il eut de partir sans insister. Le patron la félicita :

— Une autre que vous, dit-il, serait fière d'avoir été fleurie par M. Venture.

— C'est la première fois, dit-elle, que j'en entends parler.

— Son vrai nom est Carbone : Paul-Bonaventure Carbone.

— Pour moi, reprit Manouche, c'est la même chose.

— M. Wolfr. est certainement mieux renseigné que vous, poursuivit le restaurateur : Carbone est l'empereur de Marseille. On n'y fait rien sans lui et il y fait ce qu'il veut. Une preuve? Le cousin de son lieutenant Spirito est le boxeur Buonaugurio, dit Kid Francis. Le boxeur noir Al

Brown, — l'ami du poète Cocteau —, l'avait battu aux points à Marseille. Alors, Carbone assomma Cocteau qui criait victoire, et il bondit sur le ring, revolver en main, pour obliger l'arbitre à modifier le verdict.

— Drôle d'homme! s'écria Manouche, mais que fait-il à Paris?

— Des affaires... des affaires que surveille le baron de Lussatz... et qui ont pour cadre Pigalle, la porte Saint-Martin et d'autres quartiers. Mais Carbone est presque aussi puissant à Paris qu'à Marseille : là-bas, il est l'agent électoral du député-maire Sabiani et ici, il entre sans frapper chez le préfet de police Chiappe.

Le dimanche d'après, Manouche était à Longchamp, où courait le Grand Cyrus, cheval de M. Alexandre. Ayant aperçu Carbone qui la saluait dans la foule, elle s'échappa du pesage, où elle s'ennuyait, pour aller bavarder avec lui. Il était seul, comme un turfiste quelconque. Nul ne le remarquait.

— L'empereur de Marseille circule incognito? lui dit Manouche.

— Une de mes forces est d'être inconnu du public, dit-il; c'est pourquoi je déteste les photographes. Je les laisse à vos amis.

Il désignait le groupe qu'elle avait quitté et qui posait devant un objectif.

— Savez-vous qui sont ces gens autour de M. et Mme Alexandre? dit-il.

— Bien sûr, répondit-elle avec une pointe de suffisance : le vicomte de Fontenay, ambassadeur,

36

le général Bardi de Fourtou, les députés Garat, Bonnaure et Proust.

— Eh bien! dit Carbone, vous les verrez bientôt sur les bancs de la correctionnelle.

10

Le 23 décembre, Manouche fut réveillée à sept heures du matin, par la sonnerie du téléphone. A voix très basse, Arlette la priait de venir immédiatement au Claridge. Manouche s'habilla en un tournemain.

La prédiction de Carbone lui traversa l'esprit. Wolfr. lui avait confirmé le passé assez trouble d'Alexandre, mais il croyait sa situation actuelle solidement établie. Que pouvait craindre un homme qui avait invité à son dernier cocktail le garde des Sceaux et le ministre du Travail? Il était en train d'acheter aux optants hongrois les titres qui devaient les indemniser et qui représentaient une somme colossale. Certains le tenaient pour le plus grand génie financier du siècle. Le mois dernier, au Café de Paris, il avait offert un souper, présidé par Mistinguett, pour les vingt et un ans de Manouche. Selon son usage, il avait mis un riche cadeau sous la serviette des dames. Il avait annoncé un réveillon fabuleux pour Noël. On était loin de la débâcle.

Arlette, bouleversée, accueillit sa jeune amie dans sa chambre.

— Sacha va avoir de graves ennuis, dit-elle. De peur qu'on ne me prenne tout, je veux garder les moyens de le défendre. J'ai en toi une confiance absolue. Emporte cette boîte où sont mes bijoux. Tu me la restitueras quand je te le demanderai.

Les deux femmes s'embrassèrent, les larmes aux yeux. Manouche, la boîte dans son sac, sortit de l'hôtel, saluée par les grooms.

Cette matinée lui servit de pierre de touche pour sa capacité de garder un secret. Elle ne dit rien, même à Wolfr., du dépôt qui lui avait été remis. Mais elle n'eut pas à attendre longtemps pour que la nouvelle dont elle avait eu la primeur, retentît à tous les échos. L'année finissait dans la tempête d'un scandale qui s'amplifiait chaque jour et qui menaçait les institutions. M. Sacha, M. Alexandre, le bel Alexandre, avait recouvré son nom de Stavisky. Maintenant, on le proclamait « le plus grand escroc du siècle ». D'après ce que les journaux racontaient, il n'avait pas volé ce titre. Manouche, naïvement, admirait cet homme extraordinaire qui avait imaginé le système des bons de crédits municipaux, garantis par des bijoux surévalués; qui avait remboursé, avec le crédit municipal de Bayonne, le déficit du crédit municipal d'Orléans, et qui aurait pu continuer à l'infini, si des maîtres chanteurs n'eussent éventé la mèche. L'affaire des optants hongrois lui aurait rapporté sept cents millions.

C'est ce qu'il lui aurait fallu pour combler le trou qu'il laissait dans ses affaires. Qui étaient les plus coupables : cet homme sans scrupule, les politiciens qui avaient obtenu vingt et une remises d'une plainte déposée contre lui, ou les magistrats qui les avaient octroyées?

Il avait quitté le Claridge le 23 décembre, à huit heures trente. Il avait descendu à pied les Champs-Elysées et on l'avait vu prendre un taxi. Depuis, on avait perdu ses traces. Le 25, Arlette était partie avec les enfants. Le même jour, l'agence Cook avait délivré des billets de wagon-lit pour une femme et deux enfants allant en Europe centrale. C'était à un autre nom, mais n'y avait-il pas de faux papiers d'identité? Stavisky avait plusieurs passeports à des noms différents. Le bruit courait qu'il était un espion allemand. Mais, son secrétaire ayant fait un brusque voyage en Angleterre, on se demandait s'il n'appartenait pas plutôt à l'Intelligence Service. L'ancienne vedette de l'Empire, Rita Georg, en tournée à Londres, démentait être une espionne anglaise ou allemande. La couturière Rosange démentait avoir été la maîtresse de Stavisky. On avait saisi les chéquiers de l'escroc et l'on en scrutait les deux mille deux cent quarante talons. L'ancien président du conseil Edouard Herriot démentait avoir reçu un chèque de cent mille francs. Le député Proust démentait avoir reçu un chèque de deux millions cinq cent mille francs pour le parti radical. L'ancien président du conseil Pierre Laval démentait avoir été l'avocat d'une des sociétés de Stavisky, la Compagnie Foncière. Le président du conseil Camille Chautemps et son beau-frère Pressard, procureur de la République de la Seine, démentaient autre chose. Seul, Joseph Kessel reconnaissait loyalement avoir touché un chèque de soixante-dix mille francs et déclarait qu'il s'en justifierait dans un livre. (« Il n'y a que les juifs pour toucher deux fois », dit Carbone.) Le directeur de la police judiciaire Guichard était mis à la retraite; le contrôleur général des recherches Ducloux était déplacé; l'inspecteur principal Bonny, qui avait été l'hôte de Stavisky à l'hôtel Miramar à Biarritz, était suspendu de ses fonctions.

Qui donc avait prélevé à Bayonne, le 22 décembre, dix cassettes de bijoux? On en recherchait six cents autres, dans des banques. Manouche bénissait le ciel que sa visite matinale au Claridge eût passé à travers les mailles. Toutes les polices de France et de Navarre couraient après Stavisky.

Le 9 janvier 34, on l'avait repéré aux environs de Chamonix. Le 10, on annonça qu'il s'était tué d'un coup de revolver, dans la villa du « Vieux Logis » à Servoz, quand le commissaire Charpentier le somma d'ouvrir. Il n'y avait eu aucun témoin de ce drame. Arlette, qui s'était réfugiée ailleurs, vint pleurer sur le cadavre.

Selon l'avocat de Stavisky, Me Pierre Gabriel, et les compagnons de sa fuite, il avait assuré « qu'on ne l'aurait pas vivant ». *L'Action française* et les ligues patriotes n'en criaient pas moins à l'assassinat. Le 24 janvier, douze cents talons de chèques étaient soustraits au dossier Stavisky. Le 28, le garde des sceaux Raynaldi donnait sa démission, entraînant celle du cabinet. Le 29, des manifestations commençaient à Paris. Le 30, Daladier était chargé de constituer le nouveau gouvernement, où il reprenait des personnalités compromises. Chiappe, dont les opinions de droite étaient notoires, fut écarté de la préfecture de police et nommé résident général au Maroc. Le 6 février, une émeute sans précédent éclatait place de la Concorde : cent mille hommes des formations d'extrême-droite et d'anciens combattants — les Croix de feu — voulurent marcher contre la chambre des députés, que défendait la garde mobile. Il y eut trente morts et plus de neuf cents blessés. La gauche organisa des contre-manifestations. Le surlendemain, le ministère était renversé. La France, à cause de Stavisky, semblait à la veille de la guerre civile, sous les yeux goguenards du chancelier du Reich, Hitler, que *Paris-Soir* avait montré, en habit, présentant ses vœux au maréchal Hindenburg.

Cependant, la Providence étant toujours, d'après un pape, le premier ministre des Français, un sursaut national portait au pouvoir des hommes respectés de tous et au-dessus de la mêlée : l'ancien président de la République Doumergue et le maréchal Pétain. Le garde des sceaux Chéron affirma qu'il poursuivait l'enquête sans ménagement. A la chambre, était créée une commission Stavisky. Comme un présage du triomphe de la justice, l'inspecteur suspendu Bonny avait récupéré les douze cents talons de chèques, par l'entremise de l'un de ses indicateurs, Jo-la-Terreur, ami du secrétaire de Stavisky. Chéron le baisa sur la bouche, le réintégra séance tenante et le sacra « premier policier de France ». La république était sauvée.

11

Avenue de Wagram, le restaurant Cotti n'avait plus les Alexandre, mais conservait Carbone. Manouche ne se serait pas doutée que ce fût un si ardent patriote. Il disait à qui voulait l'entendre, qu'il avait manifesté le 6 février, place de la Concorde, et que, pour la première fois de sa vie, il avait fait usage de ses revolvers. Soutien de Chiappe, il l'était aussi de son gendre Horace de Carbuccia, directeur de l'hebdomadaire de droite *Gringoire*. Avec d'autres Corses, il avait monté la garde, ces temps-ci, dans l'appartement des Carbuccia avenue Foch, où l'ancien préfet de police avait établi son poste de commandement.

Wolfr. était un peu gêné, quand l'empereur de Marseille, en frappant du poing sur la table, réclamait un nettoyage de la France et répétait les noms des principaux complices de Stavisky :

l'appréciateur des bijoux du crédit municipal de Bayonne, Cohen, le banquier Amar, l'animateur du Cercle hippique Adrien Cerf, et d'autres, mêlés, de près ou de loin, à ces opérations délictueuses, — les banquiers Danoski et Sacazan, voire un Alexandre, autre banquier, dont Stavisky avait été jadis l'employé. Wolfr. finit par répliquer à Carbone qu'on ne vitupérait ni l'armée ni la Carrière parce qu'un ambassadeur et un général avaient présidé les conseils d'administration de Stavisky. Il était trop facile de jeter la pierre aux juifs sous prétexte qu'ils étaient nombreux dans son entourage. Il s'était, du reste, borné à escroquer l'administration et le capital, assez forts pour se défendre. Druon, « l'escroc des petits sinistrés », aux dépens desquels il menait une vie de nabab, n'était-il pas mille fois plus odieux ?

— Je m'attaque pas à une race, dit Carbone ; sinon, vous seriez en droit d'attaquer les Corses.

» En tout cas, ajouta-t-il à Manouche, avouez que je m'étais pas trompé en vous disant de pas parier sur le Grand Cyrus.

A diverses occasions, elle avait été tentée d'arborer un des bijoux d'Arlette, mais une pudeur bien naturelle l'en empêcha. Toutefois, lorsqu'elle était seule dans sa chambre, elle se parait volontiers de ces merveilles, avec le même émoi que, petite fille, des humbles bijoux de dame Germain. Mais elle n'était plus à l'époque des brillants « bouffés aux mites » : Wolfr. lui avait donné, pour ses vingt ans, un diamant blanc-bleu de quatorze carats.

Le 22 février, les journaux remettaient le feu aux poudres par une nouvelle à sensation : Albert Prince, conseiller à la cour d'appel de Paris, chargé d'étudier les remises dont avait bénéficié Stavisky, était trouvé décapité sur la voie ferrée, près de Dijon. Une cordelette lui liait les pieds; un poignard sanglant était à proximité, avec sa houpette à poudre et son dentier. La plupart des députés en cause étant francs-maçons, l'*Action française* et la presse de droite voyaient là un crime maçonnique, éliminant un magistrat essentiel, et signé même du poignard des Kadosch.

Pour l'observateur impartial, les choses n'étaient pas si simples. Qui avait appelé le conseiller Prince à Dijon, au chevet de sa mère malade, alors qu'elle se portait bien? Pourquoi, peu après ce coup de téléphone, qui n'avait pas été donné de Dijon, le conseiller Prince était-il rentré chez lui, ce qui lui permit de connaître cet appel? Pourquoi avait-il détourné sa femme de l'accompagner? Pourquoi, trois minutes après l'arrivée du train à Dijon, lui avait-il télégraphié, du bureau de la gare, que sa mère était hors de danger, alors qu'il ne l'avait pas encore vue? Pourquoi, dans l'hôtel modeste où il descendait et où il ne remplissait jamais sa fiche, l'avait-il remplie soigneusement cette fois? Pourquoi n'avait-il pas téléphoné à sa mère afin de l'avertir de sa venue, quand il avait quitté l'hôtel, à la tombée du jour? Le kilomètre 311, 850 du lieu-dit la

Combe-aux-Fées, où, à minuit, un homme d'équipe, s'éclairant d'une lanterne, avait découvert le cadavre du conseiller Prince, ajoutait un mystère tragique de plus à l'affaire Stavisky. Le conseiller avait-il été endormi avant d'être laissé sur la voie? S'il avait été endormi, comment son buste aurait-il pu tenir debout, moyennant une ficelle d'un mètre soixante-dix de long, pour être décapité à vingt heures trente par la machine d'un train de messageries? Les médecins légistes, les experts toxicologiques, balistiques, ferroviaires, se penchaient sur son cadavre et n'étaient pas toujours d'accord. L'envoi de l'inspecteur Bonny à Dijon rassura les honnêtes gens. A Paris, on jugeait enfin, après vingt et une remises, la plainte déposée en 1926 contre le bel Alexandre par un agent de change. Si elle avait été instruite à sa date, l'histoire de la troisième république et peut-être de l'Europe aurait changé.

Un député maçon, Pierre Mendès France, qui était une des jeunes lumières du parti radical, exposait chez Wolfr. les conséquences prévisibles de l'affaire Stavisky-Prince. Elle encourageait, d'après lui, l'antisémitisme hitlérien, préparait une réaction électorale de la gauche française contre l'esprit du 6 février et rapprochait les perspectives d'une guerre entre le fascisme exultant et les démocraties menacées. Le kilomètre 311, 850 était une étape de plus vers ce dénouement.

On comptait déjà quatorze arrestations et vingt-quatre inculpations pour l'affaire Stavisky. Il y avait maintenant deux autres prisonniers :

Arlette venait d'être incarcérée à la Petite Roquette et le masseur de son mari à la Santé. Les bijoux d'Alexandre avaient été saisis à Orléans, à Londres et ailleurs. Ceux de sa femme étaient désormais en lieu sûr dans la cave de dame Germain à Vincennes. Manouche n'était pas fâchée de jouer ce tour à sa mère qui n'aimait pas les juifs.

12

A Dijon, malgré le zèle de l'inspecteur Bonny et de ses collègues, l'enquête piétinait. Elle était menée par le juge d'instruction Rabut, qui n'était pas des plus fins. Aveuglé par l'idée qu'il s'agissait d'un meurtre, il fonça dans tous les panneaux des témoignages imaginaires. Chéron avait promis cent mille francs à qui fournirait une piste et cela faisait travailler les cerveaux. Une infirmière-dentiste en chômage, qui vendait des billets de tombola à la gare de Lyon, avait vu un homme suivre le conseiller Prince, quand il prenait le train. Un ancien combattant, réformé à cent pour cent, avait vu un homme, qui n'était pas le conseiller Prince, acheter le poignard, au Bazar de l'Hôtel de Ville. Une danseuse de la tournée Capoulade avait vu et entendu les assassins du conseiller Prince dans un hôtel de Dijon.

Diverses personnes avaient vu, à l'arrivée du train, un homme à barbiche et pardessus beige, parler au conseiller Prince, puis avaient croisé en ville le même homme sans barbiche. Une paysanne bourguignonne avait vu le conseiller Prince se débattre entre deux hommes dans une automobile qui passait. Le chef de gare de Plombières avait vu deux autos stationner, tous feux éteints, devant le viaduc de la Combe-aux-Fées. Un meunier du voisinage avait entendu ses chiens aboyer à la mort. On recherchait une correspondante anonyme qui signait « Dédé, femme jalouse », un Allemand suspect, un Russe qui avait participé à l'assassinat de Raspoutine. Source de quiproquos perpétuels, l'inspecteur Bonny et le juge Rabut ressemblaient au conseiller Prince. Au même moment, toute l'Angleterre se passionnait pour le monstre du Loch-Ness, qui était apparu à des familles respectables. Selon les uns, il avait huit bosses; selon les autres, une tête de serpent. Cent cinquante journalistes et photographes guettaient sa réapparition. Des spécialistes de la paléozoologie étudiaient les empreintes qu'il avait laissées sur le sable.

A Paris, s'élevait peu à peu la voix de la vérité. On rappelait que le conseiller Prince, ancien substitut de la section financière du parquet, était, en dépit de son intégrité, responsable d'un certain nombre de choses dans l'affaire Stavisky. Son huissier au palais confessait qu'il pleurait souvent dans son bureau, comme accablé de remords. Une de ses amies affirmait qu'il était homme à se supprimer, plutôt que de subir une sanction. Elle ajoutait que la belle-mère de celui-ci, à qui elle avait téléphoné dès la macabre découverte de la Combe-aux-Fées, lui avait dit que, certainement, il s'était tué.

Carbone et Spirito étaient à Marseille. Le baron de Lussatz déjeunait chez Cotti avec un personnage inattendu : le romancier Georges Simenon. Wolfr. et Manouche se demandaient ce que signifiait cette nouveauté. Le patron les renseigna, sous le sceau du secret : Lussatz montait un bateau à l'écrivain pour attraper l'argent de *Paris-Soir*, qui allait lui confier une enquête sur l'affaire Prince. Du même coup, il fourvoyait l'inspecteur Bonny, vieil adversaire de Carbone, dont l'enquête serait orientée par les révélations de Simenon.

Après avoir bourré d'informations le spécialiste de la littérature policière, Lussatz, qui habitait le Carlton, aux Champs-Elysées (1), le persuada de s'y transporter pour recevoir plus discrètement d'autres informateurs. Avec l'accord du directeur Chauvel, il donnait rendez-vous à des maquereaux et à des gangsters de Montmartre. Puis, il avertissait le romancier, qui était dans la chambre au-dessus. Simenon descendait aussitôt pour rencontrer des personnages à mine patibulaire, qui avaient posé sur une table, en guise de référence, un revolver ou une matraque. Parfois on mandait une tapineuse, qui tirait de son sac

_____

1. Là où est aujourd'hui l'immeuble d'Air France.

un paquet de coco ou une seringue d'héroïne. Simenon observait, prenait des notes. A travers ce dédale pittoresque, on étayait en lui une conviction que l'on voilait de réticences : c'étaient des hommes du milieu, mandatés par les francs-maçons, qui avaient tué le conseiller Prince. Le baron glissait, au milieu de ces fantaisies, quelques détails authentiques, qu'il tenait du journaliste Géo London, intime d'un des magistrats instructeurs. Ces détails, dont Simenon avait la confirmation quai des Orfèvres, le faisaient croire au reste.

Le 20 novembre, *Paris-Soir* publia que ses directeurs lançaient des limiers de choix à la recherche des assassins du conseiller Prince : les plus célèbres détectives anglais, sir Basil Thompson, chef de l'Intelligence Service pendant la guerre, Mr J.W. Wesley, « l'homme de fer » de Scotland Yard, et l'ex-inspecteur en chef Alfred C. Collins, secondés par Georges Simenon, « le fameux romancier qui créa le commissaire Maigret ». La France respira : le mystère du kilomètre 311, 850 serait enfin élucidé.

Le titre du premier article de Simenon étonna Manouche : *les Gangsters de l'Etoile*. L'écrivain les soupçonnait d'avoir tué Stavisky avant de tuer Prince. Quant à lui, on ne l'apercevait plus au Carlton ni chez Cotti : il était à Dijon avec les trois Anglais, qui, disait-il, « menaient l'enquête en chapeau melon ». Ce qu'il ne disait pas, c'est que les trois Anglais, installés, non au petit hôtel du conseiller Prince, mais au très gastromonique hôtel de la Cloche, passaient leur temps à se taper la cloche. Aussi décidés que Lussatz à se moquer de Simenon et à gruger *Paris-Soir*, ils avaient l'air de s'intéresser infiniment moins à celui que la presse appelait « le malheureux conseiller », qu'au Musigny et au Chambertin. On dut les empêcher de se faire recevoir chevaliers du Tastevin. Leur attitude était scandaleuse sur les lieux du crime, où l'on ne cessait de faire des reconstitutions : ils tombaient entre les rails et faillirent être écrasés par un train, comme le conseiller Prince. Bientôt, ils retournèrent à Londres « continuer leurs recherches ». Simenon était réduit à ses seules forces, mais n'y puisait que plus de courage pour faire feu des quatre fers.

A quand la grande rafle? Tel fut le titre de son second article. *Jeux*, *Stupéfiants*, *Prostitution*, en était le sous-titre. Manouche et Wolfr. s'amusaient beaucoup chez Cotti. *L'Homme au pardessus beige* : cinquième article.

Carbone et Spirito revinrent, au début de la semaine sainte. Ils étaient aux anges, parce que Jo-la-Terreur, qui avait un pardessus beige, avait été coffré. On lisait ce post-scriptum au sixième article de Simenon : « Rita est priée de se présenter de toute urgence à *Paris-Soir*. » Ce n'était pas Rita Georg, mais une des protégées de Lussatz.

Manouche se frotta les yeux, le lendemain, quand elle ouvrit le journal. Elle voyait, en première page, la photographie de Carbone, appréhendé à l'hôtel Normandy, rue de l'Echelle.

On avait trouvé, dans une de ses valises, des vues de Chambéry. Il était inculpé d'homicide volontaire, avec préméditation. Lussatz, cueilli au Carlton, et Spirito à Marseille, étaient l'objet de la même inculpation. Simenon écrivait avec orgueil : *Les gangsters de l'Etoile sont arrêtés.* C'était son œuf de Pâques. Il se félicitait d'avoir appliqué « la méthode du commissaire Maigret ». Chez Cotti, au moins, personne n'ajoutait foi à ses déductions.

13

Les trois prisonniers avaient été transférés à Dijon et juraient de leur innocence : mais, disait Simenon, « leurs alibis présentaient des trous ». Cependant, par l'arrestation de Carbone, Bonny perdait l'appui de *Gringoire*, qui défendait l'honneur de la Corse. Me Henry Torrès, député des Alpes-Maritimes et collaborateur de cet hebdomadaire malgré ses opinions de gauche, prouvait tout son esprit en répondant à *Paris-Soir* que, si « le roi des nervis de Marseille » avait fait campagne pour son élection, comme on prétendait, il l'en remerciait. A Marseille même, le député-maire Sabiani prenait fait et cause pour son grand électeur. Il tapissa les murs d'affiches de protestation : *Pâques policières*. Déjà, les alibis pleuvaient sur la table du juge Rabut et comblaient tous les trous. Simenon commençait de battre en retraite : « Jamais, écrivit-il, je n'ai dit que le baron ou Carbone avaient tué le conseiller Prince de leurs propres mains. » En réalité, il ne savait plus ce qu'il avait dit.

La nouvelle valse des témoignages égayait le public, qu'elle ne pouvait convaincre. Une hôtelière des environs de Dijon remporta la palme en reconnaissant Carbone, Spirito et Lussatz pour avoir déjeuné chez elle, la veille du crime, en compagnie du procureur général Pressard. Elle assurait qu'ils avaient mangé une omelette au lard et une tarte Tatin. Le juge Rabut eut l'inconscience de faire interroger à Paris une vingtaine de magistrats pour leur demander si, le 20 février, le procureur général de la République était bien dans son cabinet. Malgré les réponses affirmatives, le juge prétendait confronter ce haut magistrat avec les trois compères. Leurs avocats, Me de Moro-Giafferi, qui était au faîte de la renommée, et Me Marcel Ceccaldi, dont ce furent les brillants débuts, s'opposèrent à cette démarche inouïe et, avant de sauver l'honneur de la Corse, sauvèrent celui de la justice. Les trois clients de l'hôtelière, dont l'un avait été pris pour le procureur de la République de la Seine, étaient les associés d'une Mme Sidonie, tenancière d'une maison de tolérance rue des Rosiers à Paris : Raton-de-la-Villette, Petit-Louis et Grand-Louis, qui étaient allés chercher une fille à Dijon.

« Depuis que Carbone, Spirito et Lussatz sont sous les verrous, un certain scepticisme se manifeste dans le public », avouait tristement Simenon. Ce fut son chant du cygne comme enquêteur extraordinaire. Bien que le copyright figurât à la fin de tous ses articles, il ne les a jamais réunis en volume. Parmi les fumées de Bacchus, les trois détectives britanniques avaient été plus lucides que lui : en quarante-huit heures, ils avaient conclu au suicide, mais cette conclusion dérangeait le détective amateur, qui croyait au crime politique. Le juge Rabut, de son côté, se défendait à présent contre des masochistes de l'accusation : un jeune homme de Nice, Janot-le-Beau, soutenait avoir tué le conseiller Prince, honneur que revendiquait déjà un nommé Pignanvin.

Le rapport du commissaire Guillaume, dont le texte intégral fut divulgué quelques mois après, malgré l'opposition des députés de droite Ballu, Denais et Xavier Vallat, membres de la commission Stavisky-Prince, expliqua tout ce drame en jetant un jour fâcheux sur la vie privée du conseiller et termina les polémiques pour les gens de bonne foi. C'est en vain que les avocats de sa famille, Mes Maurice Garçon et Poignard, affirmèrent qu'ils y répliqueraient point par point : tous les poignards étaient émoussés, comme celui des Kadosch. Ils n'avaient pas seulement des raisons respectables pour tenter de démontrer le crime : si c'était un suicide, la veuve n'aurait pas eu droit à une pension. D'après le rapport

Guillaume, le compte en banque du conseiller Prince, la veille de sa mort, était de quatre mille cinq cents francs. Ce magistrat, tourmenté par des habitudes de débauche, anxieux d'avoir contribué malgré lui à une escroquerie gigantesque, frappé qu'elle eût provoqué la tentative de suicide du directeur de l'Agriculture Blanchard, avait ourdi, pour masquer le sien, un roman digne de Simenon. L'image de ce conseiller se faisant décapiter par un train, est peut-être la plus saisissante de l'histoire de la magistrature française. Sa névrose explique la mise en scène dont il s'entoura pour égarer les soupçons, au risque de jeter le pays dans de nouveaux troubles.

Paris-Soir, en vue de se rattraper, citait les bons mots des victimes de Simenon chez le juge Rabut. « Asseyez-vous, assassin », disait Spirito à Carbone et Carbone à Spirito : « J'obéis, mon complice. » Néanmoins, seul *Gringoire* relata que les trois amis se gaussaient de leur juge, qui était « dur de la feuille ». Quand il interrogea Carbone sur son emploi du temps du 20 février, celui-ci rétorqua : « Et vous, que faisiez-vous le 20 février? » Le juge, inquiet, feuilleta son calepin, en balbutiant : « Le 20 février, le 20 février... » Il se reprit soudain pour riposter : « Je ne suis pas un inculpé, je suis le juge. »

Après que la mise en liberté privisoire de Carbone, de Spirito et du baron eut été refusée le 10 avril, ce juge fut obligé, douze jours plus tard, de relâcher les deux premiers. Ils partirent pour Marseille, où ils furent reçus triomphalement. On les félicita d'avoir grossi durant ce mois de détention. Un cortège de voitures klaxonnantes leur fit traverser la ville. Sabiani les attendait à la mairie, où l'on joua *la Marseillaise.*

Le baron, hors de cause, comme les deux autres, pour l'affaire Prince, était resté entre les griffes de la justice pour le prétendu recel d'une bague. Selon les experts, elle avait été volée chez Tiffany à Londres, mais les experts étaient comme les témoins. Ils ne résistèrent pas à la contre-attaque de Mes de Moro-Giafferi et Ceccaldi : le rapport de police du vol indiquait que le diamant de Tiffany avait un crapaud sur la table; or, le diamant du baron avait un crapaud dans la table.

14

Manouche avait fêté chez Cotti la libération de Carbone; mais, bien qu'il eût annoncé qu'il remonterait bientôt à Paris, il n'avait pas oublié que la foule l'avait hué le jour de son arrestation. Il attendit quelques mois pour prendre sa revanche et elle fut éclatante. L'inspecteur Bonny avait été culbuté de son piédestal par *Gringoire :* ce journal l'accusait d'avoir falsifié des talons de chèques de Stavisky, fait suspendre l'expulsion de l'escroc Valberg, qui lui payait ses notes de tailleur, et extorqué des fonds à une demoiselle Cotillon, richement entretenue, ainsi qu'au duc de Saint-Simon et d'Aubusson, poursuivi pour port illégal de la grand-croix de la légion d'honneur et de l'uniforme de général de l'armée vénézuélienne. L'affaire Stavisky-Prince débordait dans le vaudeville. Espérant se justifier, Bonny avait attaqué *Gringoire* en diffamation. Le Tout-Paris suivait les audiences, qui étaient souvent houleuses. A l'une d'elles, Manouche fut placée à côté de deux académiciens, Pierre Benoit et Marcel Prévost. Carbone était avec ses deux frères et ses lieutenants. Pour répliquer à un mot de Bonny, il s'élança à la barre, comme s'il était à Marseille, mais le président le fit expulser. « Personne, tonna Mᵉ Henry Torrès, avocat de *Gringoire*, personne, même dans la police, n'osa défendre le rapport Bonny, qui entraîna l'arrestation de Carbone, de Spirito et de Lussatz. Le commissaire Guillaume a déclaré que, « si un tel rapport lui avait été remis, il en aurait prié l'auteur d'aller apprendre son métier ». Cette phrase s'adressait indirectement au commissaire Maigret.

Le 2 décembre, au jugement du procès Bonny-*Gringoire*, Carbone eut la plus grande joie de sa vie : l'homme qui l'avait mis en prison, l'homme qu'un garde des sceaux avait baisé sur la bouche et proclamé « premier policier de France », était débouté et arrêté. Sous la Coupole, Paul Valéry prononçait l'éloge de la vertu.

L'instruction de l'affaire Stavisky-Prince était close. La commission parlementaire, dont les pouvoirs avaient été prorogés plusieurs fois, termina ses travaux en rendant hommage à l'ancien président Chautemps et à la mémoire de son beau-frère Pressard. Indifférent au rapport Guillaume, le fils du conseiller Prince avait, en termes à peine voilés, désigné cet homme d'Etat et ce magistrat comme responsables du meurtre de son père. Il y avait un cadavre de plus : celui de l'ancien procureur de la République, qui avait succombé à ces calomnies.

Arlette Stavisky était libre. Elle retrouvait ses bijoux, mais aussi, d'une façon définitive, ses enfants, qu'une permission officielle l'avait autorisée à visiter en secret, deux fois par semaine, sous l'escorte de deux inspecteurs. Sans se douter que leur père avait ébranlé le régime, ils continuaient à se plaindre qu'il fût toujours « en voyage », mais étaient heureux que leur mère n'eût plus à retourner dans sa « clinique ». Des amis anonymes avaient pourvu à leurs besoins, ce qui montrait que le bel Alexandre n'avait pas laissé des ingrats.

Manouche accompagna Arlette à Chamonix, pour un pèlerinage sur les lieux où il s'était tué. La villa du « Vieux Logis » était le but de promenade d'innombrables touristes. Un grillage avait été élevé en vue de protéger le jardin contre les chasseurs de souvenirs. Le propriétaire dit aux deux visiteuses qu'une agence voulait le convaincre de placer un mannequin de cire, aux traits ensanglantés de Stavisky, dans la chambre du suicide, le dos contre le radiateur, un revolver sur le sol.

DEUXIÈME PARTIE

1

Comme l'avait prévu Mendès France, le Front populaire était arrivé au pouvoir avec les élections de 36. Ce n'était pas ce qui inquiétait le banquier Wolfr. : le marché de l'or n'en était que plus actif. La guerre d'Espagne permettait aussi de fructueuses affaires, malgré le principe de la non-intervention. Des amis de Wolfr., les frères L., gagnaient des sommes énormes à fournir des armes au gouvernement républicain espagnol. Ce conflit, où s'affrontaient les deux idéologies qui divisaient le monde, semblait préfigurer celui que l'on redoutait. Mais, en France, l'agitation sociale, les grèves, et le suicide du ministre de l'Intérieur Salengro, avaient pour contrepoids les pièces de Sacha Guitry, les danses de Joséphine Baker, les roucoulades de Tino Rossi, les rengaines de Maurice Chevalier.

Wolfr. avait engagé Odett' pour la publicité de sa banque. Celui-ci, déguisé en marquis

Louis XV, et Manouche en marquise, allaient en chaise à porteur au Pavillon de Flore, les jours de tirage de la loterie, et criaient, en agitant des billets : « On a d' la veine, quand on achète ses dixièmes à la banque Wolfr. » Cette exhibition hebdomadaire tenait lieu à Manouche de nouveau métier. Elle avait dû, en effet, quitter Patou, après avoir dit des horreurs à une riche cliente qui la tripotait.

Ce métier lui laissait assez de loisirs pour qu'elle s'occupât de ses amis. Entre tous, elle préférait Mistinguett et se lia plus intimement avec elle.

Cette artiste si fameuse était faite de contrastes. Au raffinement, elle alliait le sordide, à la gentillesse la dureté de quelqu'un qui avait eu des débuts difficiles. Son esprit et son caractère étaient résumés dans la dédicace de la première photographie qu'elle donna à Manouche et qui la représentait, des chardons dans les cheveux, s'abritant sous un parapluie déchiré : « Ben quoi, c'est moi, v'là! me v'là! Titine la fleur des pois, Jeanne Bourgeois, descendante du duc d'Enghien. Manouche, viens sous mon ombrelle. Y'a du soleil. »

Le soleil, c'étaient son rire et sa gaieté; l'ombre, c'était son avarice. Elle fut la première à mêler des réclames au texte des revues, en imposant aux auteurs et aux producteurs ses contrats personnels avec des fabricants de bas, de gaines, de cosmétiques ou de pâtés. Cette « faim sacrée de l'or » lui venait peut-être de ce qu'elle avait trente-six dents. Elle enterrait des pièces et des lingots dans son jardin de Bougival, les déterrait pour les changer de place et ménageait d'autres cachettes dans les recoins de sa maison. L'appartement qu'elle avait à Paris, était aussi un nid à trésors. Elle n'avait confiance que dans Manouche, qui l'aidait pour chacune de ces opérations. Quand on ne découvrait pas le magot tout de suite, elle s'affolait, criait, pleurait. Manouche se prêtait aux scènes variées de cette comédie enfantine.

Le danseur italien qui habitait chez la Miss et pour qui elle était très chiche, sous prétexte qu'elle le logeait et le nourrissait, enfermait dans une malle quelques louis : le rêve de Mistinguett était de les lui chiper. C'était également une manière de se venger, parce qu'il ne faisait plus l'amour avec elle. Un marteau à la main, accompagnée de Manouche qui tenait une pince, elle tapait sur la serrure de la malle, mais leurs efforts n'en vinrent jamais à bout.

Sa chambre d'apparat à Bougival n'était réellement que pour la parade : elle couchait dans une petite pièce, sur un lit étroit. De beaux cabinets chinois voisinaient avec des meubles Levitan. La salle de bains offrait un curieux assortiment de serviettes, portant des noms de palaces ou les initiales des Wagons-Lits : la Miss, en voyage, ne pouvait résister à l'envie de rafler quelque chose. Les petites cuillères de son argenterie, toutes dépareillées, étaient de provenances aussi diverses.

Elle avait une couturière attitrée, pour qui elle dessinait elle-même ses robes. Ses deux inventions étaient une gaine de coutil qui soutenait sa poitrine et un rose spécial qui réhabilitait son visage. Jamais elle n'allait dans un institut de beauté. Les caoutchoucs de ses grands chapeaux lui remontaient le cou, du sparadrap les plis du front, et ses longs gants blancs dissimulaient le desséchement de ses mains.

Quelques hommes d'esprit formaient la compagnie de Wolfr. et de Manouche : Pierre Bénard, rédacteur en chef du *Canard enchaîné;* Alexandre Breffort, du même journal, qui racontait les souvenirs de ses quatorze métiers antérieurs; André Guérin, rédacteur en chef de *l'Œuvre*, et le désopilant Trignole, roi de l'argot, recruteur de figurants pour le cinéma et organisateur des défilés du Front populaire. Ces joyeux lurons avaient, avec les Wolfr., un autre lieu de rencontre que les dîners du *Canard :* les déjeuners de Manouche. Elle cuisinait, en vraie enfant de la balle, dans la cave de la banque, et l'on s'y réunissait autour de plats succulents. Un jour de presse, la veille du tirage de la loterie, Wolfr., dont les intimes n'ignoraient pas qu'il vendait de faux dixièmes (il eut la chance de n'avoir jamais à débourser le gros lot), vint rejoindre tout son monde en disant :

— On n'arrête pas.

— Pas encore! ajouta Pierre Bénard.

Le banquier pardonnait tout à qui le faisait rire, — même à Manouche, quand, se querellant avec lui, elle appelait Hitler à son secours.

Cet été la trouva châtelaine en Seine-et-Oise : Wolfr. avait loué le château de Pussay à l'un de ses clients, Louis Lyon, qui était en difficulté. Une explosion s'était produite dans un laboratoire pharmaceutique que possédait celui-ci rue du Faubourg-Saint-Honoré et une traînée d'héroïne s'était répandue sur le trottoir. Son associé, Chebab, qui avait été blessé, lui demandait des comptes. Leur querelle faisait sourire le banquier, à cause d'un nom que les deux empoisonneurs se gardaient bien de prononcer : Carbone était le vrai propriétaire du laboratoire. Comme la drogue qui en sortait, était acheminée vers les Etats-Unis, le Narcotic Bureau suscita l'union nationale des Pharmaciens français en qualité de partie civile. Manouche, qui avait un faible pour le gangster de l'Etoile, sut gré à Me Jacques Isorni, avocat des pharmaciens, de fulminer contre Lyon et Chebab sans parvenir à déchirer le voile du temple.

En revanche, on cita honorablement Carbone lors de l'incendie qui détruisit, à Marseille, l'hôtel Noailles, où s'était réuni le congrès du parti radical. Carbone et Spirito arrachèrent aux flammes la marquise de Crussol, égérie de Daladier, et Cora Madou, femme de Guy La Chambre, ministre de l'air. Ils sauvèrent non seulement leurs personnes, mais leurs bijoux, qui étaient en quantité appréciable.

La satisfaction de recevoir dans un château, n'avait amusé Manouche qu'un été. Elle regretta d'y laisser des tableaux de Kisling, — entre autres, un nu d'Arletty —, que Lyon avait eus, disait-il, d'un échange avec ce peintre. Carbone possédait également une collection de ses toiles.

Les menaces de guerre avaient stimulé, encore plus que les troubles du Front populaire, l'activité de la banque Wolfr. dans le domaine de l'or. Sa clientèle était de plus en plus nombreuse. Il avait des rabatteurs dans tous les milieux. Manouche devint sa principale courtière. Grâce à elle, Mistinguett multipliait ses enfouissements et dame Germain, qui avait vendu la villa de Vincennes, transmua de même son argent. De gros clients étaient les patrons des maisons closes, dont Manouche connut ainsi les plus célèbres.

Celle de la rue Georges-Bizet se flattait d'avoir ménagé des rendez-vous entre des hommes opulents et une chanteuse de couleur, dont la croupe faisait vibrer toute la France. Le Chabanais, dans la rue homonyme, avait eu pour fondatrice, au début de la troisième république, la maîtresse d'un membre du Jockey club et avait obligé le marquis de Chabanais à changer de nom. On pouvait se croire russe en y faisant l'amour sur un traîneau, espagnol dans un lit d'Isabelle la Catholique, arabe dans une mosquée ornée de versets du Coran, romain dans une chambre pompéïenne, décorée de médaillons érotiques par Toulouse-Lautrec. 122, rue de Provence, se situait le non moins fameux One-two-two. Il rivalisait d'ingéniosité avec le Chabanais : un sleeping donnait l'illusion de rouler en wagon; une cabine, de naviguer à bord d'un paquebot; une cahute décorée de totems, d'explorer l'Afrique; une plage avec des parasols, d'arriver sur la Riviera. On était flagellé sous un crucifix. Ce n'est pas là que courbait l'échine l'académicien et homme d'Etat Louis Barthou — surnommé par Léon Daudet « Bartoutou » —, le grand bibliophile assassiné à Marseille avec le roi Alexandre de Yougoslavie : il hantait une maison de la place Furstenberg. L'ancien président du conseil Albert Sarraut, passait pour le protecteur officiel du Sphinx, boulevard Edgar-Quinet.

Un des principaux agents de Wolfr. avait le surnom de Petit-Nez. Il méritait la sympathie de Manouche par l'usage qu'il avait fait d'une trouvaille de Carbone destinée aux pigeons : « la boîte magique ». On y introduisait un billet de banque et il en sortait deux. C'étaient des billets très authentiques, avec le filigrane. Un certain Robin fut tellement ébloui par Petit-Nez qu'il lui confia : « Je viens d'hériter six millions, je vais les chercher, je les mettrai dans la boîte, ça fera douze. » Le mécanisme se détraqua et Robin, ne voyant pas sortir douze millions ni même six, porta plainte. Petit-Nez alla en prison, mais il y fut bientôt remplacé par ce Robin des Boîtes, incriminé pour avoir voulu fabriquer de la fausse monnaie. Petit-Nez est aujourd'hui l'un des rois du marché de l'or en France.

L'été 39, Wolfr. loua la maison de Marcel Rochas, à la Queue-les-Yvelines. Il fit un saut à Paris pour assister à la revue du 14 juillet qui devait intimider l'Allemagne, avec le renfort de Marlène Dietrich, chantant *la Marseillaise*. L'Ange Bleu s'était envolé des bords de la Sprée pour devenir l'Ange Tricolore.

Manouche et Wolfr. allèrent ensuite à Brides-les-Bains. C'était pour maigrir : elle prenait des formes et lui de l'embonpoint. Lindon, le grand négociant en perles, beau-frère de Citroën, fut leur compagnon de cure. Il avait confiance dans l'armée française : son fils Raymond, avocat, mobilisé comme intendant militaire, assurait qu'il ne manquait pas à nos soldats un bouton de guêtre.

Les Wolfr. revinrent par la côte d'Azur et ils déjeunèrent à Saint-Tropez, sur le quai à moitié désert. Une charmante petite boulotte à chevelure de porc-épic était assise à la terrasse d'un café et distribuait des biscuits, trempés de lait, à un cercle de chats. Manouche fut heureuse dans le monde d'argent et de trafic où elle vivait, de rencontrer une femme écrivain dont elle avait aimé les livres, lus en cachette à Notre-Dame-de-Sion : Colette. Ce fut sa dernière image du temps de paix.

2

La guerre était déclarée. Wolfr. fit ache   la
transformation de sa cave en abri de luxe contre
les bombardements. Elle était assez grande pour
recevoir deux lits, des chaises longues, un bidet,
une douche et un réfrigérateur. On y entassa des
paquets de bougies et des provisions, comme pour
soutenir un siège, sans compter une douzaine
de masques à gaz. A la première alerte, on invita
les voisins, qui écoutèrent Tino Rossi chanter
l'*Ave Maria*.

Wolfr. regrettait de ne pas aller à Lucerne,
où le troisième Reich vendait les tableaux retirés
des musées allemands comme œuvres décaden-
tes. Il aurait aimé acheter à Hitler, assez barbare pour s'en défaire, un Van Gogh ou un Modi-
gliani. Mais cela eût attiré l'attention sur ses
avoirs en Suisse.

Il ne fut pas moins obligé d'effectuer un voyage
en Italie, pour régler certaines questions, avant
la rupture qu'il prévoyait avec l'alliée de l'Allemagne. Il avait, en effet, favorisé quelques pla-
cements à Paris de ses coreligionnaires italiens.
Cette visite à Rome fut une joie pour Manouche,
qui admira la beauté des hommes, autant que
celle des monuments. Elle fut à moitié violée
dans une foule océanique, qui acclamait le Duce
place de Venise, et dans une autre, place Saint-
Pierre, qui saluait le nouveau Pape. Wolfr. lui

...nt d'être reçue par Pie XII en audience semi-publique, où elle se sentait plus en sûreté. Vêtue de noir, une mantille sur la tête, elle s'agenouilla humblement. Elle n'avait pas accompli cette démarche comme un trait de folklore, mais parce qu'elle avait gardé quelques impressions religieuses de sa petite enfance, comme le chapelet de sœur Rachel au fond de son sac. Elle tenait ce chapelet dans une main et un second dans l'autre pour sa mère, s'imaginant que le pape les bénirait tour à tour, après l'avoir bénite. Pie XII, plus expéditif, se contenta, en souriant, de donner une large bénédiction à « sa fille Germaine, de sa bonne paroisse Saint-Jean-Baptiste-de-Neuilly ».

Dès qu'il fut rentré à Paris, le banquier, tout en fournissant de l'or à qui en voulait, se préoccupa de mettre le sien à l'abri et de s'assurer une retraite. Malgré sa foi dans la ligne Maginot, il agissait comme si elle n'existait pas. Un de ses clients, le percepteur de Tonneins, ami de Vincent Auriol, lui offrait le refuge le plus éloigné. Pour étapes intermédiaires, il loua une villa à Royan, ainsi qu'une maison à Clermont-Ferrand, la Bourse se repliant à Châtelguyon. Quant aux moyens de dissimuler ses valeurs en cas de fuite, c'est Manouche qui y pourvoyait.

Elle fit confectionner des sacs d'amiante, des étuis de plomb à fermeture hermétique, des ceintures de flanelle doublées de poches. En outre, elle enleva le rembourrage et l'entoilage des vestons et des manteaux du banquier, pour les remplacer par des matelas de dollars. Enfin, le patron du Sphinx lui avait fourni deux de ces tubes d'ivoire nommés « plans », qui servent aux bagnards pour cacher une lame et de l'argent, dans un endroit où les navigateurs de jadis fourraient leurs pièces d'or à l'approche des corsaires. Wolfr., qui était très fier de posséder dix billets de dix mille dollars, leur réserva cette destination secrète.

Pendant la drôle de guerre, l'ancien ami de Manouche, lord B., maintenant officier de la Royal Air force, lui fit une visite imprévue. Ils passèrent une soirée au cabaret d'Odett', le Trône, place Pigalle. Le célèbre fantaisiste y attirait tout Paris, qui riait aux larmes de ses imitations de Hitler.

On commença de rire moins, quand Hitler, après avoir occupé la Pologne, le Danemark, la Norvège, la Hollande et la Belgique, pénétra en France, derrière la ligne Maginot. Wolfr. avait déjà envoyé Manouche à Clermont-Ferrand, dans la petite Simca qu'elle aimait conduire, avec mission de dissimuler des lingots d'or sous le charbon de la cave. Elle s'ennuya vite de rester seule et, rassurée par les rodomontades du gouvernement, retourna à Paris. C'était rouler à contrecourant, car le flot de l'exode déferlait vers le sud. Wolfr. s'apprêtait à le suivre. Il reprocha à Manouche d'avoir abandonné son poste, mais ne fut pas fâché de son aide pour les ultimes préparatifs. Toutefois, impatient de la renvoyer garder le trésor de Clermont-Ferrand, il la fit repartir : il la suivrait dans sa Chrysler, à vingt-quatre heures de distance. Il lui fallait juste ce temps pour conclure une transaction d'or avec l'archevêché. Manouche se vit confier une ceinture et un plan, dûment garnis. Les circonstances n'étaient pas telles qu'elle eût à introduire son plan dans la cavité idoine. Le rendez-vous était fixé à Clermont-Ferrand.

C'est au bord de la route, près de cette ville, que la belle fuyarde guetta la voiture du banquier : sa Simca était en panne. Heureusement Wolfr. fut exact et leur rencontre inopinée, au milieu des files de voitures, les consola de leurs émotions. La Chrysler était tellement bourrée de malles, de valises et de caisses que Manouche eut de la peine à s'y glisser. Il y avait, non seulement ses onze manteaux de fourrure (un vison blanc, un vison bleu...) et ses trente paires de chaussures en « croco » avec les trente sacs assortis, mais la comptabilité de la banque.

Une désagréable surprise les attendait à Clermont-Ferrand : leur maison, située vis-à-vis de l'usine Michelin, avait été détruite la veille, en même temps qu'une partie de l'usine, au cours d'un bombardement. Manouche eut un frisson, en pensant qu'elle aurait pu y être tuée. Wolfr. emprunta une pelle à des voisins, sous prétexte de récupérer des bidons d'huile dans la cave, et, après en avoir déblayé l'escalier, il exhuma, tout joyeux, la boîte de lingots. La Simca fut confiée à un garage. On se remit en route pour gagner le second asile : Royan.

Dame Germain les y avait précédés depuis quelques mois, mais elle était descendue à l'hôtel, pour ne rien devoir au protecteur de sa fille. Cet hôtel ayant été réquisitionné par l'armée, force lui fut de s'installer à la villa. Manouche ne doutait pas de lui faire accepter, dans ces conjonctures dramatiques, la nécessité de cohabiter avec un fils d'Israël.

Impitoyable, dame Germain interdit au banquier de franchir le seuil de la maison. Les portes étaient verrouillées et elle parlait d'une fenêtre du rez-de-chaussée, pendant que la radio annonçait l'arrivée à Paris des troupes du général von Kuchler. Wolfr., épuisé, tomba à genoux pour implorer cette femme, que cette triste nouvelle semblait fortifier dans son entêtement.

— Madame, dit-il, c'est moi qui fais vivre votre fille depuis neuf ans.

— Elle pourrait vivre sans vous, répliqua la mère. Elle n'a qu'à vivre avec moi. J'ai des rentes, monsieur.

— Maman, dit Manouche, n'oublie pas que tu es ici chez M. Wolfr.

— Je lui paierai son loyer, cria dame Germain.

Le banquier recourut à un argument qu'il croyait sans réplique : il déposa un paquet de billets sur le rebord de la fenêtre.

— Je ne veux pas que vous me payiez votre loyer, dit-il, et voici de quoi payer la maison un an de plus. Nous ne vous embarrasserons que peu de jours.

Dame Germain déchira quelques billets en

mille morceaux et jeta les autres dans le jardin.

— On voit que tu ne connais pas le prix de l'argent, dit Manouche.

— C'est bien à toi de me parler ainsi, impertinente, toi qui n'as jamais travaillé! En tout cas, si tu veux dormir dans cette maison, entre seule ou va-t'en.

Image bornée d'une France qui se croyait vertueuse et justicière, — la France qui allait naître à Vichy, — dame Germain ferma la fenêtre. On devait se résigner. Avant de chercher un gîte, Wolfr. et Manouche entendaient se restaurer. Ils tirèrent leurs provisions du coffre, déployèrent une nappe sur l'herbe et recouvrèrent leur bonne humeur. Puis, laissant dame Germain barricadée contre les juifs, ils se relancèrent à l'aventure. Wolfr. avait été averti qu'un paquebot, le Massilia, appareillerait incessamment de Bordeaux pour Casablanca, avec tout un groupe de parlementaires et d'autres personnalités. Il connaissait assez de monde pour être sûr d'y trouver place. Manouche l'accompagnait, ne sachant si elle s'embarquerait avec lui. Le problème fut tranché : le paquebot avait déjà levé l'ancre, quand ils arrivèrent à Bordeaux. Le premier numéro du *Matin*, publié après l'occupation de Paris, leur apprit que les halles, « où ne régnait pourtant pas l'animation du temps de paix, étaient largement approvisionnées de viandes, de légumes et de fruits, notamment de pêches magnifiques ».

Ballotté entre des sentiments contradictoires, Wolfr., en lisant ces informations, songeait presque à remonter vers la capitale. Mais, emporté par la course de l'exode, il jugea plus facile d'émigrer en Espagne. Manouche se demandait encore si elle avait le droit de quitter sa mère pour suivre son amant de l'autre côté des Pyrénées. Là aussi, le problème fut tranché : les divisions allemandes arrivèrent à Biarritz avant eux.

3

Le premier soin du banquier, chez le percepteur de Tonneins, fut d'imaginer des cachettes. La propriété était bordée par des murs de soutènement le long de la Garonne : Wolfr. en déplaça les pierres pour s'y arranger des coffres-forts. Puis, comme nul ne pouvait rien contre la funeste réalité de l'écrasement de la France, on tenta de se divertir afin de l'oublier. Le percepteur et sa femme n'approuvaient pas plus que Wolfr. et que Manouche la formule gérontocratique de Pétain, le nouveau chef de l'Etat, selon laquelle « l'esprit de jouissance » avait été la cause de ce désastre. Ils furent les guides de leurs invités à travers la région.

Toulouse était une ville pleine de ressources,

animée de réfugiés parisiens. Wolfr. et Manouche y retrouvèrent de nombreux amis : le critique d'art Jean Cassou, qui créait un réseau de résistance; le joyeux Trignole, dont la femme était tombée, à Royan, sur dame Germain et l'avait effrayée par son vocabulaire; Robert Dorfmann, qui avait fondé une société de distribution de films dans le sud-ouest. Celui-ci protégeait deux jolies Toulousaines, les sœurs Carita, auxquelles il avait acheté une boucherie. Attirées plutôt par l'art de la coiffure, elles fabriquaient leurs premiers shampooings à la moelle de bœuf, sur le marbre sanglant de leur étal, et les Toulousaines courbaient la tête au-dessus d'un seau de sciure, comme les guillotinés de la Terreur.

Manouche admira le sens des affaires qui caractérisait Wolfr. : en quelques semaines, il avait monopolisé le marché noir du foie gras et nourrissait ainsi la côte d'Azur. C'était une façon de s'assurer des réserves dans des contrées vers lesquelles ils allaient se diriger bientôt.

Ils firent halte à Sainte-Maxime chez Georges Lemaistre, le patron du Sphinx. Trop connu pour ses liens avec les grands personnages du régime défunt, il avait laissé son établissement de Paris à son associé Martel et recueillait, dans sa princière maison de Provence, des gens qui n'étaient pas les clients de ses plaisirs, mais qui pouvaient compter sur sa sympathie politique. Les bungalows polynésiens du parc étaient occupés, non plus, comme les étés précédents, par

74

les nymphes du boulevard Edgar-Quinet se reposant de leurs fatigues, mais par des magistrats francs-maçons, des officiers juifs et la famille Lindon au complet. Mme Paul Reynaud, qui avait une propriété dans le voisinage et dont le mari était interné à Bourrassol, venait conférer gravement avec les hôtes de Lemaistre. Elle semblait traîner le deuil des espérances dont l'ancien président du conseil avait berné la France, des fonds secrets que l'on avait saisis à Madrid sur deux de ses émissaires, et de sa maîtresse, la comtesse de Portes, qui était morte en auto près de Frontignan. La femme de Lemaistre, Martoune, était d'un type très différent. Il l'avait épousée en Argentine, où, suivant les termes de la profession, elle « faisait la cordillère des Andes ».

Le banquier s'établit ensuite dans les Alpes-Maritimes, aussi fastueusement que beaucoup de juifs, qui bénissaient l'armistice et croyaient en Pétain. La ligne de démarcation lui paraissait plus impénétrable que la ligne Maginot. Il loua un appartement à Cannes, près de la Croisette : il en loua même un à Monaco, s'étant fait naturaliser monégasque. Manouche étala ses élégances entre les deux domiciles.

Wolfr., tout en surveillant son marché noir du foie gras, ne tarda pas à en découvrir un de plus : celui des extraits de jasmin. Chaque goutte se vendait hors de France à un prix fabuleux et personne n'avait capté cette fontaine miraculeuse. Manouche, pour l'aider à exporter ses bidons, renoua avec un cousin de sa mère, Mauricio Rosal, chargé d'affaires du Honduras à Vichy, qui était plus souvent à Cannes. Cette parenté et ces fonctions avaient une curieuse origine : une sœur de dame Germain, standardiste à l'hôtel Majestic à Paris, était devenue la femme d'un diplomate guatémaltèque et leur fils avait épousé la fille du président du Honduras. A peu près du même âge que Manouche, ce garçon avait été élevé à Paris et elle l'avait vu jadis, plus d'une fois, en compagnie de Maurice Escande, de Paul Bernard et d'autres acteurs. Cela ne l'avait pas empêché d'entrer dans la Carrière, de faire ce mariage et d'être maintenant à la tête de sa légation.

Quand Manouche lui eut exposé le service qu'elle attendait de lui, il lui octroya une facilité officielle pour tous les services, en la nommant attachée de presse.

— Dans mon cas, dit-elle, c'est un titre à se marrer. Attachée de baisage et d'enculage, voilà plutôt ce que je suis.

Ces mots n'étaient pas pour effrayer Rosal. Manouche se qualifia plus décemment d' « attachée bidon ».

En fait, sa seule activité diplomatique consistait à livrer les bidons de jasmin au consulat du Honduras à Marseille, qui les expédiait par la valise, et cette rosée gonflait le compte de Wolfr. à la First National City Bank à New York. Manouche, ravie d'abuser de ses privilèges, obtint du préfet régional le droit d'arborer le drapeau du

Honduras sur sa voiture et elle en distribua de petits exemplaires à ses restaurants favoris pour décorer sa table. Ainsi le corps diplomatique accrédité à Vichy était-il représenté, le long de la Côte, par le play-boy Porfirio Rubirosa, chargé d'affaires de Saint-Domingue, époux de Danielle Darrieux, et par Germaine Germain, dite Manouche. Elle avait appris l'hymne national du Honduras, qu'elle faisait jouer par les orchestres des boîtes de nuit et dont elle entonnait, coupe en main, les premières paroles : *Tu bandera*...

Wolfr., entre les parfums, les foies gras et le Honduras, n'alimentait pas moins le trafic de l'or, surtout vers Paris, où la demande était la plus forte. Les séquestres de l'or juif en zone occupée n'arrivaient pas à satisfaire l'appétit du « Devisenschütz kommando », — « détachement pour la protection des devises », — et certains juifs de la zone libre s'y employaient. Au passage de la ligne de démarcation, les conducteurs de wagons-lits cachaient sous les soufflets pièces et lingots. Manouche, reprenant ses fonctions de courtière bénévole, était au mieux avec tous ces conducteurs. Leur principal correspondant à Paris était Petit-Nez, qui avait un bureau d'achat rue des Mathurins. Wolfr. admirait son courage, mais n'hésitait pas à fournir de l'or lui-même à des Italiens. Les troupes de Mussolini, qui occupaient mollement le sud-est, rappelaient le mot de Clemenceau sur « les choses inutiles » : « les couilles du pape et l'armée italienne ».

Mistinguett s'était installée à Antibes, chemin du Croûton, qu'elle baptisait chemin du Croupion. C'était une allusion à sa cour homosexuelle, logée dans les dépendances de la villa.

— Leur donne pas trop d' sucre, disait-elle à Manouche, qui, en séjour chez elle, préparait le petit déjeuner.

La Miss n'avait pas perdu ses manies de changer perpétuellement son or de place et d'attraper tout ce qui lui tombait sous la main. Désormais les provisions la tentaient plus que les serviettes et les petites cuillères. Dans les grands restaurants, où parfois elle recevait son monde, d'ailleurs à merveille, elle avait l'art de subtiliser le beurre et même le fromage qui traînaient sur les plateaux. Ses sacs étaient de véritables garde-manger. Pour ces escamotages, comme pour les caches, sa joie était toujours celle d'une enfant.

Manouche, en dépit de ses supplications, refusa d'aller, la nuit, arracher des artichauts et des salades, dans le potager de la villa voisine. Il y avait des chiens méchants : elle préféra invoquer la générosité du propriétaire, en hommage à Mistinguett.

Maurice Chevalier venait parfois, de sa maison de La Bocca. Miss, dont il avait été le grand amour, espérait terminer son existence avec lui, pour qu'ils réunissent leurs écus. Mais Momo n'avait pas envie de retomber sous son joug.

Tino Rossi, qui était à Monaco, figurait également parmi les habitués du chemin du Croûton.

Il chantait ou vocalisait pour entretenir l'harmonie générale. A Juan-les-Pins, Manouche et Odett' inspirèrent à Charles Trenet une chanson qui fit fortune, puisqu'elle reflétait les sentiments des réfugiés, surtout des juifs :

> *Si tu vas à Paris,*
> *Dis bonjour aux amis...*

Sur la côte d'Azur, le ton était encore à l'idylle. Dès le début de 41, l'atmosphère se gâta. La « propagandastaffel » publia la liste des personnalités juives qui ne pouvaient plus exercer. Cela n'empêchait pas la radio de Vichy de diffuser la chanson de Ray Ventura, *Tout va très bien, madame la marquise,* dont les paroles prenaient un sens ironique. Sauf le port de l'étoile jaune, les mesures raciales, imposées par le gouvernement allemand au gouvernement de Pétain, s'appliquaient, les unes après les autres, dans la zone prétendue libre. On publiait les listes de francs-maçons comme des listes de proscription. Les hôtes de Lemaistre partirent de Saint-Tropez pour Londres à bord d'un sous-marin. Wolfr. qui voulait soigner ses vertèbres, se contenta d'aller à Aix-les-Bains.

C'est là que Manouche lui fit sa première infidélité. En réalité, elle l'avait déjà trompé une fois à Paris : courtisée par Marcel Achard et par Mendès France, elle avait cédé au plus intelligent. Maintenant, c'est le meilleur ami du banquier qui l'avait cocufié : un diamantaire juif, Albert H.

Ils habitaient tous trois l'hôtel Bernascon. Wolfr. passait des heures aux thermes à faire sa cure. Manouche et Albert se virent obligés d'en profiter.

Mistinguett était, elle aussi, à Aix-les-Bains pour une tournée. Elle commençait à se dégoûter de la province et rêvait de son cher Paname. Momo y était déjà et chantait, à Radio-Paris, *Ça sent si bon, la France,* au milieu des Allemands. On y appelait Tino Rossi pour le rôle de Don Juan, devenu moine, dans le film *Fièvres,* où il devait chanter l'*Ave Maria.* Ces perspectives de retour étaient loin d'être celles de Wolfr. Désormais, la Savoie n'était pas plus sûre que la Riviera, où le zèle de certains commissaires de Vichy poursuivait les juifs jusqu'à Monaco. Il estimait urgent de quitter la France. Par l'entremise de Rosal, il prit ses dispositions pour se rendre à Lisbonne et ensuite à New York. Dame Germain étant souffrante, Manouche refusa de partir.

Le banquier se conduisit en gentleman : il lui donna cinq cent mille francs et cinq mille dollars, sous promesse de voler vers l'Amérique, dès que sa mère serait rétablie. Lesté, rembourré, ceinturé, obturé de dollars, il dit adieu à Manouche le jour de l'armistice.

4

Elle n'avait conservé que l'appartement de Cannes et, ivre de liberté, se jeta sur les beaux garçons. Après un certain nombre d'essais, elle fixa son choix sur un guitariste d'origine russe. Jamais encore elle n'avait eu de relations amoureuses avec quelqu'un de plus jeune qu'elle : c'était une révélation, mais qui se bornait à la sensualité.

Sa petite femme de chambre, Nanette, qui était très austère, lui disait quelquefois :

— Mademoiselle exagère; Mademoiselle ne devrait s'intéresser qu'à des hommes sérieux.

Manouche en avait un qui soupirait après les faveurs dont il avait joui : le diamantaire. A cause d'elle, il renonçait à s'expatrier comme Wolfr. et continuait de se fier à ses faux papiers. Patiemment, il attendait qu'elle eût jeté sa gourme. Une gerbe de roses, accompagnée d'un diamant et d'une boîte en or, lui rouvrit la porte. Il la referma si bien derrière lui, que le guitariste ne pouvait plus passer que par l'escalier de service.

S'en étant aperçu, Albert H. enleva Manouche de son appartement de Cannes, — où elle cacha leur ami commun, Georges Cravenne, — pour s'installer avec elle au château de Madrid. Comme il avait le goût des roses, il en effeuillait sur le lit, et, comme il avait donné à Manouche le goût des boîtes en or, elle en eut bientôt une dizaine.

Tous deux souriaient, quand ils se trouvaient dans un restaurant ou dans un cabaret non loin du général von Stülpnagel, gouverneur militaire de Paris, qui amenait en week-end sa maîtresse française. Manouche la connaissait et les deux femmes échangeaient un clin d'œil. La première fois, le général avait louché vers le drapeau bleu et blanc que Manouche avait toujours sur sa table et il demanda discrètement une explication. Un large sourire apparut ensuite sur son visage : c'était le pavillon du Honduras, pays loyal, pays neutre, avec lequel le troisième Reich n'avait pas à se mesurer.

Les nouvelles de dame Germain avaient été d'abord plus rassurantes. Quand elle eut à subir une opération, Manouche la rejoignit aussitôt.

Déjà opérée, elle était à la clinique de la rue Georges-Bizet. Son état ne semblait pas inquiétant. Le professeur Desmarest, qui veillait sur elle, connaissait Manouche de longue date. Il avait présidé naguère, aux temps heureux de Stavisky, son intronisation comme reine du bal des Quatz'arts à Magic-City.

Manouche habitait l'appartement de sa mère, boulevard Gouvion-Saint-Cyr. Elle eut la curiosité de savoir ce qu'il était advenu de celui du boulevard Richard-Wallace. Le concierge l'engagea à ne pas monter : Wolfr. était remplacé par un officier de la Luftwaffe, qui pendait la crémaillère.

Sur la côte d'Azur, Manouche n'avait entendu

parler que de contrôle, de recensement ou d'éviction des juifs; à Paris, on lui parlait de persécutions, de tortures. Elle revit Bouchard-Lévy : il avait eu toutes les peines du monde à faire effacer de son état civil le nom qui lui avait tant profité dans les affaires. Il n'était plus que Bouchard. Petit-Nez, qui brassait l'or rue des Mathurins, offrit sans succès à Manouche d'être sa maîtresse ou son épouse.

Elle trouvait drôles les vélos-taxis, les femmes qui, faute de bas de soie, se peignaient les jambes sans oublier le trait pour la couture, les souliers à semelles compensées qui claquaient d'un air martial, les faux tickets de pain que l'on achetait chez les marchands de tabac, les gens qui, après avoir fait la queue devant les épiceries comme tout le monde, passaient discrètement derrière le comptoir et ressortaient avec un sac plein de délices, couvertes de rutabagas. A côté des victimes du rationnement, hâves et efflanquées, les profiteurs et les mercantis multipliaient leur voracité. Manouche avait déjà remarqué dans le sud ces appétits, aiguillonnés par la faim des autres ou trahissant des bénéfices inespérés dans des affaires douteuses.

Chez Cotti, se gobergeait la fleur de la collaboration, notamment l'état-major du P.P.F. (1) : Doriot, le fondateur, les écrivains Drieu la Rochelle et Ramon Fernandez, l'éditorialiste de Radio-Paris, Jean-Hérold Paquis, fier de produire

1. Parti Populaire Français.

Maurice Chevalier. Carbone, membre de ce parti, comme Sabiani, était désormais un grand personnage, circulant toujours entre Paris et la Côte, avec le fidèle Spirito. Ses affaires prenaient une envergure inattendue.

Au demeurant, on s'amusait ferme, sur les ordres des autorités d'occupation, qui en donnaient l'exemple. Beaucoup d'artistes étaient revenus de zone libre, appâtés par des contrats avantageux. La production cinématographique française, à laquelle contribuait l'argent allemand, était florissante : Clouzot, Bresson, Delannoy, Daquin, Autan-Lara, Cayatte, ajoutaient leurs noms à ceux, déjà consacrés par cet art, de Marcel Carné et d'Henri Decoin.

Mistinguett reparaissait au Casino de Paris. Les Allemands étaient nombreux à l'applaudir. Son retour avait l'air d'un symbole, comme celui des cendres de l'Aiglon. Elle continuait autrement ses grappillages. A la fin de ses chansons, elle invoquait la charité publique :

— Mes amis, si vous voulez que vot' Miss puisse chanter, pauv' cigale, envoyez-lui c' que vous avez d' trop pour la bouffe : un bon gigot, du vrai café, du chocolat, 24, boulevard des Capucines.

Ou bien :

— Vot' Miss a p'us de charbon. Elle grelotte, au 24 boulevard des Capucines. Réchauffez-la, cette pauv' p'tite.

Les Parisiens luttaient de générosité avec les Allemands pour déposer dans la loge de son immeuble des victuailles et des combustibles. Elle en revendait une partie au marché noir.

Place Blanche, là où avaient été Bob et Jean, Tonton avait ouvert le Liberty's. C'était le cabaret à la mode. Charpini en était l'animateur et une riche marchande de pommes de terre, surnommée milady Patate, en formait l'ornement. Excitée par la découverte du Paris nocturne, mais ne soupçonnant les mœurs de personne, elle avait donné sa fille en mariage au petit ami de Tonton, s'était amourachée de ce dernier et lui avait acheté un château en Normandie, où ils élevaient des porcs. Enfin, elle avait loué un appartement magnifique, rue de Rivoli. Les fêtes y succédaient aux fêtes. Milady Patate, une fois sortie des halles, ne songeait qu'à se costumer en Sémiramis ou en Pompadour.

Manouche, qui allait à ces festivités, arrivait, le matin, en Cléopâtre ou en Walkyrie, au chevet de sa mère, dont la santé déclinait malheureusement chaque jour. Trois mois n'étaient pas écoulés qu'elle conduisait sa dépouille au cimetière de Vincennes. Elle lui avait fait de belles obsèques à Saint-Pierre-de-Chaillot. L'acte de décès spécifiait, selon les règles en zone occupée, que la défunte n'était pas juive.

Les nouvelles de Cannes ne réconfortaient pas Manouche : le diamantaire avait échappé de justesse à l'arrestation et s'apprêtait à passer en Suisse; le guitariste s'était engagé dans la Waffen S.S. Aucun lien ne la retenait plus en France. Elle était libre de partir pour New York, comme elle l'avait promis. Elle regagna Cannes, pour en étudier les moyens.

Wolfr. était resté en contact avec elle par le cousin Rosal, par Rubirosa ou par la Croix-Rouge, et lui avait envoyé des colis de provisions, à vrai dire, superflus. Mais le Honduras et la République dominicaine, n'écoutant que leur courage, avaient déclaré la guerre à l'Allemagne, fin 41, et leurs diplomates avaient plié bagage.

Unique, divin, incomparable Zizi! Il venait de faire remettre à Manouche, par le consulat du Portugal à Marseille, un billet pour un clipper qu'elle devait prendre à Lisbonne, en compagnie de leurs amies, Mmes Bouchara et « Toutmain ». Hélas! c'était à elles à gagner le Portugal. Le consulat voulait bien transmettre des billets, mais ne se mêlait pas de faire franchir les frontières. Manouche était en rade, avec son billet en poche, mais pas dans la rade de Lisbonne.

5

Ayant fermé son appartement de Cannes, elle avait élu domicile à l'hôtel de Paris, à Monaco. Tino Rossi, qu'elle y trouva, lui dit qu'un seul homme était capable de la tirer d'affaire : son compatriote et ami Carbone. Elle fut ravie d'avoir à le solliciter. Il l'avait fascinée et elle savait bien qu'elle ne lui était pas indifférente. Odett', qui habitait dans la principauté, cherchait à terroriser Manouche en lui rappelant que c'était un bandit redoutable.

Un soir qu'elle jouait, au casino, quelqu'un toucha légèrement son épaule : c'était lui.

— Tu as pas changé, fit-il.

Se penchant, il ajouta :

— Tu es toujours mon genre.

— Dommage que vous ne soyez pas le mien, lui dit-elle pour ne pas être trop prompte.

— On verra ça. Paraît que tu as quelque chose à me demander.

— Oui, mais pas ici.

Il lui fixa rendez-vous pour le lendemain, à Marseille.

C'était le 14 juillet 42. La ville était pavoisée. Carbone, le sourire aux lèvres, le cigare à la main, l'œillet à la boutonnière, accueillit sa visiteuse dans le bureau de l'Amical bar, rue Pavillon, qui lui appartenait. Un portrait de Pétain ornait le mur, derrière lui. Il invita Manouche à s'asseoir sur un canapé.

— Tu dois donc aller à Lisbonne, ma poule? dit-il. C'est pour rattraper ton juif? Eh! laisse-le tranquille. Il est bien, à New York. Toi, tu es faite pour rester ici avec nous. Cela dit, les Espagnols n'ont rien à me refuser, parce que je leur vends des tractions-avant et des camions. L'ambassadeur de France Piétri, c'est mon pote. De Madrid, tu iras à Lisbonne. Quand veux-tu t'esbigner?

— Ma foi, je ne sais plus, dit-elle.

— Alors, tu es venue me voir pour rien?

— Je suis sûre que non.

Elle ne luttait plus contre le charme qui l'entraînait.

— Nous sommes de vieilles connaissances, mais tu me connais pas bien, fit Carbone.

— Je crois que tu es entré dans la politique, dit-elle.

— Je m'en suis toujours occupé, mais les événements m'ont forcé à m'en occuper davantage. Après l'armistice, Pétain *qui pète bien*, fit enfermer dans des camps de concentration les « éléments anti-sociaux », — communistes, truands et pédés, — et j'étais considéré comme truand. Je fus interné avec Spirito, près de Sisteron. Quand on nous a dit que, pour être libérés, y avait qu'à s'enrôler dans la police allemande, nous avons pas hésité. Regarde le résultat.

Il tendit à Manouche une carte jaune, attestant que Paul Bonaventure Carbone, né à Propriano (Corse) le 14 février 1894, était « V. Mann » (« homme de confiance ») du S.D. (« Service de sécurité »), section VI de la Gestapo.

— Merde, fit Manouche.

— Tu vois maintenant à qui tu as affaire, dit-il.

— Tu me plais, cela me suffit, dit-elle.

Elle répondait, par cette déclaration, à la confidence qu'il lui avait faite pour l'éprouver.

— Moi, je tiens à l'estime d'une femme qui me plaît, dit-il. Cette carte peut te faire penser que j'appartiens à ce qu'on appelle la Gestapo française ou « Gestapache », dont les horreurs ne sont que trop connues, surtout à Paris. Son chef est Henri Chamberlin, dit Lafont, et son sous-chef, cette crapule de Bonny, qui a trouvé ce truc pour refaire carrière. Je rougis de dire que certains Corses ont formé une autre bande, dont je veux pas parler. J'ai failli les buter, quand ils m'ont demandé d'être leur chef, moi qui ai sucé le même lait que Napoléon, car sa nourrice a été prise dans la famille de ma mère.

Manouche sourit de ce détail, historique ou légendaire.

— Je t'ai fait voir cette carte, continua Carbone, pour te montrer ce que je suis, mais aussi ce que je suis pas : la section VI est chargée du renseignement politique. Ses membres peuvent pas procéder à des arrestations ni à des perquisitions, privilège de la section IV, — celle de Lafont. L'ordre, à la Gestapo, est réglé par une discipline de fer. Mais enfin, je veux pas faire de longs séjours à Paris. A Marseille, nous sommes entre nous. Les chefs de la résistance sont mes anciens « équipiers » : les frères Guérini. Nous nous regardons de travers quand nous nous rencontrons; mais ils savent que je les dénoncerai jamais. J'avais perdu mes deux colts et c'est eux qui me les ont remplacés, grâce aux « parachutages » de Londres.

Soudain, on entend un tumulte dans la rue, des cris, des coups de feu. Carbone s'élance vers le seuil du bar, suivi de Manouche. Les gens fuyaient, mitraillés du haut d'une fenêtre. Deux femmes, mortellement atteintes, gisaient sur la chaussée. Paul aida à les transporter dans le bar. Des milliers de personnes avaient défilé le long de la Canebière en chantant *la Marseillaise* et en conspuant la collaboration. Un certain nombre s'était engagé dans la rue Pavillon pour manifester devant le siège local du P.P.F., non loin de l'Amical bar. Des excités avaient répondu par une fusillade à cette provocation pacifique. Le premier tête-à-tête de Manouche avec l'homme qui la séduisait, était marqué de sang.

6

Une fin d'après-midi, à l'hôtel de Paris, on lui annonça que M. Venture montait dans sa chambre. Il entra, suivi de ses valises. Manouche ne détesta pas cette façon cavalière d'arriver, avec armes et bagages. Il avait été retenu quelques jours à Marseille par les suites du 14 Juillet et Manouche attendait, depuis lors, celle de leur rencontre. Son déshabillé fit de l'effet.

— Que tu es belle! murmura Paul en la caressant.

Un nouveau guitariste, qu'elle n'avait pas eu le temps d'avertir, frappa à la porte. C'est Paul qui lui ouvrit :

— Mon petit, la place est prise.

Sa physionomie était assez familière sur la

Côte pour que le jeune homme changeât de couleur et filât sans demander son reste.

— C'est un gigolo, dit Manouche.

— Maintenant, dit Paul, tu en as plus besoin. Tu as un mari.

— Un mari qui est déjà marié, dit Manouche.

— Ma femme vit à Paris et j'ai plus de relations avec.

— D'ordinaire, les voyous baisent bien.

— Sans ça, y aurait pas de Carbone.

Elle s'était étendue sur le lit et le regardait quitter ses vêtements. C'était pour elle une occasion de juger un homme avant d'en venir à l'essentiel. Paul avait dans ses gestes une élégance féline, qui respectait son linge de soie. Manouche sourit, quand il déposa sur la table de chevet deux énormes revolvers. Il enlevait avec lenteur un gilet de corps, très serré et à manches, qui rappelait celui de Mistinguett.

— J'ai honte de te faire voir mes tatouages, dit-il en se mettant torse nu.

Des serpents multicolores lui entouraient les bras; des fleurs, des visages de femmes, étaient épanouis sur son dos; les points rouges de la « chaîne des guillotinés » étaient marqués au ras de son cou; sur sa poitrine, une tête de More, symbole de la Corse, était entourée d'inscriptions : « Vive Napoléon », « Vive Laetitia », « Austerlitz », « Baraka », « Honneur et Patrie », « Merde », etc.

— Si je suis ratée, j'aurai de quoi lire le journal, dit Manouche.

Elle ne le fut certes pas et il parut, lui aussi, très content d'elle. Deux assauts ne les avaient pas épuisés; mais, la vigueur n'excluant pas le raffinement, il la retourna pour la fustiger à coups de ceinture avant le troisième.

Manouche regarda ensuite les tatouages, qui la faisaient rire.

— Tu sais pas ce que je donnerais pour en être débarrassé, dit Carbone. Spirito m'a bousillé ainsi, lorsque nous avions vingt ans. J'ai tout essayé pour effacer ces conneries : repiquage au lait fermenté, au gros sel... J'ai souffert le martyre, quand j'ai fait disparaître, en me les brûlant, les dessins cochons que j'avais aux poignets.

Manouche mit ses lèvres sur ces cicatrices qui témoignaient à la fois le courage et la coquetterie de son héros.

En se levant, il bomba la poitrine, qu'il avait de dimensions athlétiques.

— Quelle cage! dit Manouche... et quel oiseau!

Elle rêvait encore à leurs étreintes, lorsqu'on livra un grand flacon de Guerlain et une corbeille d'orchidées, avec un billet où quelques mots naïfs étaient tracés d'une main inhabile.

Cette bourgeoise, qui avait eu des amants honorables, était tout à coup éprise d'un homme en dehors des lois. Il représentait le sommet de ce qu'elle avait cherché dans sa seconde aventure londonienne. A trente ans, elle devenait la maîtresse de l'empereur de Marseille. Pour lui, elle était à la fois une jolie femme dont l'élégance et l'esprit le flattaient et la petite fleur bleue qu'il voulait cultiver.

Quand ils dînaient ensemble dans leur appartement, comme un couple en voyage de noces, il prenait plaisir à se raconter. N'ayant jamais été à l'école, il avait appris tout seul à lire et à écrire. Dès l'âge de dix ans, il travailla pour faire vivre sa mère, restée veuve avec trois garçons, dont il était l'aîné. Embarqué sur une tartane, il allait, la nuit, remplir des sacs de sable sur les plages et les revendait à des constructeurs. Il gagnait un franc par jour. A quinze ans, il partit pour l'Egypte et remplaça le commerce du sable par celui des filles. Tout en envoyant de l'argent à sa mère, il put accomplir son premier rêve : acheter des jarretières à boucles d'or. Le sable faillit, cependant, lui être fatal, d'une façon imprévue. Des barbeaux concurrents l'enterrèrent jusqu'au cou, au seuil du désert, la tête enduite de miel, pour qu'il fût mangé par les fourmis. Au bout de deux jours, il fut sauvé par Spirito, qui resta, depuis, son intime.

Pour échapper aux représailles, ils quittèrent l'Egypte et se firent passeurs de drogue dans les mers de Chine. La guerre de 14 les rappela. On les mobilisa dans les bataillons d'Afrique. Ils reçurent quelques médailles. Ensuite, l'attrait de l'Amérique du Sud fut irrésistible : ils fournirent à la cordillère des Andes le personnel féminin qui pouvait lui manquer. Ils y apprirent l'art de gagner aux cartes. A leur retour, ils écumèrent le casino de Monte-Carlo, aussi long-

temps que l'on ne découvrit pas leur système :
le cartier complice marquait les cartes d'un
signe qui n'était visible que si l'on portait des
verres spécialement colorés. Chiappe leur fit
recracher quelque chose et obtint que Zographos
retirât la plainte.

A Paris, ils établirent leur suprématie sur la
prostitution par un coup de maître. Les dix principales « maisons d'abattage », notamment le
Fourcy, rue de ce nom, et le Panier fleuri, boulevard Barbès, (« Cinq francs pour cinq minutes,
chambre, serviette, et dame comprises ») appar-
tenaient à un vieux tôlier d'origine italienne,
nommé Charles Codebo. Il avait un litige avec
un de ses associés, dont Carbone et Spirito ache-
tèrent la part, qui était d'un tiers. Puis, le chapeau
sur les yeux, les mains dans les poches, ils annon-
cèrent au patron qu'ils étaient ses associés
pour un tiers et ses protecteurs pour un autre
tiers.

Cependant, Marseille demeurait la vraie capitale de Carbone. Il régentait certaines branches
du commerce ou percevait des péages. Durant
la guerre d'Ethiopie, qui avait fait appliquer à
l'Italie les sanctions économiques, il organisa le
trafic clandestin du parmesan. Plusieurs tonnes
en furent saisies, un jour, par les douanes françaises et vendues aux enchères. Chose étrange, il
n'y eut pas d'enchérisseur : Carbone avait su
convaincre les fromagers de ne pas se déplacer
et il racheta le tout à vil prix. Néanmoins, soupçonné d'avoir participé au débarquement de la

94

cargaison, il écopa cinquante francs d'amende. C'était la seule tache de son casier judiciaire.

7

L'hôtel de Paris semblait dorénavant une annexe de son empire. Manouche en subissait les divers effets : les uns la recherchaient pour obtenir quelques faveurs de Paul (bons d'essence, faux papiers, ausweiss...), les autres l'évitaient, parce qu'ils la jugeaient compromise. Odett' et le guitariste n'avaient éprouvé qu'une peur passagère et s'étaient agrégés au clan. Toutefois, le premier ne pouvait plus profiter de la salle de bains de Manouche pour ses rendez-vous avec des membres du personnel et le second devait se contenter de jouer de la guitare. Beaucoup de gens se disputaient le plaisir d'être invités aux fêtes qu'offrait Manouche. Une fille galante, à qui l'on promettait un avenir au music-hall, se trémoussait nue sous des plumes. Odett', ex-imitateur de Hitler, imitait Pétain. Tino Rossi terminait la soirée en chantant l'*Ave Maria* et l'*Ajaccienne*.

Pendant une visite à Marseille, Manouche fut étonnée de voir Pierre Brasseur sauter au cou de Carbone. Cet acteur s'était réfugié sur la Côte, au début de l'occupation, et Paul lui avait donné, durant six mois, le vivre et le couvert. Le restaurant Beauvau, dont les Carbone étaient propriétaires, avait nourri et continuait de nourrir aussi généreusement bien des artistes et des hommes politiques en détresse.

Manouche, qui s'imaginait, aux côtés de Paul, approcher les gangsters, vit surtout des gens du monde. Par son rôle électoral à Marseille, il était l'appui naturel des grandes familles de la finance, de la presse et de l'armement maritime, qui lui en étaient reconnaissantes.

Manouche et lui rencontrèrent chez les Carbuccia, à Sainte-Maxime, l'ambassadeur Piétri, qui avait pris en consigne à Madrid un frère de Paul, impliqué dans la fusillade de Marseille.

Au milieu des fleurs et des chansons, on n'avait que l'écho assourdi des événements. Soudain, il ne fut plus possible de les ignorer : les alliés débarquaient en Afrique du Nord et les Allemands occupaient la zone sud.

Carbone sortit de ses gonds, lorsque Hitler, prouvant qu'il était en pays conquis, ordonna de détruire le Vieux-Port de Marseille. C'était, selon le Führer, « le refuge de la pègre internationale ». Paul ne tarissait pas d'injures contre les Français qui avaient encouragé cet attentat sous des prétextes d'urbanisme et de morale. Une de ses bêtes noires était l'académicien Gillet qui, dans un article retentissant, digne des principes de Vichy et du nazisme, avait préconisé la disparition de cette « Suburre obscène », de « cet enfer du péché et de la mort ». La colère de Paul n'était pas tout à fait désintéressée : sur les cinquante maisons closes que contenait le Vieux-Port, une vingtaine était à lui. Celles qu'il possédait dans d'autres bas quartiers de la ville, pâtissaient également des circonstances : nombre de prostituées étaient belges, hollandaises, tchèques, polonaises, autrichiennes et même juives. Les arrestations massives des réfugiés étrangers faisaient des vides. Paul était prêt à jeter sa carte de « V. Mann » à la tête du maréchal von Rundstedt, qui décrétait l'état de siège à Marseille, comme prélude à ces destructions.

Un soir, Manouche ne le vit pas revenir à Monte-Carlo. Un de ses émissaires la renseigna : il avait été arrêté pour ses menaces contre les Allemands, mais serait délivré sous peu. Le lendemain, elle eut de lui un message : il la priait de partir pour Paris et de l'y attendre. « Te tracasse pas, disait-il, je manque de rien. Je repeins la prison. Elle sera plus propre pour les copains. »

Manouche se réinstalla boulevard Gouvion-Saint-Cyr. L'aspect de la capitale n'avait guère changé depuis son dernier séjour, si ce n'est que les affiches de propagande allemande et les manifestations des groupes collaborateurs proliféraient. Chez Alexis, bar tenu par le Corse Pietrovici, Manouche retrouva l'un des anciens lieutenants de Carbone, Didi le Portoricain. Il lui fit un doigt de cour, dans les strictes limites où il ne risquait pas sa vie. Bel homme, que quelques peccadilles avaient exilé naguère aux Caraïbes, il avait abandonné la tutelle de son chef pour passer d'abord à la bande des Corses, qui siégeait boulevard Flandrin, et ensuite à celle de Lafont, rue Lauriston.

— Paul avait raison, dit Manouche, de critiquer les Corsicos qui le quittent : vous finirez sous l'uniforme allemand.

— Si tu avais vu Lafont, tu le jugerais autrement. C'est un enjôleur et même une sorte de poète.

Pour l'en convaincre, Didi le Portoricain invita Manouche à une soirée chez « le patron ».

Le redoutable hôtel du chef de la Gestapache, rue Lauriston, paraissait un prolongement des floralies. M. Henri, comme on désignait le maître de céans, avait la passion des fleurs. En pleine guerre, il avait créé un prix du dahlia. Des azalées, des orchidées, des roses, des tubéreuses, ornaient l'entrée, l'escalier, les salons, les bureaux, peut-être même les chambres de torture. Il était l'unique Français à pouvoir sauver n'importe qui. En remerciement, il ne fallait pas lui offrir de l'argent, parce qu'il savait où en prendre, mais toujours des fleurs. Des gens se ruinaient pour lui, chez Lachaume ou chez Orève.

Manouche croisa le préfet de police, Bussières, qui était venu quémander une intervention à ce repris de justice, à ce relégué, délivré par les Allemands à la prison de Melun.

— Comptez sur moi, monsieur le préfet, lui dit Lafont avec un mélange de déférence et de condescendance.

Il pouvait recevoir sans vergogne le préfet de

police : en raison de ses services, le gouvernement de Vichy avait blanchi son casier judiciaire.

Il présenta à Manouche sa maîtresse, la princesse Tchernicheff, ex-femme de l'acteur Henri Garat, et la marquise d'Abrantès, maîtresse de son chauffeur. Il lui présenta le prince Rudy de Mérode et le marquis de Wiet. A entendre ces noms, on aurait cru l'aristocratie à ses pieds, comme les pouvoirs publics. Toutefois, le ton de la maison était donné par les domestiques, qui avaient l'air de sicaires en veste blanche et en gants blancs; ils vous demandaient ce que vous vouliez boire, comme ils vous auraient demandé si vous préfériez le supplice de la baignoire ou du réfrigérateur, principaux adjuvants de ce que la Gestapo appelait « interrogatoires renforcés ». L'ameublement hétéroclite indiquait la diversité des pillages.

L'ex-inspecteur principal Bonny sursauta au nom de Mme Carbone. Le métier reprenant le dessus, il tira Manouche à part, pour lui dire d'un air malin :

— La vraie Mme Carbone habite boulevard Pereire, non loin de chez moi.

— C'est possible, répliqua Manouche; mais, si Carbone était là, je vous conseillerais de ne pas le lui dire.

— Ne vous offensez pas : la plupart des gens qui sont ici, sont moins vrais que vous. La marquise d'Abrantès n'est pas la marquise d'Abrantès, mais a été la maîtresse du marquis d'Abrantès. Le prince Rudy de Mérode est un espion français nommé Martin. Quant au marquis de Wiet, il doit être le cousin de la marquise d'Abrantès.

Ayant dit, l'ex-inspecteur principal tourna le dos à Manouche.

— Quel mufle! pensa-t-elle. La caque sent toujours le hareng.

Elle crut reconnaître dans l'une des invitées l'élégante conductrice d'un tilbury qu'elle avait aperçu aux Champs-Elysées. Elle ne se trompait pas. C'était une aventurière, nommée Denise L., ancienne danseuse, fille d'un forain et se donnant pour celle d'un lord. Elle avait épousé un Allemand, qui se faisait passer pour Hollandais et qui possédait depuis longtemps à Paris une affaire industrielle, camouflant une activité d'espionnage. Au moment de la guerre, sa femme était la maîtresse du chef d'état-major de l'aviation française et se rendit avec lui à Londres. Mandel, ministre de l'intérieur, la fit interner. Depuis, elle était la maîtresse d'un grand épicier, ce qui lui assurait une bonne table, et d'un ministre de Vichy, ce qui lui assurait des renseignements. Elle avait fait dîner ensemble Laval et von Stülpnagel.

La porte s'ouvrit devant une femme ravissante, vêtue en officier de la Lutwaffe, coiffée de la haute casquette de parade.

— *Heil* Hitler! cria-t-elle, en faisant le salut nazi.

— Tu es adorable, lui dit Lafont en l'étreignant sous les regards jaloux de la princesse.

C'était Josette M., jeune Française, maîtresse d'un prince de Bavière, dont elle excusa l'absence.

100

Elle retira sa casquette, d'où jaillirent ses cheveux blonds. Le marquis lui demanda où en était le roman qu'elle terminait : elle en corrigeait les épreuves, entre deux vols de son amant sur Londres.

Manouche, à qui Didi venait de débiter ces curriculum vitæ, fut ébahie de voir entrer Maurice Chevalier. Il parut un peu gêné de cette rencontre. Il était amené là par un conseiller municipal, ami de Carbuccia et de Carbone. Momo s'intéressait au sort de sa partenaire d'avant-guerre, la chanteuse Nita Raya, juive russe qui était en zone sud. Ce conseiller lui avait donné la clé pour obtenir une protection efficace : s'adresser, non pas à Laval, à Brinon, à Bussières, ou à Dieu le père, mais à Lafont. Celui-ci réclama en échange, non pas des fleurs, mais le plaisir de le recevoir à dîner. Quelques mois plus tôt, il lui avait manifesté son admiration en achetant son briquet aux enchères, pour un million et demi, dans un gala de bienfaisance au théâtre des Ambassadeurs.

Maurice Chevalier parla de sa visite en Allemagne, où il avait chanté pour les prisonniers, et de ses dimanches à Radio-Paris, où il chantait pour la nation, ce qui l'avait fait condamner à mort par la résistance.

— La résistance m'a condamné à mort, moi aussi, dit le conseiller. Elle me reproche de n'avoir à mon actif que huit mille interventions auprès des Allemands.

Un sourire errait sur les visages de Lafont et

de Bonny, à ces allusions aux verdicts de la résistance.

— Ce que je voudrais bien savoir, dit Lafont cyniquement, c'est si les jeunes Françaises que j'ai sauvées... en galant homme, auront la reconnaissance du bas-ventre.

— Tu es horrible, fit la princesse.

— Ce n'est pas ce qu'elles me disent, répliqua-t-il.

On se mit à table. Les convives poussèrent un cri d'admiration devant la magnifique argenterie qui brillait sur la nappe.

— Ma parole! dit le conseiller en regardant les écussons, mais c'est le service de l'impératrice Eugénie!

Il eût été indiscret de poser des questions. Comme on s'extasiait devant le caviar qui remplissait une des soupières de l'impératrice, M. Henri s'empressa d'en indiquer la provenance : on le lui fournissait directement du front de l'est.

Manouche était assise entre le marquis de Wiet et le conseiller. Le premier lui raconta les rapports qu'il avait eus avec Carbone et qu'elle ignorait. Au début de l'occupation, ils avaient fourni de la peinture à la Kriegsmarine pour camoufler ses sous-marins, mais les sous-marins, en revenant à la surface, avaient perdu leur camouflage. Tandis que, selon sa coutume, Carbone était resté hors d'affaire, le marquis avait été emprisonné. M. Henri l'avait extrait de Fresnes, le conseiller ayant été son intercesseur.

— Pour comprendre mon ami Lionel de Wiet, dit celui-ci à Manouche, on doit savoir qu'il est né à Constantinople d'un drogman du Quai d'Orsay, nommé Wiet tout court, qu'il a été élevé à Mossoul, Jérusalem, Beyrouth, Bagdad, Trébizonde et autres lieux, avant de se perfectionner à Port-au-Prince, où son père a fini comme ministre de France et où Lionel se serait fait proclamer roi en d'autres temps. Je l'ai toujours adoré pour sa fantaisie. Notre époque crève de gens sérieux. Cultivons-en qui nous amusent.

A mi-voix, il conta la vie du prétendu marquis, épris d'uniformes autant que de titres. Wiet s'était rendu célèbre, avant la guerre, en passant une revue navale à Toulon, en qualité de faux inspecteur de la marine. On lui avait rendu les honneurs. Il parlait, avec les amiraux, de ses camarades de promotion, — il avait consulté les annuaires, — quand un coup de téléphone du cabinet du ministre le fit démasquer. On le prit pour un espion; on dut admettre qu'il n'était qu'un illusionniste.

Pendant la guerre d'Espagne, il s'était baptisé « le marquis rouge », pour fournir des armes au gouvernement républicain. La plus belle de ses opérations eut lieu à Dantzig. Attablé à un café du port, avec une jolie fille, il regardait s'éloigner le bateau qu'il avait fait charger de vieille ferraille, payée comme matériel de guerre. Son cœur battait, parce que le signal de détresse convenu avec le capitaine, tardait à apparaître. Enfin, voilà le S.O.S., le bateau qui s'enfonce, l'équipage qui saute dans les chaloupes, le capitaine qui salue son navire avant de le quitter et Wiet qui presse la fille sur son cœur. Il s'était imaginé, au début, que la collaboration économique avec l'Allemagne serait du même type.

Il occupait, avenue Foch, l'appartement réquisitionné du bijoutier Arpels. La manucure qu'il avait épousée et promue marquise, recevait aussi fastueusement que Lafont. Il avait fait peindre son portrait, non pas en lieutenant de vaisseau, mais en capitaine des spahis, avec toutes sortes de décorations. Elles étaient exposées dans une vitrine et, le soir, il y conduisait ses enfants après la prière. « Recueillez-vous devant ces témoignages des sacrifices et de l'héroïsme de papa », disait la marquise. Lorsqu'il mit à sa boutonnière la commanderie de la légion d'honneur à la place de la rosette, Lafont lui en fit plaisamment la remarque. « Que veux-tu? répondit-il, on vieillit. »

— C'est un tel personnage de théâtre, ajouta le conseiller municipal, que je l'ai fait nommer directeur du théâtre de l'Avenue. Je lui ai donné, pour devise du blason qu'il s'est fabriqué : *Ne crains que Dieu*. « Et les juges d'instruction », ajoute un de mes amis.

Comme dans les festins d'Héliogabale, une pluie de fleurs tomba sur les convives au dessert. Maurice Chevalier chanta *Ça, c'est Paris*. On dansa, aux accents d'un accordéon.

— Avouez que c'est une bonne maison, disait

le conseiller à Manouche. Certains prétendent qu'il s'y fait des choses épouvantables. Je ne les ai jamais vues. Quelques personnes affirment entendre des cris, des gémissements : ce sont ceux de la clinique qui est à côté.

Manouche se laissait bercer par l'optimisme du conseiller et par les flonflons de l'accordéon. Puis, un peu ivre, douillettement enveloppée dans son breitschwanz sur le siège arrière de la Bentley blanche de Lafont qui la faisait raccompagner, elle oubliait la guerre et l'occupation. Elle oubliait même chez qui elle avait passé la soirée.

8

Carbone était arrivé. Il bouillait encore de fureur à la perspective de la destruction du Vieux-Port, que précédaient des mesures de police extraordinaires, dont il avait eu l'étrenne. Il confia à Manouche qu'il n'avait pas été arrêté par hasard. Comme il était, entre tous les habitants de Marseille, celui qui aurait dû le plus énergiquement protester, il avait eu l'idée de demander au préfet régional de le mettre en prison, « afin d'empêcher un malheur ». Ainsi, après une semaine, avait-il pu sortir, la conscience tranquille, interdit de séjour jusqu'à fin février 43, date à laquelle, selon les plans, tout aurait été accompli.

Il n'était pas descendu chez sa femme, dont il parlait avec sympathie, mais qui avait le tort, à ses yeux, de n'avoir pas eu d'enfant. Ce regret l'obsédait, parce que ses deux frères, eux aussi, étaient sans postérité. A qui donc irait l'empire de Carbone? Rien ne pouvait le consoler de ne pas donner un petit-fils à sa mère, — cette « mamma » qui l'avait élevé avec peine et qui semblait n'avoir jamais soupçonné ses moyens d'existence. Il lui avait fait bâtir à Propriano une belle maison en granit, que tout le pays avait visitée, car il y avait deux salles de bains. Il la couvrait de bijoux, dont elle parait la statue de la Madone qui était dans sa chambre, — il y en avait une autre dans une niche, sous le comble de la maison, — mais il savait bien ce qui lui manquait. A cause de cela, il n'était pas loin de considérer sa vie comme un échec.

Quand Manouche lui dit qu'elle venait de se faire avorter, il faillit l'étrangler; puis, se calmant soudain, il éclata en sanglots. Elle fut sensible à cette douleur. Fuir la maternité, lui paraissait une des lois de sa situation. Paul lui fit jurer qu'elle ne recommencerait pas. Elle l'embrassa avec tendresse, le déshabilla avec impatience.

— Je ne recommencerai pas, lui dit-elle, mais nous allons tout de suite recommencer.

L'appartement du boulevard Gouvion-Saint-Cyr, où elle l'hébergeait, fut orné par lui de tableaux de Vlaminck. Ils n'étaient pas le paiement de fournitures interdites, mais de fournitures d'or. Ses toiles tenaient compagnie aux portraits que Jean-Gabriel Domergue et Van Dongen avaient faits de Manouche, à la veille de la guerre, et qui étaient des cadeaux de Wolfr. Elle avait offert au coureur Charles Pélissier un Utrillo qu'il admirait et qui était aussi un cadeau du banquier. Plusieurs des tabatières en or qu'elle avait reçues d'Albert H., avaient également servi de libéralités amicales. Paul, qui avait déjà enrichi sa cassette à bijoux, lui fit promettre de garder, à l'avenir, sa galerie et ses boîtes à l'intention de leur futur héritier.

Il voulait effectuer lui-même une livraison à Vlaminck et emmena Manouche chez ce peintre, qui habitait en Eure-et-Loir. A la différence de beaucoup d'artistes, celui-là avait reçu en partage tous les dons de l'esprit. Sa conversation, reflétée dans ses livres, était aussi riche et originale que sa palette. Cet ancien violoniste, qu'on aurait pris pour un catcheur, vivait avec ses deux fortes filles et sa femme, de petite taille. Il peignait dans son grenier, éclairé par des bougies et penché sur son chevalet, comme un alchimiste sur un athanor. Paul laissa un lingot et repartit avec une toile.

Il n'avait pu assister à la cérémonie du retour des cendres de l'Aiglon, qui s'était déroulée aux Invalides en décembre 40, mais, cette année, on devait la commémorer pour la première fois, et il serait présent, avec tous les Corses de la capitale. Jacques Schweizer, chef des Jeunes de l'Europe nouvelle, organisait une veillée au tombeau de l'Aiglon. Il avait convié tous les autres groupes de jeunesse : ceux de Doriot, de Bucart, de Déat et de Costantini. Ce dernier, un des fondateurs de la Légion des volontaires contre le bolchevisme, muée en Légion tricolore, était corse et ami de Carbone.

Manouche entraîna Mistinguett. Il n'y avait pas de haie de gardes républicains, comme à la cérémonie du retour, mais il n'y avait pas non plus d'officiers et de soldats allemands faisant le salut hitlérien. A la lueur des torches, un jeune de chaque groupe, dans son uniforme particulier, montait la garde devant le cercueil, qui était placé dans une chapelle latérale. Leurs drapeaux, que distinguaient leurs emblèmes, flottaient à côté de ceux des armées impériales.

Un nombreux public défilait, apportant des bouquets de violettes. Le duc d'Albuféra déposa une gerbe de la part du prince Napoléon, qui fut arrêté quelques jours après, au moment où il allait passer en Espagne. Cécile Sorel qui, depuis l'occupation, se faisait appeler Gräfin von Ségur, s'était vêtue en duchesse de Reichstad, pour semer des violettes. Manouche, peu cocardière, dompta plusieurs fois l'envie de rire et retint Mistinguett, qui avait glissé sur les bouquets.

9

Elle découvrait un nouveau domaine de Carbone : son bureau d'achat de la rue du Colisée. D'autres Corses étaient ses principaux associés. On achetait, au-dessous du prix de la taxe, tout ce qu'il y avait à acheter, pour le vendre encore plus cher aux Allemands, dont les besoins étaient innombrables. Plusieurs bureaux s'y évertuaient et celui de Carbone n'était pas le moindre. Ils dépendaient d'un service dirigé par l'ingénieur Brandl, qui payait leurs fournitures grâce aux cinq cents millions d'indemnité versés journellement à l'Allemagne. Manouche eut une vision de ce brassage, quand Paul alla avec elle chez le caissier de ce service, pour toucher le prix d'un wagon de peaux de chamois arrivé de Marseille. Derrière une grille, il y avait des monceaux de billets de banque, les coffres ne suffisant pas à les contenir.

Le « V. Mann » de l'ingénieur Brandl était un juif russe, Szkolnikoff, qui habitait un hôtel particulier, rue de Presbourg. A cette qualité, il ajoutait celle, beaucoup plus importante, d'homme de confiance des S.S. à Paris, ce qui lui donnait comme protecteur le capitaine Engelke, ancien secrétaire d'Himmler. Carbone, qui avait été furieux de la visite de Manouche chez Lafont, prétendit lui montrer du meilleur monde en lui faisant connaître Szkolnikoff.

Cet homme, qu'on appelait M. Michel, — son vrai prénom était Mendel, — éclipsait tous ses rivaux par son luxe, autant que par son chiffre d'affaires. Ses dix domestiques avaient l'air de vrais domestiques; l'ameublement, plein de goût, aurait pu être celui d'un amateur éclairé. On mangeait dans de la vaisselle d'or. La compagne de Szkolnikoff était une Allemande, — « la belle Hélène », — qui n'était pas juive, mais qui avait épousé un juif, réfugié dans le sud de la France. M. Michel n'était pas le seul exemple d'un juif parvenu à ces hauteurs financières en graissant la botte allemande : le Roumain Joanovici, — M. Joseph, — ancien chiffonnier, s'était enrichi aussi rapidement dans d'autres commerces. Szkolnikoff possédait une cinquantaine d'immeubles dans le quartier des Champs-Elysées, (« c'est plus sûr que des bordels dans le Vieux-Port », disait Carbone), des usines en province, des terres en Sologne, le château d'Azé en Saône-et-Loire, un palace à Aix-les-Bains, un autre à Biarritz, une trentaine de sociétés commerciales à Monaco, et il priait maintenant Carbone de lui servir d'intermédiaire pour l'acquisition de plusieurs grands hôtels à Nice et à Cannes.

C'est afin de lui parler confidemment de cela qu'il l'avait invité seul avec Manouche. La belle Hélène se montra pour elle très aimable; ses bijoux lui rappelaient ceux d'Arlette Stavisky. Manouche ayant fait allusion à Lafont, les Szkolnikoff eurent une moue méprisante. M. Michel le traita d'illettré grossier, d'homme de sac et de corde, qui ne devait son crédit qu'à ses crimes et au fait d'avoir arrêté deux grandes résistantes : Odette Branlard et Geneviève de Gaulle.

— Vous ne verrez jamais chez lui le général Oberg, chef des S.S. à Paris, ni le colonel Knochen, chef de la Gestapo, dit-il à Manouche, mais vous les verrez chez moi.

— Je l'espère bien! dit Manouche.

En attendant, les Szkolnikoff invitèrent les Carbone à une projection privée du nouveau film de Marcel Carné, *les Visiteurs du soir*. Arletty, qui en était une des vedettes, racontait que, dans la scène du banquet pantagruélique, il avait fallu recouvrir les comestibles d'un purgatif pour empêcher les figurants de les dévorer. Au sortir de ce spectacle, on alla dîner chez Maxim's.

Le plus célèbre restaurant du monde bénéficiait d'un régime spécial, par la protection de Goering, qui y avait sa table, quand il était à Paris. Vaudable, le propriétaire, avait obtenu que la mention « Interdit aux Juifs », fût retirée de la porte. Elle semblait inutile, sauf pour faire sourire M. Michel et M. Joseph.

Avant la guerre, Manouche était venue plus d'une fois dans ce restaurant, avec Mistinguett et avec Wolfr., mais c'était la première visite qu'elle y faisait depuis l'occupation. L'image de la collaboration n'apparaissait nulle part sous des dehors plus brillants ni plus provocants. Le monde des affaires, du journalisme et, tout simplement, les gens du monde, y fraternisaient en public avec les Allemands. On en avait ce soir un échantillon. Le comte et la comtesse Stanislas de la Rochefoucault, le marquis de Castellane, ancien président du conseil municipal, la marquise de Polignac, s'étaient galamment réunis pour rendre à l'ambassadeur Otto Abetz et à sa femme les invitations qu'ils en recevaient à l'ambassade. Jean Luchaire, directeur des *Nouveaux Temps*, était avec le conseiller de l'ambassade d'Allemagne, Ernst Achenbach. Louise de Vilmorin, se souvenant qu'elle était comtesse Palffy, écoutait ses admirateurs d'Europe centrale. Le sculpteur allemand Arno Breker montrait à Jean Cocteau les plans du futur *Gross Berlin*, dont il décorerait les monuments, lorsque la capitale du Reich serait devenue celle de l'Europe.

— Tiens! dit Szkolnikoff, je ne vois pas Louis Renault, ni Henri Worms, le banquier. Seraient-ils malades? Mustel, le directeur de la Reichskreditkasse, est tout seul à leur table.

Ce que beaucoup de Français ignoraient, c'est qu'il y avait, à la section III du S.D. — section économique et financière de la Gestapo, — un agent d'origine suisse, nommé Maulaz, homme élégant, qui passait son temps à faire des « plans de table ». Ils étaient d'une exécution minutieuse et avaient les suites que l'on voyait chez Maxim's. Là ou ailleurs, les déjeuners et dîners qui réunissaient Français et Allemands, avaient toujours été réglés par l'un de ces plans. Une rencontre qui paraissait insignifiante et purement mondaine, — chez Florence Gould, par exemple, —

était souvent le point de départ de relations compromettantes auxquelles on ne pouvait plus échapper. On devenait, malgré soi, un agent de renseignement. Szkolnikoff avait salué, à l'une des tables du rond royal, le grand industriel X.Y. et le colonel Knochen. C'étaient les suites d'un plan de table. Maintenant, la table était réservée.

10

Paul avait convoqué Didi le Portoricain. Il était indigné de le savoir l'un des hommes de main de Lafont. Il gardait quelque tendresse pour ce transfuge, qui avait été le benjamin de son équipe et il voulait le semoncer. Son rôle de Mentor des Corses était de plus en plus contesté : Spirito, son autre lui-même, avait rallié la bande du boulevard Flandrin, qui semblait désormais la pépinière de celle de la rue Lauriston. Aux remarques de Paul, il avait répondu brutalement n'avoir aucun compte à lui rendre. Ils s'étaient déjà brouillés une fois, il y avait des années, et, dans la dispute, était parti un coup de revolver qui avait blessé au pied Spirito, — « le seul coup de revolver que j'aie tiré de ma vie en dehors du 6 février, disait Carbone, et c'était contre mon meilleur ami! » Sur Didi le Portoricain, il se sentait plus d'autorité, mais il s'adressait à Spirito à travers lui.

— Je voudrais vous entendre, déclara-t-il, lorsque vous frappez chez les gens, en disant, avec le bel accent de Marseille : « Police allemande! » Vous avez tort, parce qu'il y a une police française. Elle sait tout ce que vous faites. Si elle vous arrête, elle doit vous relâcher, sur l'ordre de la police allemande sans accent. Que les Allemands gagnent la guerre ou non, vous aurez un jour à vous expliquer avec notre police et vous serez reconnus par les témoins que vous aurez pas supprimés. Le seul d'entre vous qui puisse les blouser, c'est Spirito : quand il maquille ses trous de petite vérole, il est méconnaissable. Mais toi?...

— Moi, je fais pas grand-chose, heureusement.

Paul tira son portefeuille :

— Tu veux que je te lise la liste des juifs à qui tu as chauffé les pieds?

— C'est inutile, s'écria Didi. Merde! tu es de la police française.

— Non, mais j'y ai des amis. C'est pour cela que je souffre de vous voir, toi et d'autres, chez Bonny-Lafont. C'est pas flatteur pour les Corses.

— Nous profitons des moyens du bord, avant que la galère coule.

— Ce qui est grave, dit Carbone, c'est pas seulement que vous risquiez votre peau : c'est que vous aurez détruit le milieu. On oubliera que nous avons eu des bureaux d'achat, mais on n'oubliera pas que vous avez fait les basses besognes

114

des Chleus. Notre force, c'est d'être les patriotes. Souviens-toi de la place de la Concorde. Avec Spirito, nous protégions, à Marseille, les réunions patriotardes de ce vieux con de Castelnau. Ensuite, nous avons dit « Présents! » à ce vieux con de Pétain. Il fallait avoir la carte allemande pour faire des affaires. Toi, tu te sers de la tienne pour traquer de pauvres bougres de juifs!

— Pas toujours de pauvres bougres, rétorqua Didi. Et toi, tu te crois tellement à l'abri, avec ta carte? Elle est pas tricolore, mon Paul. Que tu le veuilles ou non, tu es du même côté de la barricade que nous.

— Pardon, j'ai jamais arrêté personne.

— Les filles de tes bordels de Marseille et de Paris et de ceux que tu as installés sur les côtes de la Manche à la demande du général des S.S. Thomas, elles font pas arrêter du monde, en cuisinant les mecs sur l'oreiller? Tu devais créer un réseau semblable en Afrique du Nord, mais le débarquement t'en a empêché.

— Imbécile! ce réseau a été créé et il a préparé le débarquement. Celui des côtes de la Manche en prépare peut-être un autre. A toi de te faire débarquer.

Didi le Portoricain était songeur.

— Je tâcherai de profiter de ton exemple. Même chez Lafont, y a des gens qui commencent à prendre leurs précautions.

— Ecoute, dit Carbone pour conclure, soyons tous à Marseille le jour où les alliés débarqueront en France. Alors, y aura plus de bandes, plus de

collabos, plus de résistants, plus de maquisards :
y aura que des Corses, et nous ferons la libération, comme nous avons fait l'occupation.

Les dernières nouvelles reçues de cette capitale corse de la France, consternaient Paul, aussi
bien que Didi : la destruction du Vieux-Port était
consommée. Quinze cents immeubles avaient été
rasés, vingt-cinq mille habitants évacués. Toutefois, en dépit des attentats qui avaient lieu contre
l'armée allemande, Marseille, protégée à cet égard
par Sabiani, ne connut jamais d'exécutions
d'otages.

Carbone avait la voie libre pour retourner au
bord de la Méditerranée et remplir la mission
dont l'avait chargé Szkolnikoff.

11

Il rentra un mois plus tard. Les grands hôtels
n'avaient pas tous baissé pavillon; il n'avait pu
mettre dans sa poche que ceux de Nice : le Plaza,
le Savoy et le Ruhl. Hôtel pour hôtel, il se proposait, avec sa commission, d'acheter l'Elysée-
Palace, rue de Marignan, et de l'offrir à Manouche,
comme cadeau du jour de l'an.

Il avait rencontré, à Marseille, l'ex-sous-préfet
Maurice Picard, membre actif de la résistance,
à qui il avait rendu service. On parlait, sur la

Canebière, du commissaire Achille Peretti, qui venait de disparaître dans la résistance. Carbone avait un cousin du même nom, prénommé Antoine, à qui il avait fait faire un riche mariage dans le milieu et obtenir, à Montmartre, le cabaret le Chantilly.

Comme si la mésaventure de ses bordels du Vieux-Port l'avait dégoûté de ce commerce, Paul décida de vendre la part qu'il avait dans les maisons de Codebo et les lui revendit très cher à lui-même. Ce vieux totem de la prostitution n'était pas un inconnu de Manouche, qui lui avait fourni de l'or pendant la drôle de guerre.

Son confortable appartement du boulevard Saint-Martin était celui d'un digne bourgeois. Il était fier de ses meubles en faux Boulle, étincelants de cuivre et d'écaille. Si l'on négligeait les milliers de malheureuses filles qu'il avait dressées à faire quarante à cinquante « serviettes » par jour, on pouvait s'attendrir de le voir, au milieu des trois femmes qui partageaient sa vie depuis plus d'un demi-siècle. Ce quatuor était l'image presque vénérable de la fidélité. Cependant, celui qui avait été Charlot-des-Fortifs, n'avait pas engagé ses trois compagnes sur ce pied-là. Des « fortifs » et des grands boulevards, il les avait embarquées pour la cordillère des Andes et il relatait volontiers comment il suivit avec elles les équipes qui posaient les rails dans ces contrées. Sur une carriole pareille à celles des westerns, il transportait des planches pour monter une baraque, d'étape en étape, avec un débit de boissons et une chambre d'amour. Depuis son retour en France, il n'exploitait plus les trois voyageuses : leur repos consistait maintenant à faire travailler les autres.

Manouche, qui avait accompagné Paul dans sa visite à Codebo, admirait le ton cordial de cette conversation. Elle se rappelait de quelle manière il s'était impatronisé chez cet Italien, auquel il revendait ce qu'il lui avait pris. Le banquier Wolfr. l'avait habituée aux spéculations hasardeuses, mais ses affaires n'avaient jamais adopté cette forme, qui appartenait évidemment à un milieu spécial.

Pour mieux le démontrer, arrivèrent quelques truands qui avaient été dans le sillage de Carbone, et dont l'un, taillé en hercule, avait le surnom de Coffre-Fort, parce qu'au lieu de percer les coffres, il les enlevait sur ses épaules. Ils avouèrent à leur ancien chef qu'ils n'étaient pas sans sujet de préoccupation : ils venaient de tuer un ancien barbeau de Montmartre, que l'on avait cru alsacien et qui avait reparu, après la défaite, en capitaine S.S. Ces trois hommes de la pègre, qui avaient tué ce nazi pour ne pas être à sa discrétion, n'étaient pas comme les clients de chez Maxim's qui appréciaient la compagnie de l'occupant.

Les maisons de Codebo, si abondantes en lits, ne comportaient de tables que pour le personnel. Il avait fait délivrer des cartes de « travailleurs de force » à des filles qui abattaient tant de besogne, mais il ne nourrissait pas les clients. C'est, au contraire, ce qui attirait le monde dans les maisons plus relevées, comme le One-two-two, le Sphinx et le Chabanais. On y passait le jour ou la nuit à manger et à boire, plutôt qu'à faire l'amour. Le Chabanais était fréquenté par les officiers S.S.; le One-two-two, par la bande Bonny-Lafont, que le propriétaire, Marcel Jamet, dit Fraisette, avait envoyé piller le château de sa première femme. Georges Lemaistre n'avait pas repris la direction du Sphinx et continuait, à Sainte-Maxime, de protéger les juifs et les résistants, tandis que son associé Martel continuait de défendre, à Paris, la collaboration horizontale.

Paul et Manouche préféraient, pour dîner d'une façon amusante, l'établissement le plus récent de cette catégorie. Situé rue de Villejust, près de l'Etoile, il appartenait à une concitoyenne de Colette, dont elle avait l'accent bourguignon : Mme B., épouse d'un chanteur marseillais. Elle avait eu sa licence, au début de la guerre, grâce à un ancien secrétaire de Chiappe, chargé des services d'hygiène, et dont la femme était une cousine de Wolfr. C'est Manouche qui avait servi d'intermédiaire pour ces tractations, greffées sur des achats d'or. Mme B., en reconnaissance, lui avait proposé une part dans sa maison; mais elle, plus friande de bijoux que d'actions de lupanar, avait passé la main à Bouchard-Lévy. Cette affaire était maintenant l'une des plus prospères de la capitale.

Les chambres de ce petit hôtel n'étaient pas

toutes réservées aux filles que l'on voyait au bar ou que l'on choisissait dans un album de photographies. Mme B. avait aussi des locataires, dont elle gardait certains avec courage, sachant qu'ils étaient juifs. Ainsi, logeait-elle le frère d'Albert H. le diamantaire, ex-ami de Manouche à Monaco, et le chanteur Yves Montand, qui débutait au Beaulieu sous la coupe d'Edith Piaf, locataire, elle aussi, de l'hôtel.

Cette chanteuse, déjà célèbre, habitait avec une amie, sans craindre de passer pour lesbienne. Dans le contrat d'une tournée à Marseille, elle avait fait stipuler qu'on lui fournirait un marin chaque soir. Sa passion du moment était le frère d'une ancienne maîtresse de Lafont. Piaf conservait un souvenir ému de son père, petit acrobate bossu, mais détestait sa mère, qui venait quelquefois chanter ses chansons sous sa fenêtre et à qui elle interdisait qu'on fît l'aumône.

Cocteau s'était engoué d'elle et dînait souvent chez Mme B., en sortant de chez Paul Valéry, qui logeait dans la même rue. Ces repas, où poètes, truands, chanteurs, juifs, collaborateurs et résistants étaient coude à coude avec de jolies filles, respiraient la bonne humeur et la confiance, lorsqu'il n'y avait pas de visiteurs suspects. Le frère du diamantaire parlait des juifs cachés en province. Le « petit Dreyfus », — le milliardaire du marché Saint-Pierre, — s'était fait enfermer comme fou dans un asile, et l'on craignait que sa famille ne l'y laissât. Un autre, qui avait dirigé à Montmartre « une boîte de tantes », le Pont Arrière, vivait dans l'Orléanais, déguisé en curé, et confessait les garçons du pays.

La sonnette de l'entrée produisait toujours quelque émoi, parce qu'il y avait aussi des visiteurs peu souhaitables. Mais on n'ouvrait pas sans avoir demandé qui était là, et une autre sonnette, placée à l'intérieur, permettait de donner l'alarme sans être entendue au-dehors. Les officiers de la Wehrmacht qui avaient accès chez Mme B., étaient courtois et se sentaient en sûreté. La maison n'était pas comme celles que fréquentait la troupe et où avaient lieu souvent des attentats. En revanche, lorsque les mots « Police allemande », prononcés par des voix qui n'étaient pas corses, accompagnaient le grelot de la sonnerie, — heureusement ces irruptions étaient rares, — juifs et résistants couraient dans la salle à manger, enjambaient l'appui de la fenêtre et s'allongeaient sur le rebord extérieur, qui était au-dessus d'une cour. Les policiers tiraient parfois les rideaux pour voir ce qu'il y avait derrière, mais n'eurent jamais l'idée de se pencher pour découvrir ce rebord. Ils déclaraient que la maison était signalée comme repaire de juifs, et, afin de s'assurer que les hommes présents ne l'étaient pas, ils les obligeaient à ouvrir leurs braguettes. Carbone s'exemptait de cette inspection, en exhibant sa carte; Cocteau y voyait une des douceurs de ces temps calamiteux.

Lafont et Bonny ne venaient pas, mais certains de leurs hommes faisaient des apparitions. Une fois, Manouche eut un haut-le-corps : l'un d'eux, qui comptait des louis dans un coin, avait du sang sur les mains.

<h1 style="text-align:center">12</h1>

Carbone allait repartir pour Cannes. Il en rapporterait à Szkolnikoff, non sans y trouver son profit, le Mirabeau, le Saint-James, le Martinez, le Bristol, le Victoria et le Majestic. La volte-face de l'Italie, qui se rangeait du côté des alliés, touchait aussi des affaires de Paul et il devait veiller au grain. Il aurait volontiers emmené Manouche pour ce voyage, qui serait probablement d'une certaine durée, mais il y renonça, parce qu'elle était enceinte.

Cette nouvelle, il la guettait depuis longtemps, et la confirmation, qui datait maintenant du troisième mois, lui causait un véritable délire. Il embrassait le ventre de Manouche. Il y appuyait son oreille, comme pour entendre respirer « son petit », — il était sûr que ce serait un garçon. Et il y promenait même un de ses colts, pour rendre le futur Carbone aussi aguerri que lui.

Il supplia Manouche d'éviter toute émotion, toute imprudence, voire toute sortie inutile. Il lui défendit d'accepter une invitation d'Hélène Szkolnikoff au château d'Azé. Ce que la collaboration nommait « terrorisme » et « banditisme », s'étendait partout et un séjour à la campagne chez les Allemands n'était pas de circonstance.

Ensuite, où faudrait-il accoucher? Paris également avait cessé d'être un lieu de sûreté. Paul et Manouche l'avaient échappé belle, un dimanche, aux courses de Longchamp : l'aviation anglaise avait bombardé la foule. Il imagina soudain d'expédier Manouche en Espagne. Il l'y conduirait en voiture, par petites étapes, — au besoin, avec un commando corse. A Madrid, elle serait à l'abri de tous les dangers, sous la haute protection de l'ambassadeur de France. Paul écrivit à Piétri de louer une villa, qui constituerait aussi un refuge en cas de désordres, lors du retrait des troupes allemandes. L'issue de la guerre était désormais réglée. Etre à Marseille, serait bien; être en Espagne, serait mieux. Les Szkolnikoff, s'y ménageaient une position de repli : ils avaient effectué, dernièrement, deux voyages de l'autre côté des Pyrénées. Sans doute les S.S., dont ils maniaient le trésor, ne voulaient-ils pas mettre tous leurs œufs dans le même panier. Carbone donna à Manouche le conseil de liquider son appartement pour être prête à le suivre dès qu'il serait revenu. Il n'était pas sûr de se fixer tout de suite là-bas avec elle, parce que l'honneur le forcerait de rester en France jusqu'à la fin. Ses adieux furent tendres, avec mignardises et truandises sur le réceptacle de l'enfant.

Si Paul avait les moyens de correspondre avec l'Espagne, Manouche, par des relais à lui ou par la Croix-Rouge, recevait toujours des messages de New York. Wolfr. désespérait de la voir arriver, mais ne cessait pas de lui écrire. Elle lui répondait rarement. Au point où elle en était, elle se crut obligée de lui avouer la vérité : qu'elle vivait avec Carbone, qu'elle l'aimait, qu'elle était enceinte de lui et que la page de Wolfr. était tournée. Cette lettre de rupture contenait tout ce qui pouvait humilier le plus un homme dont elle n'avait pas voulu avoir d'enfant.

Elle se félicita que Paul lui eût interdit d'aller chez les Szkolnikoff : ils avaient été arrêtés à Azé, par la Gestapo, avec tous leurs invités, et on les avait menés à Fresnes. Cette péripétie marquait les luttes d'influence entre les divers chefs des S.S. Engelke, protecteur attitré de M. Michel, étant à Berlin, ses rivaux avaient appliqué à celui-ci les lois raciales.

Manouche, affolée, songeait à Paul en train d'acheter les grands hôtels de Cannes pour quelqu'un qui se trouvait en prison. N'était-il pas menacé lui-même, comme ami de ce juif ? Manouche, elle aussi, n'avait-elle rien à craindre ? Elle ne savait par qui faire avertir Carbone. Dans l'impossibilité de téléphoner, elle lui écrivit un mot sibyllin et hâta les pourparlers relatifs à la cession de l'appartement. Il lui semblait, au moindre bruit, que la Gestapo était à sa porte.

Cette alerte fut brève. Le capitaine Engelke accourut délivrer les Szkolnikoff. Ils convièrent

124

leur Tout-Paris pour fêter, rue de Presbourg, cet heureux aboutissement. Manouche s'excusa, sous prétexte de sa grossesse, mais Hélène lui rendit visite. Cette femme qui, de nouveau, était au pinacle de la fortune, ne lui cacha pas son amertume et ses craintes.

— Nous sommes, dit-elle, comme l'oiseau sur la branche.

Elle ajouta que Paul venait d'informer Michel de ses succès à Cannes. On n'attendait que son retour pour le charger d'une mission en Espagne.

— Est-ce encore afin d'acheter des palaces? dit Manouche.

— En Espagne, dit Hélène, nous n'achetons rien : nous louons seulement des coffres dans les banques.

— Vous avez besoin de Paul? Et vous avez Engelke!

— Engelke n'existe que par Himmler et l'on risque d'apprendre à tout instant que Himmler est devenu fou. Il est atteint de troubles psychosomatiques, il a des crises d'hystérie et son équilibre dépend de son masseur finlandais. Plus de masseur finlandais, plus de Himmler, plus d'Engelke, plus de Szkolnikoff, peut-être plus de Gestapo et de S.S., ma pauvre Manouchka.

13

Paul devait rentrer le 16 décembre à Paris. Il prendrait le rapide de nuit, la veille, à la gare Saint-Charles, à Marseille. « Tout est prêt », disait-il dans sa lettre à Manouche. Cela signifiait : « Bientôt, à Madrid. » Piétri avait déjà loué la villa.

Dans son wagon-lit, Paul avait la couchette du haut, et un restaurateur de Cannes, nommé Oran, celle du bas. Paul, qui recevrait la visite d'amis durant l'arrêt à Lyon, lui offrit de troquer leurs places, pour moins le déranger.

Le train avait deux heures de retard : on réparait le viaduc d'Anthéor, qui avait été endommagé par un bombardement. Une des valises de Carbone contenait onze millions, dont il avait gagné deux « pour Manouche » au casino de Monte-Carlo. Une autre était bourrée de layette « pour le petit ». Paul déboucha une bouteille de champagne et trinqua avec Oran, lorsque le train se mit en marche. Le wagon-lit, où ils occupaient le compartiment de tête, était le troisième du convoi, après un wagon d'officiers allemands et un autre de tableaux et d'objets d'art, saisis chez des juifs dans l'ancienne zone italienne.

Vers une heure et demie du matin, non loin de Neuville-sur-Saône, à une quinzaine de kilomètres de Lyon, une explosion formidable réveillait les voyageurs : les maquisards faisaient sauter le

126

train. Les deux premiers wagons ne quittèrent pas la voie, mais le troisième tomba dans un ravin avec la locomotive, qui en sectionna le soufflet antérieur avec ses roues. Oran fut projeté dans le vide, tandis que la jambe droite de Carbone était tranchée net et la gauche jusqu'au tibia. Il s'évanouit. Deux Corses, qui étaient dans le train et qui lui avaient parlé à la gare Saint-Charles, vinrent à son secours. Ils le transportèrent sur le ballast, avec ses valises. Il serrait entre ses bras sa jambe coupée. La nuit était glaciale : il faisait 17 degrés au-dessous de zéro. A côté des cadavres de plusieurs voyageurs, gisaient ceux de trois maquisards, déchiquetés par l'explosion.

Les deux Corses ranimèrent Carbone, qui réclama une cigarette. L'attentat ayant eu lieu devant la maison d'un garde-barrière, l'un d'eux emprunta sa mobylette pour aller quérir une ambulance à Lyon. Il fut de retour une heure après. Carbone, impassible, fumait, appuyé à ses valises. Le restaurateur, qu'il avait sauvé par l'échange des places et qui en avait été quitte pour quelques contusions, lui allumait ses cigarettes.

A l'hôpital des Brotteaux, on entoura Paul d'un matelas électrique pour lui réchauffer le sang. On appela un prêtre, qui lui demanda s'il croyait en Dieu. Il répondit :

— Ça dépend des moments.

Spirito, à qui l'un des Corses avait téléphoné à Paris, arriva, avec Didi le Portoricain et une

escorte de dix voitures, à la fin de la matinée.
Paul avait expiré, en disant :

— C'est la vie.

La police lyonnaise, qui avait moins de consi-
dération pour lui que la police marseillaise, voulait l'enterrer dans la fosse commune. Les Corses
tirèrent leurs revolvers en guise de réplique.
Spirito déclara que Paul serait ramené à Paris
« pour des obsèques nationales ». On acheta le
plus beau cercueil, à croix et à poignées d'argent.
Puis, les voitures repartirent dans le brouillard,
suivies par le fourgon funéraire.

A un embranchement, elles se dirigèrent d'un
côté et le fourgon de l'autre. Spirito fit rebrous-
ser chemin. On ne rattrapa Carbone qu'au bout
de plusieurs kilomètres. La gendarmerie française avait arrêté cette procession d'hommes
armés, qui poursuivaient un cercueil. Elle avait
dû s'incliner : « Police allemande ».

TROISIÈME PARTIE

1

Spirito se rendit d'abord chez la femme de Paul. Dès qu'elle l'aperçut, elle comprit. On monta le cercueil. Il fut déposé dans la chambre. Les employés de Borniol dresseraient un catafalque.

Puis, Spirito se rendit chez Manouche : elle aussi comprit tout de suite. Il lui donna la valise de layette et le portefeuille de Paul, contenant deux cent mille francs. C'était un portefeuille de chez Hermès, qu'elle lui avait offert pour sa fête. Il était mort sans indiquer à qui il destinait la valise aux onze millions. Spirito, ne sachant comment départager la femme et la maîtresse, l'avait laissée au petit-cousin du défunt : Antoine Peretti. Manouche, effondrée, pleurait le père de son futur enfant.

La nouvelle s'était répandue chez les Corses de Paris. Ils s'empressèrent au domicile du boulevard Pereire. Un des premiers fut Tino Rossi, qui voulut participer à la veillée funèbre. Même les plus décriés de la bande des Corses furent admis à verser une larme. Mistinguett fit la triste visite que Manouche ne pouvait faire.

Deux envoyés de Spirito négociaient avec le curé de Sainte-Marie-des-Batignolles, qui célébrerait l'enterrement. Ils exigeaient « tout le bordel » pour l'empereur de Marseille. Les orgues, mais il n'y avait pas de courant : on le rétablirait. Des bougies, mais il n'y en avait plus : on en fournirait une caisse. L'église chauffée, mais il n'y avait pas de charbon : on en enverrait deux tonnes.

Chez la veuve, les pleureuses corses étaient entrées en action. Les hommes de Borniol déployaient tentures et draperies. Avec eux, survint un visiteur inattendu : Bébé B., parent de Borniol. Il était en relations secrètes avec Carbone pour la drogue. C'était le décorateur à la mode, que se disputaient les directeurs de théâtre et les gens du gratin. Il avait son pékinois sous le bras et en écrasait une crotte dans sa barbe, parfumée au « Hammam Bouquet ».

Au milieu de la nuit, Tino Rossi eut faim. La veuve avait donné largement à boire et les airs bachiques succédaient aux lamentations; mais on n'osait se ruer en cuisine. Le chanteur téléphona à Manouche de préparer des spaghetti, pour lui et pour Prosper Pozzo di Borgo, qui le conduirait dans sa voiture. La douleur ne coupait pas l'appétit.

Manouche, pâle, les yeux gonflés, ouvrit la

porte. Prosper, titubant, soutenait Tino, ensan-glanté. Ayant trop bu, le premier avait eu un brusque coup de frein, qui avait projeté le second dans le pare-brise. Le chirurgien Desmarest, appelé par Manouche, se déplaça pour faire des points de suture et, finalement, demeura pour partager les spaghetti. Ce fut une autre veillée funèbre.

Sainte-Marie-des-Batignolles ne put accueillir toute la foule qui se pressait aux obsèques de Paul. Avec ceux qui ne purent entrer et qui res-tèrent dehors sans craindre le froid, cela faisait environ trois mille personnes. Il y avait trois cent soixante-dix couronnes d'orchidées, — « plus que pour l'enterrement de Sarah Bernhardt », dit l'appariteur de Borniol. Cette pompe et ces fleurs rappelaient celles que la mafia de Chicago réservait aux obsèques de ses grands chefs.

La cérémonie prenait un caractère politique par la présence du secrétaire d'Etat Paul Marion, membre du P.P.F., et de l'ambassadeur Abetz, avec une délégation d'officiers allemands. Sabiani était venu de Marseille. Me Marcel Ceccaldi, qui militait dans la résistance, rendait hommage à son ancien client. Les Szkolnikoff n'avaient pas bougé : ils ne se montraient désormais que là où était le capitaine Engelke.

On remarquait des femmes en deuil vaporeux : les pensionnaires de maisons closes, que Codebo avait amenées. On remarquait aussi des Corses, aux poches bosselées par les revolvers. Antoine

Peretti avait décidé de faire provisoirement l'inhumation dans un caveau du Père-Lachaise, pour que la vieille maman apprît le plus tard possible la mort de son fils chéri.

Manouche, à côté de Mistinguett, était au fond de la nef. On avait posé au pied du cercueil son immense croix de chez Lachaume, toute en roses rouges, avec un cœur de camélia blanc.

Cinquante voitures de police ceinturaient l'église. Il fallait protéger les personnalités; il fallait aussi rappeler à tant de Corses qui avaient des cartes de police allemande, que la police française épiait leurs mouvements. Ils étaient arrivés dans un nombre égal de voitures, où les chauffeurs étaient en faction; les estafettes des deux armées s'observaient en silence. A l'intérieur de l'église, parmi les policiers, les gangsters, les filles, les gardes républicains et les S.S., retentissait la voix de Tino Rossi chantant l'*Ave Maria*, puis l'*Ajaccienne*.

La disparate de l'assistance éclata davantage à la sortie. Paul Marion, escorté de gardes, monta dans sa Delahaye, à fanion tricolore; Abetz et les officiers allemands, encadrés de S.S., dans leurs Mercédès, où flottait la croix gammée; Codebo et ses pensionnaires, dans des fiacres voilés de crêpe. Enfin, se mirent en route le corbillard, les trente voitures de fleurs, les cinquante voitures de Corses et les cinquante voitures de la police. Jamais les Parisiens n'avaient vu un tel spectacle, que l'époque faisait plus surprenant. Ils se demandaient quel était ce grand homme dont les journaux avaient caché la mort : s'il était de la collaboration ou de la résistance.

2

Manouche, de retour chez elle, était devant une autre image du bouleversement de sa vie : ses valises étaient faites pour le voyage en Espagne, à côté de celle de Neuville, qui détruisait cet espoir. La veille même de la mort de Paul, elle avait conclu la vente de l'appartement, pour lui montrer qu'elle avait suivi ses conseils.

Elle avait prié Mistinguett de la laisser. Personne n'était en mesure de lui insinuer des consolations. Soudain, elle eut peur. Deux ou trois coups de téléphone anonymes, qu'elle avait reçus depuis la mort de Carbone et écoutés d'une oreille distraite, resurgirent dans sa mémoire. On l'avait menacée, on lui annonçait des vengeances. Des menaces, pourquoi? des vengeances, de quoi? Elle ne s'étonnait pas d'être enviée, mais elle n'avait rien à se reprocher. La jugeait-on responsable de ce que Paul avait fait? ou de ce que faisaient la bande des Corses et la bande de Lafont, auxquelles il n'avait pas appartenu et dont il avait condamné les agissements? Mais, dès qu'il s'agissait de Corses, on disait « les bandes de Carbone ».

Il est vrai que, parfois, il s'était payé de ses propres mains. L'an dernier, s'estimant lésé par Petit-Nez dans une affaire de trafic d'or, il était allé le voir rue des Mathurins et avait rempli ses poches de louis, sans que l'autre osât protester. « C'est un cadeau pour Manouche », avait-il dit et Petit-Nez riait jaune.

Il est vrai aussi que le rôle de Paul dans la collaboration, même s'il jouait le double jeu, avait dû le signaler à certains éléments de la résistance. D'aucuns avaient été jusqu'à supposer que l'on avait machiné contre lui l'attentat de Neuville. N'était-il pas, au fond, le principal personnage du train?

Indépendamment des dangers qu'elle pouvait courir à cause de Paul ou de ses amis, Manouche était exposée, enfin, à ceux de toute personne qui possédait de l'argent et des bijoux. Les faux policiers avaient la liste des femmes seules. Nanette conservait sa place auprès de Manouche, mais constituait une faible défense.

A qui s'adresser pour obtenir une vraie protection? Quel crédit conservait-elle auprès de Spirito? Elle avait le sentiment qu'il lui avait signifié son congé, en lui remettant le portefeuille. Elle téléphona à Mme de Carbuccia. La femme du directeur de *Gringoire* lui envoya deux Corses pour la garder. Elle les remercia, quand elle quitta l'appartement du boulevard Gouvion-Saint-Cyr pour s'installer square Malherbe, près du boulevard Suchet.

Encore à l'abri des soucis matériels, elle devait

reconnaître qu'elle avait témoigné, à ce sujet, une singulière insouciance. Carbone l'avait comblée de cadeaux et avait défrayé le ménage, mais elle avait mis son point d'honneur à ne jamais lui demander d'argent : ce que le banquier lui avait laissé, suffisait pour la rassurer. Qu'étaient devenus les millions de Carbone? En dehors du contenu de sa valise, il y avait le fruit de ses innombrables activités, tant à Paris qu'à Marseille. Où étaient passées les commissions des affaires qu'il avait conclues pour Szkolnikoff? La fierté de Manouche l'empêcha de s'en informer, et nul ne lui en parla. Il ne sembla pas, ensuite, que l'héritage qui lui avait échappé, fût tombé dans la famille de Paul : ses frères, à Marseille, continuèrent de travailler; sa mère poursuivit une existence modeste; sa femme était repasseuse dans une blanchisserie. Mais l'histoire abonde en trésors que l'on n'a jamais retrouvés, depuis celui d'Alaric.

3

Fin mars, Manouche mit au monde un garçon, à la clinique du Belvédère, à Boulogne. Dans une autre chambre, Geneviève, la maîtresse de Doriot, accouchait d'une fille. Le chef du P.P.F., qui était en Poméranie avec la Légion tricolore, reparut pour cet événement. Il visita Manouche, en l'honneur de Carbone, et la figure sombre de cet homme, vêtu de l'uniforme allemand où brillait la croix de fer, ne la réjouissait pas à l'excès. Boulogne fut bombardé, pendant qu'il était avec elle, et toutes les vitres de la clinique furent brisées.

Mistinguett arriva, aussitôt après, en chantant :

> J' cherche Napoléon.
> Où est-il? où est-il donc?

Elle voulut être la marraine et pria l'un de ses amis, le champion cycliste Toto Gérardin, d'être le parrain.

L'enfant ne fut pas nommé Napoléon, mais, comme l'avait souhaité Carbone, Jean-Paul-François, prénoms des trois frères : on l'appellerait plus simplement Jean-Paul. Manouche avait tant fait rire son accoucheur, le professeur Porte, qu'il refusa de réclamer des honoraires.

Lorsqu'elle se fut réinstallée square Malherbe, tous les Corses de Paris défilèrent pour voir le fils de Carbone. Ils ne manquaient pas de trouver qu'il ressemblait à son père. Certains, pour avoir une preuve supplémentaire de son origine, tâtaient son occiput et déclaraient, d'un air satisfait, qu'il avait « la châtaigne corse ». Mme de Carbuccia envoya une couverture de guanaco pour son berceau. Manouche, dans les premières semaines de sa maternité, se consacra tout entière à ce petit être, que Paul avait tant désiré.

Didi le Portoricain avait tardé à lui rendre visite. Il tenait moins à la congratuler qu'à solliciter sa protection éventuelle.

— Le débarquement allié est proche, dit-il. Quand on a fait tout ce que j'ai fait, on est pas tranquille. Paul en a pas su le quart et, depuis, ça s'est pas arrêté. Il avait raison de m'avertir; j'oublierai jamais son geste. La police française nous craint moins. J'ai été piqué en mars pour un vol commis en novembre et j'ai passé huit jours au trou. Les autres fois, j'y passais pas vingt-quatre heures. La vis se resserre. Les Chleus sont nerveux. Ils nous protègent sans empressement et nous engagent de plus en plus.

» J'ai participé à un coup qui fera du bruit, lorsque la justice reprendra sa marche normale. Eugène Deloncle, le chef cagoulard, a été buté en janvier. Il était devenu suspect aux Chleus, qui ont envoyé des agents du S.D. faire une perquisition chez lui, avec moi et d'autres gars. On a grimpé, le matin, par l'escalier de service, et on a cassé la porte de la cuisine. Le fils Deloncle nous a entendus. Il nous a pris pour des monte-en-l'air, car aucun de nous n'était en uniforme, et il a appelé au secours. Deloncle est arrivé avec son flingue. Il a tiré, on l'a abattu. Le fils a été blessé.

Didi eut un silence :

— Ça m'a rapporté trois cents sacs... Tu comprends pourquoi je serai peut-être un jour obligé de te demander l'hospitalité.

Elle promit de la lui offrir, s'il en avait besoin.

Il fut plus délicat qu'elle ne croyait : il ne chercha pas à obtenir la confirmation de cette promesse sur le canapé.

Les Szkolnikoff, qui étaient repartis pour Madrid, avaient été arrêtés par la police espagnole. On avait saisi une somme énorme qu'ils transportaient et les bijoux d'Hélène, estimés huit cents millions. Ce réveil de l'Espagne à l'égard des Allemands était le signe que la roue tournait. Cela n'empêcha pas les Szkolnikoff de quitter les geôles espagnoles aussi rapidement qu'ils avaient quitté Fresnes. Le capitaine Engelke, leur providence, vola à Madrid pour les en tirer. Tout ce qui avait été saisi, fut restitué. Le trésor des S.S. était mieux gardé que celui de Paul. Engelke ordonna aux Szkolnikoff de rester en Espagne et d'acquérir une nationalité sud-américaine. Le débarquement en Normandie avait eu lieu pendant que le trio était à Madrid et lui dicta cette décision.

4

Manouche recommençait de sortir. C'est encore chez Mme B. qu'elle se sentait le plus à l'aise. L'allégresse régnait parmi les locataires, sinon parmi tous les clients. Les hommes de la rue Lauriston se faisaient rares. Les officiers allemands sablaient le champagne d'un air morne. Un lieutenant de la Gestapo, qui avait rendu des services à Mme B., s'enferma dans la salle à manger : par la vitre légèrement dépolie d'une porte de communication, elle le vit tamponner fébrilement des cartes. C'étaient, à coup sûr, de faux papiers, mais destinés à qui?

Un soir qu'on était en petit comité, pour applaudir la délivrance de Caen, une des filles de la maison arriva, tout émue, défaillante. Elle était allée chez un client, qui habitait rue des Belles-Feuilles et qui, autorisé par la patronne, l'avait emmenée avec une autre fille, nommée Lucette. Il les fit boire, parla à tort et à travers, brancha son poste de radio sur Londres, déplia un drapeau anglais, montra des papiers compromettants, avoua qu'il était un espion. Lucette, qui, dans son rôle particulier, était une collaboratrice convaincue, s'était indignée. Elle lui avait répliqué, probablement par crânerie, qu'elle le dénoncerait : l'homme, pris de panique, l'avait saisie à la gorge et étranglée. La spectatrice avait dû feindre d'approuver cet acte, pour ne pas connaître le même sort. Elle avait offert d'aviser Mme B., qui connaissait un policier résistant.

C'était une étrange fin de soirée. Mme B. téléphona à son policier, qui était corse. Quand il fut rue de Villejust, on débattit le cas présent, selon les termes de la morale créée par la guerre. Si l'espion était arrêté comme assassin, il risquait la guillotine. Il fallait donc l'arrêter uniquement comme espion, sans le livrer aux Allemands, et faire disparaître le cadavre. D'autre part, c'était le seul moyen de tenir Mme B. en dehors de l'enquête, qui aurait pu entraîner la fermeture de sa maison.

Le policier demanda, pour l'accompagner, deux femmes, qui attireraient moins l'attention. Mme B. et Manouche se dévouèrent.

L'appartement de l'espion était au rez-de-chaussée. Mme B. frappa, parlementa à voix basse. L'espion ouvrit, l'air hagard; elle le pria de laisser entrer le policier. Dans la chambre en désordre, au milieu de bouteilles vides, gisait la fille qui, deux heures plus tôt, était partie joyeuse de la rue de Villejust. Le policier la transporta à l'intérieur de sa voiture. Manouche s'assit devant, avec lui; Mme B., derrière, près du cadavre, qu'elle maintenait en feignant de l'embrasser. Ils rencontrèrent une ronde de la Feldgendarmerie. L'ausweiss du policier fit son office. Au bois de Saint-Cloud, il cacha le corps sous un tas de branches.

Pendant quelques jours, Manouche se dispensa de retourner chez Mme B., mais elle ne put ignorer la suite de cette histoire. L'espion avait été arrêté le lendemain. Les policiers furent stupéfaits de le trouver chez lui. Hébété par son crime, il n'avait pas tenté de fuir. Durant l'interrogatoire à la préfecture, le policier corse, qui lui avait ôté les menottes, lui permit d'aller seul aux toilettes, afin qu'il pût s'esquiver : il regagna le bureau comme un somnambule. On l'écroua, pour intelligence avec l'ennemi. Ce détraqué était sans doute un agent double, car il fut délivré par les Allemands, puis enlevé par les Anglais.

Cependant, Mme B. n'était pas quitte avec la mère angoissée de Lucette. Cette femme ne se contenta pas des réponses ambiguës qu'on lui faisait et signala à son commissariat la disparition de sa fille. La police dirigea tout naturellement les recherches vers le bois de Saint-Cloud. Mme B., bien que laissée en dehors de cette affaire, fut convoquée à la morgue pour reconnaître le cadavre. Avec horreur elle en vit une douzaine, trouvés dans les mêmes parages et dont certains étaient décapités. Il ne restait plus qu'à aviser la mère.

Les choses tragiques étaient trop de la vie quotidienne pour troubler longtemps les plaisirs de la rue de Villejust. Les restrictions s'aggravant à mesure que les alliés approchaient de Paris, les amis de Mme B. étaient fidèles à une table qui n'en souffrait pas et dont tous ne savaient pas les dessous. Jean Cocteau continuait de cultiver Edith Piaf, peut-être pour ces raisons gastronomiques : il disait que Picasso même était privé de viande. Pendant une de ces agapes autour d'un canard laqué, — chef-d'œuvre du cuisinier indochinois, — un homme à lunettes, au crâne plat, pénétra dans le salon : c'était Robert Brasillach.

— Ah! te voilà, dit-il en apercevant Cocteau. Tu es à ta place dans cette maison.

— Tu y es aussi, répliqua l'autre.

— Moi, je n'y viens ni baiser, ni bâfrer : j'y

viens contempler la pourriture de mon pays, et je ne m'étonne pas de ta présence. Tu es le montreur du guignol parisien. Toi, l'anticonformiste, qui n'es jamais à contre-courant, tu t'es frotté pendant quatre ans à nos amis Epting (1), Abetz et Breker, et tu te frotteras demain à tes amis les Ricains, les nègres et les juifs.

— Calme-toi, reprit Cocteau. On ne se parle pas ainsi entre poètes.

— Tu n'es qu'un pitre. Moi, je suis un idéaliste.

— Je te pardonne tes injures, car tu es un idéaliste qui voit l'écroulement de son idéal. En tout cas, j'interviendrai pour toi dans le futur état de choses, comme je suis intervenu dans celui-ci pour Tristan Bernard et, avec moins de succès, pour Max Jacob.

— Ah! il y en aura, des gens qui seront intervenus pour Max Jacob et pour Tristan Bernard! Mais je crains que le futur état de choses ne soit pas tendre pour les idéalistes.

— Tu perds un peu cette qualité dans *Je suis partout,* quant tu traites la république « de vieille putain agonisante », de « garce vérolée fleurant le patchouli »... Et nous sommes en pleine guerre!

Brasillach se pencha sur lui, les yeux fulgurants derrière ses lunettes :

— C'est toi qui viens me donner des leçons de patriotisme? Toi, dont je lisais hier, chez un ami, d'ignobles vers contre la France, calligra-

1. Directeur de l'Institut allemand à Paris.

phiés de ta main, à l'encre rouge : *France l'Etron,
Poèmes, 1914?*

— Comment! tu as vu ça?
— J'ai même retenu quelques perles :

> *L'Etron vit une sentinelle.*
> *— Frère ! dit-il. — France, dit-elle.*

— Arrête! dit Cocteau, effrayé.
— Et ton quatrain à Anatole France, que tu
incites à changer de nom : *Anatole Etron?* Et le
distique où la France combattante a heureusement, *dans son ventre épais,*

> *Des munitions de pets!*

» Toutes ces gentillesses, accompagnées de
charmants dessins. J'interviendrai pour toi auprès
de la postérité.

Brasillach enveloppa la tablée d'un regard de
mépris et partit, laissant tout pâle le poète de
France l'Etron.

5

Ce soir-là de fin juillet, Manouche sortait de
chez elle pour aller dîner chez Mme B. Comme
on envisageait des libations prolongées, elle

comptait y coucher. Elle souriait, en songeant à la chambre qu'elle aurait, en tout bien, tout honneur. C'était celle où, d'ordinaire, s'ébattait un académicien, auquel une fille enfonçait trois œufs durs dans le fondement, pour qu'il les pondît en caquetant : « Cot! cot! »

Boulevard Suchet, Manouche salua Denise L. qui menait son tilbury vers l'avenue du Bois. Cette pimpante personne tira les rênes et l'invita à prendre place à ses côtés.

— Je vous déposerai rue de Villejust, fit-elle. Savez-vous que j'arrive de Berlin? J'y ai rencontré Himmler.

Manouche aurait mieux aimé être dans le tilbury de quelqu'un qui aurait rencontré le général Eisenhower. Mais, à la réflexion, elle crut à une vantardise :

— Comment avez-vous pu faire un tel voyage en ce moment?

— Pour moi, rien n'est impossible, puisque j'ai reçu, au début de l'année, Erna Hanfstaengl.

— Vous m'en direz tant! Mais qui est cette hernie étranglée? dit Manouche.

— Elle est de la grande famille d'éditeurs de Munich qui a soutenu Hitler dès ses premières entreprises, et il l'appelle « son homme de confiance ». Il l'avait envoyée à Paris, au début de l'année, pour contrôler l'activité d'Abetz, d'Oberg, et de Knochen.

— Eh bien! dit Manouche.

— Mon voyage à Berlin est une conséquence de celui-là.

144

Denise avait remonté l'avenue du Bois, mais, au carrefour de l'avenue Malakoff, elle tourna, pour faire halte sous la terrasse du palais rose.

— Et maintenant, attendons, dit-elle.

— Attendons quoi?

— Un spectacle historique.

— Je suis presque rendue, fit Manouche, montrant la rue de Villejust.

— Vos amis vous pardonneront votre retard, quand vous leur raconterez ce que vous aurez vu.

A quel spectacle prétendait la faire assister cette aventurière de haut vol? L'avenue Foch était presque déserte, aux lueurs du soleil couchant. Les sentinelles nazies montaient la garde devant le 72, siège de la Gestapo. Soudain, une colonne de tanks allemands s'avança, venant de l'Etoile. Arrivée devant le 72, elle stoppa et dirigea ses canons vers l'immeuble. Des officiers descendirent, revolver au poing, escortés de soldats qui braquaient leurs mitraillettes. Les sentinelles furent désarmées sans coup férir.

— C'est une révolution! s'écria Manouche.

— C'est un complot des généraux et des nobles anti-nazis pour sauver l'Allemagne. Hitler a été assassiné, cet après-midi, en Prusse-Orientale.

— Quoi? s'écria Manouche. Et vous étiez au courant, vous?

— Je connais le général von Boineburg, l'un des conjurés de Paris, mais il y a eu tant de conjurations qui ont avorté, au cours de cette guerre! D'ailleurs, je ne trahis jamais mes amis.

Sans doute ne trahissait-elle que la France :

145

Manouche avait appris de Carbone qu'elle était soupçonnée d'avoir livré à Dietrich, commandant de la Luftwaffe, qui était un de ses amants, les plans de l'avion à réaction inventé par un ingénieur français, qui était un autre de ses amants.

— J'écoute la radio allemande, continua Denise L., et j'ai entendu, il y a deux heures, la nouvelle de l'attentat, qui n'a pas encore été publiée chez nous. Immédiatement, j'ai pris mon tilbury pour être aux premières loges. Je suis d'abord passée chez le général Oberg, boulevard Lannes, et l'on m'a dit qu'il avait été arrêté. Il était en train de téléphoner et sentit tout à coup quelque chose contre sa nuque : c'était un revolver. Il a été conduit à l'hôtel Continental.

Elle remit son cheval au trot pour reprendre la direction de l'Etoile. Une Mercédès frôla le tilbury. Les deux femmes y reconnurent le colonel Knochen qui, livide, était entre deux officiers. Il eut le sang-froid, en voyant Denise, de mettre la main à sa casquette.

— Il dînait chez un membre de l'ambassade, fit-elle. Pauvre Helmut! L'homme qui faisait trembler Paris... Il sera fusillé demain matin.

Au Continental, il trouva le général Oberg, qui semblait un lion en cage, dans le salon où il était détenu. Mais, à une heure du matin, la voix d'Hitler annonça au monde qu'il avait réchappé de la bombe du comte Claus von Stauffenberg, pour le châtiment des traîtres et la gloire de l'Allemagne. Le général von Stülpnagel, qui avait ordonné l'arrestation d'Oberg et de Knochen, vint lui-même leur déclarer qu'ils étaient libres. Il fut immédiatement convoqué dans la capitale du Reich, où Stauffenberg et les autres conjurés avaient été déjà exécutés. Des officiers de la Gestapo accompagnaient l'ex-gouverneur militaire de Paris. Il demanda à revoir, près de Verdun, l'endroit où il avait combattu, lors de la première guerre mondiale. Derrière un buisson, il se logea une balle dans la tête. Il n'était que grièvement blessé. A Berlin, on le pendit à un croc de boucher.

Himmler téléphona à Knochen de mettre Denise L. aux arrêts dans son appartement. Sans doute son rôle avait-il paru suspect au cours de cette aventure. Elle fit la grève de la faim et Knochen, en des jours aussi graves, se déplaça plusieurs fois pour la convaincre de s'alimenter. En réalité, son amant, le grand épicier, la nourrissait en cachette. Lorsque le chef de la Gestapo quitta Paris, elle était la maîtresse d'un chef de la résistance.

6

Le jour de la libération, Manouche alla acclamer l'armée Leclerc. Ce qu'elle vit d'abord, c'étaient de malheureuses tondues qu'on exposait aux injures de la foule. Mme B. était en effervescence. Les belles de la maison, à qui l'on n'avait pas coupé les cheveux, coupaient des draps, dont le cuisinier teignait des morceaux en bleu et en rouge. Des caisses de grenades avaient été entassées dans le couloir par les F.F.I. du quartier. Un petit coiffeur avait été tué sur le trottoir en face, en lançant un de ces engins contre les réservistes allemands qui gardaient le château d'eau, rue Boissière. Un de ces vieux soldats, blessé au bras, fut traîné chez Mme B. Il pleurait et gémissait :

— Que va dire notre Führer?

Bouchard-Lévy, dans une voiture F.F.I., vint chercher des munitions et offrit à Manouche une promenade militaire jusqu'à la place de la Concorde. Elle aima mieux faire des drapeaux avec Piaf.

La Môme avait décidé Mme B. à recueillir l'ancienne maîtresse de Lafont, dont le frère avait été son amant. Cette femme était une des plus actives confectionneuses de drapeaux. On la présentait aux clients comme une grande résistante. Mme B. racontait que, dans une maison close de l'Opéra, les pensionnaires françaises, toujours les mêmes, qui s'étaient appelées, sous l'occupation, Frida ou Gertrud, se changeaient maintenant en Diana et Margaret.

Une heure après son départ, on ramenait Bouchard-Lévy tout en sang : une balle perdue lui avait traversé le foie. Il rendit l'âme dans le salon de Mme B., qu'on transforma en chapelle ardente.

Le cuisinier se mit vainement à la recherche d'un cercueil. Il en fabriqua un, avec deux caisses à fromages. On y déposa Bouchard, enveloppé d'un de ces drapeaux où s'étaient roulés plus d'Allemands que de résistants. Faute d'avoir pu faire la veillée funèbre de Carbone, Manouche fit celle de Bouchard-Lévy. Mais, le lendemain, comment se débarrasser de cette glorieuse dépouille? L'activité spéciale de la maison, que les vicissitudes de la politique ne touchaient pas, était incompatible avec la présence d'une chapelle ardente. Tous les services funèbres étaient suspendus. Mme B., qui avait parfois ravitaillé les religieuses de l'Assomption, rue de Lubeck, leur demanda de recevoir en dépôt ce cercueil improvisé. On le leur livra, avec quelques boîtes de conserve. Après ce séjour dans la chapelle de cette institution de jeunes filles, l'associé de Mme B. fut inhumé au cimetière des F.F.I. à Bagneux.

Manouche, rentrée chez elle, reçut la visite d'un Corse, qu'elle ne connaissait pas et qui lui dit avoir été autrefois sous les ordres de Carbone : c'était pour l'aviser qu'elle serait arrêtée le soir même et qu'on saisirait ses bijoux comme biens allemands. Il lui offrait un asile sûr. Sans réfléchir, elle fit aussitôt sa valise, en laissant Nanette avec Jean-Paul.

Elle marchait le long du boulevard Beauséjour, à côté du Corse, qui portait sa valise. Brusquement, elle l'aperçut en train de lorgner son sac, où elle avait entassé ses bijoux, et elle comprit que cet individu l'attirait dans un guet-apens. Par miracle, un vélo-taxi passait : elle le héla et sauta dedans pour retourner rue de Villejust, sous la protection des caisses de grenades. L'homme était demeuré stupide, la valise à la main. Manouche apprit ensuite qu'il était revenu square Malherbe demander à Nanette l'argent que sa patronne avait oublié. La dévouée servante lui donna tout ce qu'elle possédait : une quarantaine de mille francs. Dans la suite, ce Corse, qui avait été membre de la Gestapo de Lyon, fut arrêté et condamné à mort.

Manouche n'avait pas voulu manquer le défilé des Champs-Elysées, où le général de Gaulle et l'état-major de la résistance lavèrent quatre ans d'occupation de Paris. Elle y assista, du balcon d'un immeuble proche de la place de l'Etoile, avec Mme B. et Toto Gérardin. Au milieu de leur émotion patriotique, ils éclatèrent de rire en voyant Mistinguett à bicyclette, une capeline tricolore sur la tête, pédaler le long du défilé et crier : « Vive de Gaulle! » tandis que des Parisiens criaient : « Vive la Miss! »

Spirito s'était réfugié en Espagne. Didi le Portoricain à Marseille, Lafont et Bonny près de Bazoches. D'autres avaient subi à temps une transformation. Joanovici était membre du réseau Ajax de la préfecture de police, créé par le commissaire Achille Peretti. Martel, le tenancier du Sphinx, ayant abrité des parachutistes dans sa propriété de Sologne, avait été déclaré F.F.I. d'honneur. Beaucoup de gens du monde et d'artistes étaient dans leurs petits souliers. Une somme d'un million, qui circula dans certaines sphères, épargna tout ennui à une grande dame et lui permit même de faire fuir un ami allemand. Une contribution plus importante arracha Maurice Chevalier aux griffes des maquisards périgourdins, qui, après l'avoir malmené, s'apprêtaient à le fusiller.

7

Un ami et coreligionnaire de Wolfr., Charley Michaelis, ancien propriétaire du Vel' d'Hiv', qui, à l'âge de Jean-Paul, avait été le modèle du bébé Cadum, était officier dans l'armée Leclerc. Le banquier l'avait chargé de remettre à Manouche un hymne d'amour et mille dollars. Elle fut ravie de cette double commission, en y voyant la preuve que sa lettre de fin 43, où elle lui parlait de Carbone, s'était égarée.

Dans le désarroi où elle était, elle joua la comédie, pour rattraper un ami si fidèle. Par l'entremise de Charley, elle lui répondit en des termes semblables aux siens. Elle lui avouait qu'elle l'avait trompé « quelques mois » avec Carbone, dont elle avait un fils, mais Carbone avait péri et elle était de nouveau libre. Le retour d'Amérique n'étant pas encore facile pour les simples particuliers, Wolfr. devait se contenter d'écrire. Il fit savoir à Manouche qu'il était prêt à reconnaître son enfant, si elle voulait devenir Mme Wolfr. Elle le remercia tendrement. Par divers intermédiaires, il lui envoya, deux ou trois fois, colis et dollars. Ces attentions et ces espérances incitaient Manouche à lui garder une fidélité relative.

On frappa chez elle, un soir. Elle n'ouvrait pas sans précautions. On parlait si bas qu'elle dut faire répéter le nom, qui lui était pourtant familier : Didi le Portoricain.

Il arrivait de Marseille, où il avait participé aux combats de la libération. Il avait été cité à l'ordre des F.F.I. pour ses exploits.

— Et tu as à te cacher ? demanda Manouche.

— J'ai à cacher mon passé, répondit-il, et je suis pas seul.

Il nomma un autre membre de la bande des Corses, qui attendait au coin de la rue, pour savoir si elle consentait à l'héberger.

— Deux, c'est trop, dit-elle.

— Alors, je fous le camp. Des copains s'abandonnent pas dans la débine.

Manouche se dit qu'à sa place, Carbone, lui non plus, ne les aurait pas abandonnés.

— Venez tous les deux, fit-elle.

— Tu es chic, toi ! s'écria Didi. Une salope que nous avons baisée cent fois, nous a fermé la porte au nez.

Désormais, Nanette s'approvisionna dans des magasins successifs, pour ne pas déceler qu'il y avait chez sa patronne deux bouches de plus à nourrir. Les Français, en effet, dénonçaient les gens qui cachaient des collaborateurs, avec le même zèle qu'ils avaient dénoncé auparavant ceux qui cachaient des juifs ou des résistants. La Gestapo a enregistré plus de trois millions de lettres anonymes de dénonciation. Le gouvernement provisoire n'a pas révélé combien il en avait reçu.

L'affaire Petiot réveilla chez Manouche des souvenirs à fond tragique. Ce médecin prétendait, sous l'occupation, diriger un réseau qui permettait de gagner l'Amérique du Sud. Afin de remplir le certificat sanitaire des candidats, il les vaccinait, mais c'était pour l'éternité. Après les avoir dépouillés, il les brûlait dans la chaudière de son hôtel particulier, rue Lesueur. Quand on l'interrogea sur la disparition d'une vingtaine de personnes : « Ce n'est pas une vingtaine, mais une centaine, répondit-il. J'ai purgé la France de collaborateurs infâmes et de margoulins du marché noir. » Parmi les valises empilées dans ses caves, on répertoria celles de deux amis de Carbone, Didier le Basque et Lili la Chinoise, qui, sur le point de partir pour l'Argentine via rue Lesueur, avaient incité Manouche à les accompagner.

Le dépôt de la préfecture de police, antichambre de Fresnes, était devenu le salon le plus élégant de Paris. Le marquis de Castellane, le comte Jacques de Rohan-Chabot, président de la Croix-Rouge française, Stanislas de La Rochefoucaud, Jean de Beaumont, Pierre Benoit, Jacques Benoist-Méchin, Georges Prade, Sacha Guitry, Arletty, Suzy Solidor, Tino Rossi, Pierre Fresnay, Mary Marquet, Germaine Lubin, Alice Cocéa, Louis Renault, Henri Worms, le président du conseil municipal Taittinger, Bunau-Varilla, propriétaire du *Matin*, bref, tous les clients de Maxim's, s'y retrouvaient, parfois en famille. Il y avait même, pour leur faire des sandwiches, le célèbre maître d'hôtel de ce restaurant, Albert, coupable d'avoir servi Goering. On y voyait aussi le curé de Sainte-Marie-des-Batignolles, qui expiait le crime d'avoir chauffé son église pour les obsèques de Carbone. Il célébrait l'office à la chapelle du dépôt, où nombre de détenus allaient se recueillir. Dans un coin obscur, forniquaient la marquise d'Abrantès et son amant le chauffeur.

Au bout de quelques semaines, les deux Corses en eurent assez de jouer à la belote et de donner le biberon à Jean-Paul. Ils voulurent trousser des filles et prendre l'air. Naturellement, ils ne purent s'empêcher de flâner rue Lauriston et boulevard Flandrin, pour revoir leurs anciennes permanences. Une femme les aperçut par la fenêtre et téléphona à la police, qui les cueillit devant la gare de la porte Dauphine, malgré leurs cartes F.F.I.

Le jour de leur entrée à Fresnes, — le lendemain de Noël, — ils rencontrèrent Bonny et Lafont que l'on menait au poteau d'exécution. Deux mois après, ce fut le tour de Robert Brasillach.

8

Les Allemands étaient partis, mais Marlène Dietrich était revenue. L'ex-Prussienne ne se lassait pas de chanter *la Marseillaise*. Désormais, c'était en uniforme de l'armée américaine qu'elle occupait la France. Au demeurant, elle annonçait que son rêve était de « faire la cuisine pour Jean Gabin ».

Wolfr., à son retour, fut moins enthousiaste que Manouche ne l'avait espéré. La lettre de 1943, enfin arrivée à bon port, avait dissipé ses illusions. D'autre part, Manouche ne correspondait plus à l'image qu'il avait gardée de sa beauté éphébéenne. Certes, à trente-deux ans, elle était toujours désirable, mais ses formes tendaient maintenant au plantureux. Wolfr. ne renouvela pas l'offre de l'épouser ni de reconnaître Jean-Paul.

Il devait une certaine gratitude à Manouche : les derniers bidons d'essence de jasmin, envoyés par son cousin le diplomate hondurien, étaient restés bloqués à Lisbonne et valaient dix fois autant. Il se montra encore généreux pour elle, mais précisa qu'elle ferait bien de ne plus compter sur lui.

Albert H., rentré de Suisse, ne pouvait le remplacer. Il s'était réconcilié avec sa femme, dont il vivait séparé au moment de ses folies pour Manouche. C'est à elle que, désormais, il réservait les pétales de roses, les boîtes en or et les diamants.

Manouche donna un grand dîner pour le premier anniversaire de son fils. Odett', nouvel animateur du Liberty's, Tonton et milady Patate, Mistinguett et Toto Gérardin, Mme B. et son mari, furent ses hôtes. Durant cette joyeuse soirée, les regards de Manouche erraient sur les tableaux. Elle se demandait lequel il lui faudrait bientôt sacrifier, à moins qu'elle ne commençât par un de ses bijoux. L'or avait fondu et le plan était vide.

Grâce aux derniers dollars de Wolfr., elle alla, avec Nanette, passer l'été sur la côte d'Azur. Son appartement de Cannes était habité par un capitaine F.F.I.

A Sainte-Maxime, elle revit Lemaistre et Martoune. Ils se réjouissaient que le Sphinx eût survécu à la libération, après avoir prospéré sous l'occupation, mais ils avaient peur du communisme et parlaient de se retirer en Afrique. Mme Paul Reynaud cherchait en vain à les rassurer. Le One-two-two n'avait pas eu la même chance que leur établissement et que celui de Mme B. : le patron, Jamet, était à Fresnes. Il payait ses mauvais procédés envers son ancienne femme et son intimité avec Lafont. Codebo, lui aussi, était arrêté : on lui reprochait d'avoir fait trop de « serviettes » avec la troupe allemande, sans les avoir compensées par quelques attentats.

Manouche fut stupéfaite de rencontrer à Cannes Denise L. au volant d'une Cadillac. Proclamée victime de la Gestapo, mais préférant quitter son ancien quartier, elle s'était fait attribuer, avenue Montaigne, le somptueux appartement réquisitionné de la propriétaire des biscuits Brun, car il y avait les biscuits de la collaboration, comme ceux de Mme Darré-Touche, et les biscuits de la résistance, comme ceux de la générale de Gaulle. Denise raconta, en riant, que les domaines n'avaient mentionné dans l'inventaire que le nombre de meubles, de tableaux et de tapis, ce qui lui permettrait d'y substituer de la pacotille.

Ayant regagné Paris, Manouche apprenait les dernières nouvelles concernant d'autres personnes de sa connaissance. Louise de Vilmorin, craignant les suites de l'occupation, avait eu un trait de génie, bien digne de son caractère : comme Esther chez Assuérus, elle s'était évanouie chez Duff Cooper, ambassadeur de Grande-Bretagne. On la transporta dans une chambre de l'ambassade. Elle y passa tout le temps nécessaire pour écrire un livre.

Doriot était mort en Allemagne. En Espagne, Szkolnikoff eut une étrange fin. Tous ses biens français étaient sous séquestre; mais, comme on ne pouvait les vendre en son absence, les services de contre-espionnage avaient envoyé à Madrid une équipe de six agents pour le ramener. Ils devaient opérer à l'insu des autorités espagnoles, qui cherchaient à empêcher les règlements de comptes, surtout quand il s'agissait de comptes en banque. On sut que Szkolnikoff cherchait un appartement. On lui fixa un rendez-vous dans une villa de la banlieue de Madrid. On l'attendait dans le couloir : il fut « cravaté » et on le piqua pour l'endormir, afin de le mettre dans le coffre d'une voiture et de franchir ainsi la frontière. Avait-il le cœur fragile? La piqûre fut-elle mal faite ou trop forte? Il mourut entre les bras de ces Français, comme si c'étaient des disciples du docteur Petiot. Ils véhiculèrent le cadavre dans un lieu désert, et, après l'avoir arrosé d'essence, y mirent le feu. Ses restes ne furent pas moins identifiés par la belle Hélène. Les Espagnols emprisonnèrent trois des agents du commando; les trois autres s'étaient réfugiés à l'ambassade de France.

Comme pour clore cette série d'histoires, Manouche fut informée par des amis anglais que son cher John, deuxième lord B., avait été tué en France durant un parachutage.

9

Au Laetitia, bar de Montmartre qui appartenait aux frères corses Vesperini, Manouche fut séduite par un autre compatriote de Carbone : François Luchinacci. C'était un truand d'origine bourgeoise. Comme il avait fait son droit pour devenir clerc, on le surnommait le Notaire. Son tabellionage avait sombré dans une vendetta, qui l'avait jeté d'abord dans le maquis de la Corse, puis dans le milieu. Il avait connu Carbone, dont il rappelait l'allure. Manouche trouvait en lui un amant et un protecteur.

Elle échangea son appartement du square Malherbe contre un autre, avenue Montaigne, en face de chez Dior. Le Notaire s'installa chez elle.

Il voulait revoir la Corse, où il n'avait pu se rendre depuis la guerre, et Manouche l'accompagna. Ce serait une occasion de présenter Jean-Paul, qui avait maintenant plus de deux ans, à la famille de son père.

Ils s'arrêtèrent d'abord à Bonifacio. Me Marcel Ceccaldi les invita sur son bateau, le Roseline II, successeur de celui que Paul lui avait offert à titre de remerciements pour son efficace intervention dans l'affaire Prince.

Ils visitèrent ensuite un curieux personnage, le commandant Blément, commissaire à Marseille au début de l'occupation, puis révoqué. Il avait été l'un des chefs de la résistance dans le sud-est, où il avait gagné ses galons. Commissaire principal après la libération, il fut contraint de se démettre à cause de ses rapports avec des truands. Ses meilleurs amis étaient, en effet, Antoine Guérini à Marseille, et, à Paris, Jo Renucci, qui possédait un café rue de la Boétie.

Le Notaire lui dit que Jo était aujourd'hui

intime avec un commissaire corse, sous-directeur de la police judiciaire.

— C'est tout à fait naturel, dit Blément. Ils
étaient camarades dans la résistance. Et je sais
que Jo lui recommande des inspecteurs.

— Est-ce que ce commissaire recommande à
Jo des truands? dit Manouche.

— Pourquoi pas? dit Blément. Il y a truand
et truand, pas vrai, François?

Blément fit l'éloge de son ancien collègue Achille Peretti, dont cet autre commissaire avait été
le plus actif collaborateur au réseau Ajax et qui
était maintenant tout ensemble conseiller général de la Corse et maire de Neuilly.

Manouche fut touchée, quand il s'exprima avec
sympathie sur Carbone. Il dit même qu'il regrettait de n'avoir pu être utile à Sabiani, bien
qu'ils fussent dans des camps opposés. Quand
celui-ci, réfugié en Espagne, avait débarqué en
secret sur les côtes de la Corse, pour voir sa mère
qui avait cent ans, Blément ne l'avait pas dénoncé.

Cette conversation, entre le truand Luchinacci
et l'ex-commissaire, dans sa maison solitaire
de l'Ospedale, reflétait bien une des singularités
de cette île, où les défenseurs et les ennemis de la
loi conservent, sans pactiser, des relations fra-
ternelles. Manouche se souvenait qu'un jour,
Carbone et elle, dans un bar de Pigalle, avaient
trouvé, bavardant ensemble comme de vieux
amis, un conseiller à la cour de cassation, deux
procureurs généraux, un juge d'instruction, un

160

général de l'armée de l'air et cinq ou six truands, tous Corses.

Enfin, on se dirigea vers Propriano. Manouche n'avait pas de raison de cacher le Notaire, qui était né à Levie, localité du voisinage.

L'antique mamma l'accueillit avec émotion, sous ce toit que son fils aîné avait bâti. Elle feignait de croire qu'il était toujours vivant et qu'il trafiquait dans les mers de Chine, comme au temps de sa jeunesse, mais elle pleurait quand on parlait de lui. Elle couvrit Jean-Paul de baisers, en reconnaissant les traits de Paul. Paralysée de la langue, elle ne pouvait dire que trois mots : les noms de ses trois fils. Cet enfant devint pour elle le symbole de tous les trois. Elle en mit la photographie sur sa table de chevet, entourée de cierges, à côté d'une image de la Madone.

Le second fils était encore en Espagne. Le troisième fut affectueux pour Jean-Paul et pour Manouche, mais elle comprit, à certaines réticences, que, dans ce monde particulier, subsistaient des principes : si elle était la mère d'un Carbone, elle n'était pas la femme légitime d'un Carbone. La mamma pouvait l'oublier, dans l'attendrissement de cette rencontre, mais sous quel nom ses fils présenteraient-ils leur neveu aux petites cousines qui remplissaient la maison? Manouche ne séjourna pas à Propriano plus longtemps qu'il n'appartenait.

Nanette, qui était de l'expédition, garda Jean-Paul à Zonza, à l'hôtel du Mouflon d'or, tandis que le Notaire et Manouche vivraient la vie corse dans une solitude romantique.

C'était au col de Bavella, au-dessus de Sartène, d'où l'on dominait une grande partie de l'île. Une cabane de planches, adossée à un énorme châtaignier, était leur habitation. Ils puisaient l'eau dans un ruisseau, qui leur fournissait des truites. Ils faisaient chauffer les plats sur un feu de bois, entre deux pierres. Ils grillaient les morceaux de cabri avec des branches de thym. Ils picoraient des myrtilles et des arbouses dans la montagne. Un matelas était leur lit nuptial, mais ils lui préféraient souvent un tapis de mousse. Un berger, le fusil en bandoulière, les ravitaillait. Le Notaire, lui non plus, ne circulait jamais sans fusil.

Ce berger avait d'abord eu pour Manouche un coup d'œil si noir qu'elle en fit la remarque.

— C'est parce que tu es en pantalon, dit le Notaire. Il a cru que tu étais un homme. Les pédés sont mal vus dans le peuple.

Il raconta le quiproquo dont un riche paysan avait été le jouet avec un travesti de Montmartre, venu chanter dans une boîte d'Ajaccio. Ce paysan, qui découvrait en sa personne la féminité parisienne, lui offrait chaque soir le champagne et même des bijoux. Le garçon faisait durer le plaisir pour amuser ceux qui étaient dans le secret. Mais le paysan, enfin instruit, arriva, un beau soir, le fusil braqué, et tira sur l'objet de sa flamme, qui reçut une balle au travers de la perruque. On eût de la peine à le désarmer et

162

l'on conseilla au jeune homme de prendre le plus prochain bateau.

Manouche passa trois mois au col de Bavella. Il lui semblait rajeunir dans cette aventure. Ce qui la rajeunissait aussi, c'était de ne rien savoir de ce que faisait son nouvel amant. Que lui importait, puisqu'il faisait très bien l'amour ?

10

A peine François fut-il à Paris, qu'il disparut subitement. Manouche patienta. Il revint au bout d'une semaine, sans autres explications, et elle ne lui en demanda pas. Ils unissaient leurs moyens d'existence, mais la contribution de Manouche était la principale.

Elle estima qu'elle devait se mettre à travailler. On lui signala un bar à vendre, — l'Atomic, — près de chez elle, rue Chambiges. Elle décida de le transformer et d'y adjoindre un restaurant. Son diamant de quatorze carats en fit les frais. Nanette tiendrait le vestiaire. Jean-Paul fut confié à une nurse. Tout s'annonçait sous les meilleurs auspices.

Le Chambiges, — « Chez Manouche », — devint rapidement à la mode, grâce à elle, à un excellent cuisinier et à Bébert, le barman. Ce jeune Basque, doué du génie de la mimique, improvisait des numéros dignes d'Odett', et Manouche chantait parfois des airs corses. Elle conservait la gaieté qui avait toujours fait son succès, mais elle la trouvait maintenant un peu amère, puisque c'était un moyen de gagner sa vie. Avec ce restaurant, elle remontait, en quelque sorte, vers ses origines. Tout en flanquant des bourrades à ceux qui lui plaisaient, elle commençait d'être insolente avec ceux qui lui déplaisaient. Elle fut d'autant mieux encouragée à persévérer que certains aiment à être battus. Parmi ses fidèles, figuraient les plus maltraités.

Mistinguett, qui la patronnait, et Arletty, qui en avait terminé avec ses ennuis de la libération, avaient pendu la crémaillère. Les éclats de rire de l'une, les mots d'esprit de l'autre, faisaient écho à ceux de Manouche. François Dupré, le propriétaire du George V et du Plaza, qui avait connu Arletty à Fresnes, lui offrait une hospitalité plus confortable et lui tenait souvent compagnie rue Chambiges. Il avait sauvé de l'épuration, non seulement ses hôtels, mais son écurie de courses.

La petite Plumeau, fille naturelle d'un auteur dramatique, était l'amie d'un duc, qu'elle amenait chez Manouche. Ce grand seigneur, séparé de sa femme, se ruinait doucement avec deux ou trois créatures. La mère de la petite Plumeau lui servait de gouvernante, sans être capable de gouverner une jeune droguée, Anne-Marie, qu'il espérait guérir et dont Manouche ramassait les seringues sous les banquettes du restaurant. Vêtue de blouses transparentes, sans soutien-gorge, Anne-Marie disait au duc, d'une voix hallucinée :

— Robert, caresse mes petits roberts.

Et le duc répondait :

— Ce sont des poissons rouges dans un bocal d'opaline.

Il voulut la mettre au vert, en compagnie de Manouche. Ils partirent pour son château de Bretagne, mais Anne-Marie se cloîtra dans sa chambre, tous volets clos, non sans avoir jeté par les fenêtres les portraits d'ancêtres, qui lui causaient des insomnies. Et l'on s'en retourna, après que le duc eut vendu une ferme de plus pour continuer à manger chez Manouche. Bientôt, il ne resta que la petite Plumeau pour le distraire : Anne-Marie était morte.

Porfirio Rubirosa, autre client assidu, évoquait avec Manouche le temps où elle était attachée de presse du Honduras sur la côte d'Azur. Divorcé de Danielle Darrieux, il avait épousé Barbara Hutton. Sa femme ne l'embarrassait guère et il était le mari de toutes les autres. Son humeur priapique répondait aux avantages exceptionnels qu'ils avait reçus de la nature. Manouche put en juger, un soir qu'il la renversa sur une banquette, après la fermeture, en l'absence du Notaire. Elle dut avouer que la République dominicaine ne le cédait en rien à la Corse. Cet hommage l'avait flattée, mais elle déchanta, quand Porfirio culbuta la plongeuse.

Il n'était pas le seul à profiter de l'heure de la

fermeture. Une amie de Manouche, qui portait des chapeaux à aigrette, se déchaînait avec son amant et Manouche riait, près de Bébert ou de François, en voyant cette aigrette onduler, frétiller, tantôt au ras de la table, si la dame s'était penchée, tantôt sur la banquette, si elle y chevauchait.

En contrepartie de ces licences, la propriétaire ne se gênait pas pour interrompre les innocents bécotages d'un couple non agréé.

— L'hôtel est en face, criait-elle.

11

Le barreau qui fréquentait chez Manouche, avait des mœurs plus correctes. Elle était heureuse de revoir Me Henry Torrès, qui avait gagné jadis le procès de *Gringoire* contre Bonny, et qui venait avec son jeune collaborateur, Me Jean-Baptiste Biaggi. Ils avaient des raisons de l'intéresser, au moins indirectement : ils étaient les courageux avocats de la bande des Corses.

Manouche était émerveillée d'apprendre que l'on découvrait à la plupart de brillants certificats de résistance. Cependant, leurs défenseurs ajoutaient que l'on pesait tous ces témoignages, pour éviter le risque auquel n'avait su échapper un membre de la bande : il avait produit

166

un document attestant sa participation à un exploit des F.F.I., tel jour, à Marseille, et, le même jour, il était sous les verrous.

Me René Floriot, qui avait été le défenseur non moins courageux de Lafont, et Me Jacques Isorni, qui s'était illustré en défendant Brasillach et le maréchal Pétain, échangeaient au Chambiges leurs impressions. Me Marcel Ceccaldi y prenait rendez-vous avec ses clients. Du reste, c'était un lieu tout indiqué pour d'utiles rencontres, puisque les gens du monde, les grands industriels et les grands artistes compromis dans la collaboration, aimaient à s'y retrouver.

Cependant, la justice, après la période de sévérité excessive que lui donnaient ses complexes de culpabilité (deux magistrats seulement avaient refusé de prêter serment à Pétain), tendait à plus de sérénité et d'équité. Elle osait juger même les excès du parti vainqueur. Me Floriot, qui avait subi plus d'une fois les menaces des communistes pour les causes difficiles qu'il avait plaidées en faveur de la collaboration, plaidait aujourd'hui aussi méritoirement en faveur de la résistance. Il disait qu'il avait « défendu les collaborateurs trop tôt et les résistants trop tard ».

Parmi les quelques magistrats du Chambiges, le président X était le plus pittoresque. Son humeur facétieuse et rabelaisienne tenait du père de Manouche, plutôt qu'elle ne représentait la gravité de la judicature. Une fois, à Nantes, où il dînait avec des amis dans un restaurant, il s'était étonné de voir un rideau tendu au milieu de la salle : de l'autre côté, allait se célébrer une noce. La noce arrivée, le président et ses amis soulèvent le rideau en chantant une chanson à boire, se mêlent à la noce, enivrent tout le monde et, tandis qu'un des amis entraîne le mari au bordel, le président use du droit de cuissage avec la mariée. Une autre fois, il avait été surpris en flagrant délit d'adultère avec la femme d'un de ses collègues. Sa maîtresse avait d'étranges réactions, après avoir bu : elle se déshabillait pièce à pièce, comme une stripteaseuse. Manouche, Nanette, le Notaire, le président, faisaient tous leurs efforts pour l'en empêcher, lui remettaient son corsage, son slip, son soutien-gorge, ses bas, rattrapaient sa jupe avant qu'elle l'eût baissée. Dans un restaurant où elle avait réussi à se mettre nue, le patron, la croyant folle, avait appelé police-secours et le président avait été emmené au poste. Elle lui faisait des scènes à domicile et lançait dans la rue sa toque de magistrat. Il fut convoqué par le garde des sceaux, qui lui reprocha la conduite de sa maîtresse. Il protesta des droits de la vie privée, mais on craignait sa mise à la retraite anticipée.

Ce magistrat courtelinesque faisait contraste avec l'avocat général Raymond Lindon, que Manouche avait vu à Sainte-Maxime comme intendant des armées battues. S'il s'était montré implacable dans les procès d'épuration et avait notamment envoyé au poteau Jean Luchaire,

du moins avait-il trop d'esprit pour prononcer de ces mots qui déshonorèrent certains magistrats. Lorsque Jean-Hérold Paquis eut été condamné à mort, il déclara n'avoir jamais accepté d'argent des Allemands et l'un des juges répliqua, indigné : « C'est encore plus grave! »

Une affaire qui fut étouffée, concernait un réseau de résistance lesbien. Trois femmes du monde en avaient dénoncé deux autres par jalousie. Mais les trois dénonciatrices étaient maintenant avec l'armée française qui occupait l'Autriche. On ne les fit pas comparaître, malgré les plaintes de leurs victimes, rescapées de Buchenwald.

Le procès du colonel Knochen à Paris fut une comédie judiciaire en ce qui concernait X.Y. L'ancien chef de la Gestapo avait relevé, dans son interrogatoire, les précieux renseignements d'ordre économique transmis par le grand industriel, — résultat des « plans de table ». Allait-on arrêter X.Y., comme on avait arrêté les administrateurs de tant de sociétés, qui avaient travaillé par force pour les Allemands et qui ne leur avaient pas communiqué d'informations par-dessus le marché? La presse d'extrême-gauche guettait sa proie. Elle avait obtenu Louis Renault, qui était mort des mauvais traitements subis en prison. Les déclarations de Knochen avaient été faites aux policiers qui l'avaient interrogé dans sa cellule du Cherche-Midi. Le juge d'instruction, ayant médité sur ce texte, demanda d'abord au colonel si X.Y. avait eu un numéro comme agent de ses services, une carte de

« V. Mann » de la sixième section. Knochen, aba-
sourdi, répondit que non.

« Deuxième question, dit le juge : X.Y. émar-
geait-il chez vous pour les renseignements qu'il
était censé vous procurer? Et quelle somme lui
était allouée? » Le chef de la Gestapo répondit
que X.Y. n'avait jamais émargé.

L'instruction était terminée. Le lendemain,
l'avocat de l'industriel pouvait écrire au directeur général de la sûreté nationale une lettre magnifique :

« J'ai appris qu'un certain colonel Knochen,
sans doute pour retarder l'heure du châtiment,
avait lancé des accusations fantaisistes contre
mon client, accusations que la police crut bon
de recueillir; mais, interrogé par un magistrat,
il s'est immédiatement rétracté. »

L'affaire fut close. *L'Humanité* tenta en vain
de la rouvrir. X.Y. dînait chez Maxim's avec le
général Marshall.

12

Depuis quelque temps, le Notaire semblait
inquiet. Avant de sortir, il vérifiait s'il avait bien
son revolver dans la poche intérieure de son
veston, — un revolver à poignée de nacre. Jo
Renucci était venu conférer plusieurs fois avec

lui. Manouche finit par s'intriguer de ces mystères. On allégua que c'étaient des histoires corses, sans intérêt pour elle. Un jour, le Notaire ne rentra pas pour déjeuner et, dans l'après-midi, il téléphona à Manouche pour savoir s'il n'y avait personne de suspect, aucune voiture en stationnement, aux environs du Chambiges ou de leur domicile. Elle le rassura, mais il ne revint pas. Trois jours plus tard, il l'invita à dîner rue de Maubeuge, chez un vieux Corse, Cece. Elle lui apporta du caviar, un poulet froid, du champagne. Cece les avait laissés seuls et ils eurent de longs moments d'amour, dans cette retraite, qui leur rappelait leur séjour à Bavella.

Quand il fut réinstallé au logis, François reçut trois autres Corses, connus pour être des durs : Ange Salicetti, dit le Saint, caïd de Pigalle, Paulo Leca, caïd de Marseille, célèbre pour l'attaque du « train de l'or » à la veille de la guerre, et Antoine Paolini, dit Planche, caïd d'Ajaccio, chef d'une flottille de contrebande. Plus l'atmosphère s'alourdissait, plus Manouche affectait de chanter et de rire. Cela lui semblait un devoir envers quelqu'un, qui la tenait si obstinément à l'écart de ses soucis.

Un soir, dans l'escalier du Drap d'Or, boîte voisine des Champs-Elysées, le Notaire la prit brusquement par la main pour l'allonger près de lui sur une marche : quatre balles passèrent au-dessus de leurs têtes. Les tireurs s'étaient éclipsés.

— Les salauds! les lâches! dit le Notaire. Ils

tirent sur moi par surprise et ils oseraient pas m'attaquer en face.

— Tu me donnes des émotions, lui dit Manouche.

— Quand on aime un truand, c'est qu'on aime les émotions, dit-il.

Des Corses aux allures bizarres, dont certains avaient des tatouages autour des yeux, se présentaient au restaurant et inquiétaient la clientèle. Ces visites, aussi bien que les appréhensions du Notaire, n'étaient pas ralenties par le fait que le Chambiges était tout proche du commissariat de police, situé rue Clément-Marot. Le commissaire s'arrêtait parfois pour prendre l'apéritif avec Manouche. Elle conseilla au Notaire de recevoir les truands chez elle plutôt que dans ce lieu public. Cela leur fit connaître l'immeuble.

Une fin d'après-midi, en sortant de son appartement, elle tomba sur l'un d'eux, Bibi-le-Dingue, qui faisait le guet dans l'escalier. Il lui avoua qu'un autre, Dédé-la-Mèche-blanche, était en train de faire un casse. La bourgeoisie qu'était Manouche, eut un sursaut : Carbone ne l'avait pas habituée à de telles pratiques. Mais enfin, puisqu'elle était devenue corse par le cœur, elle devait l'être aussi par la loi du silence. Un moment après, les deux truands arrivèrent au bar du Chambiges. Manouche s'enquit du résultat de l'opération.

— Oh! fit Dédé-la-Mèche-blanche, deux cents sacs, une misère.

172

— Ne nous plaignons pas, dit Bibi-le-Dingue. Pour vingt minutes de travail!

Ils étaient encore là, quand arriva, affolée, Mme Bugatti, la veuve du constructeur d'automobiles, qui habitait au-dessus de chez Manouche.

— Ma chère, cria-t-elle, on vient de me cambrioler. Je vais au commissariat, mais je m'arrête d'abord chez vous pour avaler un Fernet-Branca.

Elle s'effondra derrière une table; ses deux voleurs, assis au bar, lui offraient des dos impénétrables.

— Ces voleurs vous ont pris beaucoup d'argent? dit Manouche, en lui versant un ras de bord réconfortant.

— C'étaient heureusement des imbéciles, dit Mme Bugatti. Ils ont chipé deux cents billets qui traînaient dans un tiroir, mais ils ont négligé mes visons et n'ont trouvé ni mes bijoux ni les huit millions qui sont la paye de mes ouvriers pour demain.

Manouche vit frissonner les deux truands. Ils se consultaient sans doute pour courir chez leur victime, pendant qu'elle irait au commissariat.

— J'espère que votre appartement est bien refermé, lui dit Manouche.

— Soyez tranquille : il y a le concierge avec mes domestiques et le serrurier est en chemin.

Cette histoire amusa beaucoup le Notaire, mais Manouche lui interdit de recevoir désormais des compatriotes de cette espèce ni chez elle ni rue Chambiges.

Elle avait l'intention d'aller à Deauville pour la Pentecôte et peut-être d'y séjourner un ou deux mois : on lui proposait la gérance d'un bar-restaurant, place Morny. Jean-Paul respirerait l'air de la mer. Le Notaire dirigerait seul le restaurant de Paris. Manouche le suppliait de ne pas s'encombrer de malandrins.

Son dîner, vers sept heures, précédait l'arrivée des clients. La veille de son départ pour Deauville, elle était en train de savourer une potée aux choux, tandis que le Notaire bavardait avec Nanette près de la caisse, que le maître d'hôtel rêvait, accoudé à la crédence, que le second barman rangeait ses bouteilles, que Bébert, pour amuser la patronne, faisait une des ses mimiques devant le rideau de la porte. Soudain, elle vit flotter légèrement ce rideau, comme si l'on entrait en tapinois. Deux bras immobilisent Bébert et, sous les siens, deux parabellums lâchent deux rafales. François s'écroule. Il a le réflexe de tirer son revolver et de presser sur la détente : la balle frappe le plafond. On entend des pas qui s'enfuient, un moteur qui démarre. Nanette, qu'une balle avait touchée à la cuisse, remonte de la cave où elle s'était précipitée. Le second barman, qui avait plongé la tête dans la poubelle, reparaît, couvert de détritus. Le maître d'hôtel, qui était resté pétrifié, aperçoit un filet de sang le long de sa veste blanche et s'évanouit. Bébert, revenu de sa terreur, lave le visage du Notaire, qui a été atteint au front et à la poitrine. Manouche, éperdue, embrasse son amant. Il murmure :

— Prends mon revolver et planque-le, avec ce qui est dans mon tiroir fermé à clé.

Bébert arrête une voiture pour conduire les trois blessés à l'hôpital Marmottan, sans se soucier du commissariat. Le Notaire a encore la force de dire à Manouche :

— Tu as rien vu.

Il mourut, en arrivant à l'hôpital.

Manouche, le revolver enveloppé dans une serviette, remonta chez elle. En dissimulant ses larmes à son fils, elle ouvrit, avec les clés du Notaire, un tiroir dont elle avait ignoré le contenu. Elle empila dans un cabas des pièces d'or, des boîtes, des sachets, des tubes, deux autres revolvers, de faux papiers d'identité. Puis, elle descendit par l'escalier de service, changea trois fois de taxi, et sonna enfin chez un Corse, ami de François, qui habitait à la Nation. Il garda en dépôt les pièces d'or et jeta le reste dans une bouche d'égout.

13

C'était le deuxième deuil corse de Manouche. Elle avait aimé le Notaire, comme elle avait aimé

Carbone. Il n'y eut pas de perquisition chez elle, mais, à la police judiciaire, on l'interrogea pendant un jour entier. Ne soupçonnait-elle personne? Elle dit que François n'avait que des amis. On lui montra les photographies des tireurs de diverses bandes. Elle déclara ne les avoir jamais vus. Pour contrôler sa véracité, on la faisait parler sous la lumière d'un projecteur. Cependant, si l'on cherchait à extraire d'elle quelque chose pour identifier les meurtriers, on lui marquait certains égards : elle n'était pas une poule. La reconstitution du crime au restaurant fut une autre scène douloureuse. A l'hôpital, elle aperçut, pour la dernière fois, le cadavre du Notaire, qui était dans une armoire frigorifique.

Elle n'ordonna pas d'enterrement, parce que, lorsqu'il y avait eu un meurtre chez les Corses, c'était une réunion qui prêtait souvent à de nombreux meurtres. Le Notaire lui avait dit qu'une vendetta, dans laquelle était engagé Ange Salicetti, avait moissonné plusieurs victimes dans des enterrements. C'est au retour d'un enterrement que deux bandes s'étaient mitraillées dans le passage souterrain de la porte Champerret et il y avait eu trois morts. Manouche fit donner une simple absoute sur le cercueil, puis elle l'expédia vers la Corse.

Elle avait fermé son restaurant de Paris et ne songeait plus à celui de Deauville, mais elle voulait prouver qu'elle ne se laissait pas intimider par le destin. Pour distraire Jean-Paul, qui, à cinq ans, avait deviné la détresse de sa mère, pour consoler Nanette de sa blessure et Bébert de son émotion, enfin, pour oublier elle-même ces tristes journées, elle décida néanmoins d'aller avec eux à Deauville.

Elle prit des chambres au Normandy. Les magazines publièrent non sans scandale pour les Corses, la photographie de « Mme Carbone », « Mme Luchinacci », très élégante, en manteau de panthère, au bar du Soleil. Le comte du Bois-rouvray l'invita au gala des Ambassadeurs, où elle brilla avec les Windsor et les Rubirosa. Elle rentra au Normandy complètement ivre et, dans le couloir de son étage, heurta un homme chenu qu'elle croyait connaître. Il la suivit dans sa chambre. Elle se rendit à peine compte de ce qui lui arrivait. Quand elle se réveilla dans son lit solitaire, elle sentit un objet qui lui faisait mal entre les fesses : c'était le râtelier du galant.

Jean-Paul, que Bébert et Nanette promenaient sur les planches, y fut abordé par un Corse, que la présence de Manouche à Deauville ne semblait pas choquer.

— C'est toi? c'est toi, le petit de Paul? dit-il, en l'étreignant. Je suis Pascal Grisoni, rapatrié d'Indochine, et j'étais un ami de ton père.

Il avait les larmes aux yeux :

— Je vais t'acheter des jouets.

Ils pénétrèrent dans un magasin.

— De quoi tu as envie? demanda le Corse à l'enfant.

— De tout, répondit Jean-Paul.

— Eh bien, dit Grisoni à la marchande, vous ferez livrer tous les jouets à Mme Germain-Carbone, au Normandy.

Eberluée, Manouche vit arriver une montagne de trains électriques, de meccanos, de poupées, de jeux de toutes sortes, que Jean-Paul revendit sur la plage. C'était le cadeau satrapique de cet ami de Carbone, qui avait dirigé pendant trente ans une chaîne de bordels à Saigon.

Manouche rouvrit bientôt le Chambiges, mais les clients furent rares. Le meurtre avait été abondamment commenté dans la presse. Les femmes s'imaginaient que des Corses allaient leur voler leurs bijoux. Finalement, c'est surtout eux qui reparaissaient. Manouche se demandait si, de ce nombre, était le meurtrier de François. Au moins, apprit-elle de Jo Renucci l'origine lointaine de l'assassinat, car le Notaire ne lui avait même pas dit pour quel motif ils avaient essuyé des coups de feu au Drap d'Or.

François avait, dans sa jeunesse, enlevé, à Bastia, une fille de bordel. C'était un crime inexpiable pour des gens du milieu. Au cours d'une rixe qui en fut la conséquence, le tôlier avait été blessé et un cousin du Notaire tué. Cela engendra une vendetta d'honneur, impliquant la famille du tôlier et celle du Notaire. De ramification en ramification, on en était aujourd'hui, avec François, à la vingt-septième victime.

— Il faut espérer que ce sera la dernière, dit Manouche. Vous êtes drôles, vous autres Corses, avec vos vendettas d'honneur. Si jamais je redeviens amoureuse de l'un de vous, je lui ferai jurer qu'il n'a pas de vendetta d'honneur.

— Il est peu probable qu'il te l'avoue, dit Jo. Ceux qui doivent buter ou qui risquent d'être butés, sont seuls au courant. Ils en parlent à personne. En principe, une vendetta d'honneur devrait se régler avec un couteau spécial, qui s'appelle justement une vendetta : il est pas à cran d'arrêt, mais il a une lame très mince, qui fait une blessure sans miséricorde.

Comprenant qu'il fallait mettre la clé sous la porte, au moins provisoirement, Manouche accepta l'hospitalité que lui offrait un industriel, amant d'une de ses clientes, dans un château de Seine-et-Oise. Manouche avait amené Jean-Paul. L'industriel se mettait à table déjà ivre et finissait les repas en glissant sous la table. Les valets, vêtus à la française, le relevaient cérémonieusement. Il prétendait que sa maîtresse l'empêchait de boire et il envoyait Jean-Paul à la recherche de bouteilles qu'il avait dissimulées dans les massifs du parc.

Il tirait des coups de revolver par la fenêtre pour repousser les Allemands, les Russes, les Chinois, les Malgaches. Heureusement que ces crises n'éclataient que la nuit; mais la maîtresse se barricadait alors chez Manouche. Il l'y poursuivit une fois, hurlant des injures contre les deux femmes et menaçant de les tuer. Elles avaient poussé une armoire contre la porte et appelaient au secours. Le furieux brisa tout et s'avança avec son revolver. Manouche, intrépide, fit tomber l'arme d'un coup de poing, auquel il répondit par un autre en plein visage, si fort qu'il lui cassa deux dents. Le vacarme avait réveillé la maison. Les domestiques reconduisirent l'industriel dans sa chambre. Le lendemain, il envoya à Manouche une rose du parc, à laquelle il avait épinglé un chèque d'un million.

14

Le revolver jouait un rôle dans la vie de Manouche, même pour faire rire. Yves Montand, quand il venait dîner au Chambiges, entrait avec violence, le chapeau enfoncé, braquant deux pistolets à eau et criant : « Haut les mains! » Les clientes qui commençaient à tourner de l'œil, ressuscitaient, au bruit d'une fanfare qui arrivait sur ses talons. La plaisanterie n'était pas de très bon goût, mais Manouche avait de l'indulgence pour un artiste qu'elle avait apprécié chez Mme B., dans le sillage de Piaf. Elle eut avec lui un flirt passager, à cette époque lointaine où Simone Signoret, maintenant sa femme, était au secrétariat de Jean Luchaire.

Manouche reçut une lettre de Didi le Portoricain, écrite de Fresnes. Il avait su, à retardement, la mort de Luchinacci et lui faisait ses condoléances. Il ajoutait qu'il n'avait pas oublié son hospitalité et qu'il espérait être libéré bientôt. En attendant, il serait heureux d'avoir sa visite. Cette idée la séduisit. Il y avait toujours eu, entre Didi et elle, un désir furtif, que les circonstances les avaient empêchés de satisfaire. En tout cas, elle se sentait prête à le réconforter pour avoir elle-même un réconfort.

Me Biaggi lui procura un permis de visite, bien qu'elle ne fût ni l'épouse ni une parente du détenu.

Didi était à l'infirmerie, grâce à un certificat du très humain docteur Paul, médecin légiste. Il avait pour compagnon de chambre l'amiral de Laborde, qui eut la discrétion d'aller dans le couloir. La porte restait entrebâillée, mais Didi n'hésita pas à jeter sa visiteuse sur son lit, avec toute l'ardeur d'un homme qui souffrait seulement d'une longue réclusion. Comme elle souffrait d'une longue abstinence, elle fit craquer avec plaisir les ressorts du sommier, en espérant que l'amiral n'écoutait pas.

A partir de ce jour, elle envoya des colis et retourna à Fresnes, aussi souvent qu'elle y était autorisée. Elle admirait l'habileté de Didi, qui réussit à occuper l'infirmerie pendant deux mois, avec trois amiraux différents. Il dut enfin céder sa place.

Au parloir, on se bornait aux conversations. Depuis cinq ans qu'il était là, Didi avait été le témoin de bien des choses. Le hasard avait fait de lui le seul détenu à voir passer Laval, qu'on allait fusiller. En effet, quand un prisonnier était conduit au poteau d'exécution, les gardiens refoulaient les autres dans les cellules et fermaient l'œilleton de chaque porte. Laval s'étant empoisonné, les praticiens lui incisèrent la plante des pieds pour constater, par l'effusion ou la non-effusion du sang, s'il vivait encore. Le sang coula et l'on rédigea le fameux bulletin qui donna le barbare courage de l'exécuter : « Laval est hors de danger. » On lui remit ses chaussons; soutenu par son avocat, il marcha dans le couloir. Le sang coulait de ses pieds. Derrière lui, un gardien en effaçait les traces, au fur et à mesure, avec une éponge. Un moment après, on entendit la salve du peloton. De peur que l'ancien président du conseil n'expirât avant d'arriver au lieu prévu, on l'avait fusillé sous les murs de Fresnes.

A côté de ces détails historiques, Manouche apprenait par quel mécanisme des prisonniers tels que Didi parvenaient à se blanchir. Il fallait, non seulement se procurer des certificats de résistance pour réfuter les preuves de collaboration, mais faire disparaître les plaintes relevant du droit commun. Les Corses s'employaient pour leurs compatriotes dans l'infortune, d'une manière peut-être plus efficace que leurs avocats. Ils allaient trouver les témoins qui, sur photographie, avaient reconnu un membre de la bande, et ils les engageaient, pour la tranquillité de leurs jours, à ne pas le reconnaître à l'audience. Cela provoquait des séances comiques : le juge pressait le témoin de dire la vérité, toute la vérité, et le témoin jurait avoir commis une erreur, dont il s'excusait envers la justice. On en concluait que les auteurs de ces abominations étaient tous réfugiés en Espagne.

Restaient les inculpations d'intelligences avec l'ennemi. Même si l'on avait eu des papiers allemands, le cas n'était pas désespéré : Didi en était bien l'exemple. Les excès de la libération, où plus de cent mille personnes avaient été exécutées après des jugements sommaires, incitaient des résistants généreux à sauver des collaborateurs et même des hommes de la Gestapache. Henri d'Astier de la Vigerie, compagnon de la Libération, ancien membre du « comité des cinq », qui avait préparé le débarquement des alliés en Afrique du nord, s'honora de rendre de pareils services. Le député guyannais Damas, membre de la haute cour, fit acquitter le secrétaire général à la police. Louis Pansard, personnage éminent du Grand-Orient, qui était joaillier et qui, avant la guerre, avait été en relations avec la princesse Tchernitcheff, déposa que ses bijoux étaient à elle. On pouvait être résistant, franc-maçon et galant homme.

15

Le docteur Paul décela chez Didi « un amaigrissement considérable, avec fonte du panicule adipeux » — suite de ses excès à l'infirmerie, —

et « quelques râles de bronchite », qui « justifiaient sa mise en liberté pour terminer sa convalescence dans une formation médicale libre ».

Les grilles de Fresnes s'ouvrirent devant lui et Manouche le casa « dans une formation médicale libre », c'est-à-dire chez elle.

Il prit possession de l'appartement en maître, changea l'arrangement des meubles, réforma le menu, chapitra la bonne et la nurse, mais, quand il prétendit mettre Jean-Paul en pension, Manouche protesta. Il remarqua l'absence de tableaux qu'il avait vus square Malherbe et demanda à quoi en avait été utilisé l'argent. Elle n'entendait pas se laisser mener par le bout du nez, mais avait toujours eu un certain goût pour les manières fortes.

Mistinguett, qui faisait faire des travaux boulevard des Capucines, habita une semaine chez Manouche, pour ne pas se cloîtrer à Bougival. Intéressée par les amours des autres, elle était curieuse du nouveau seigneur corse de qui dépendrait son filleul. Jean-Paul avait tout de suite manifesté de l'antipathie à ce dernier, comme si c'était un intrus, mais il raffolait de sa marraine, bien qu'elle ne lui donnât jamais rien. Manouche ne disait pas à la grande artiste qu'il la prenait pour un clown. La première nuit qu'elle passa avenue Montaigne, dans la belle chambre qu'on lui avait préparée, elle s'était fait des bigoudis avec du papier hygiénique, suivant son habitude. Jean-Paul, le lendemain matin, accourut pour l'embrasser; mais, à l'aspect de ses bigoudis, de ses peaux tombantes, de ses bras décharnés, il cria de peur et détala : le clown était devenu un croquemitaine.

Lors de la réouverture du restaurant, Arletty et Mistinguett se prodiguèrent avec la même gentillesse que pour l'ouverture. En dépit de ces « têtes d'affiche », Manouche constata qu'il était encore trop tôt pour rameuter la clientèle. Didi, de son côté, s'estimait fait pour autre chose que la surveillance des marmites. Un vieux couple lyonnais, enrichi dans la mercerie, et fidèle client du Chambiges, confia à Manouche avoir déposé dix millions dans une banque de Tanger par crainte du communisme. Ces dix millions excitaient Didi le Portoricain et il suggérait d'aller tenter la chance à Tanger. Le vieux couple, désireux de faire fructifier ses écus, était prêt à les mettre entre les mains de Manouche pour l'achat d'un bar. Avec cette procuration, on pouvait baisser le rideau et, avant de le lever ailleurs, s'accorder quelques vacances.

Georges Lemaistre, l'ancien patron du Sphinx, qui craignait toujours, lui aussi, le communisme, avait transféré sa fortune au Maroc. Il était en train de la perdre dans une entreprise de briqueterie à Agadir. Sa femme, Martoune, était restée en France pour faire une cure et Manouche avait promis de lui tenir compagnie. L'une péchait par l'amour excessif du champagne, l'autre par celui du whisky : Manouche qui, jusqu'à trente ans, n'avait jamais absorbé une goutte d'alcool, se rattrapait maintenant au scotch. Odett' voulant, pour son compte, soigner ses rhumatismes, les persuada de choisir une petite ville du Cantal, Chaudes-Aigues, dont le privilège est de posséder les eaux thermales de la plus haute température.

Ils partirent en deux carrosses. Martoune, ayant Bentley et chauffeur, s'était chargée de Manouche et de Didi; Odett' et un danseur, de plusieurs caisses de champagne et d'une caisse de whisky, pour complément de cure. Leur arrivée à Chaudes-Aigues fit sensation. Les dames qui tricotaient à l'ombre des sapins, l'arroseur municipal, le garde champêtre, furent médusés.

Le directeur de l'hôtel accueillit ces clients de luxe en jouant, au piano du salon, le ballet de *Coppélia*. Le chauffeur servit du whisky et du champagne. Le médecin de l'établissement, petit bonhomme à barbiche, demanda aux dames de quoi elles souffraient.

— Madame, dit Odett' en montrant Manouche, souffre d'avoir un trop gros cul.

— Pas du tout! s'écria-t-elle, j'en suis très fière et mes maris en sont très contents.

Le directeur et le médecin riaient d'un air gêné : ils avaient affaire à des clients d'un nouveau genre.

— Mesdames, continua le médecin après avoir écouté leurs explications plus sérieuses, avez-vous le bas en bon état?

— Le bas? répéta Martoune.

— Oui, dit Manouche qui savait le sens de ce

186

mot pudique, employé jadis par sa mère : nous avons des chattes solides, docteur.

— Bien, dit-il. Cependant, par conscience professionnelle, je dois vous examiner le bas pour être certain que vous puissiez supporter le traitement.

— Examinez-le tout de suite, dit Manouche.

Martoune et elle de s'asseoir dans un fauteuil, les jambes en l'air, tandis qu'Odett', Didi et le danseur s'écartaient et que retentissait au piano la marche d'*Aïda*.

— Voulez-vous avoir des enfants? dit le médecin. Je vous pose cette question, car l'extrême chaleur des eaux facilite la grossesse.

— Cela intéresse monsieur, dit Manouche en désignant Odett', car il aimerait faire un enfant à monsieur, ajouta-t-elle en désignant le danseur.

— Occupe-toi de ton oignon, répliqua Odett'.

Quand le médecin offrit aux dames deux appareils grillagés, en forme de godemichés, un fou rire inextinguible les saisit.

— Vivent les petits trous pas chers! dit Martoune.

— Ce sont des instruments de cure, reprit le médecin gravement. Je vous en apporte de neufs. Mais on peut en louer. En entrant aux bains de vapeur, vous vous les introduirez dans le bas.

— Nous en achèterons pour ceux de nos amis qui ne peuvent faire la cure, dit Odett'.

Voilà donc les deux dames, tous les après-midi,

chacune dans une cabine, un drap sur les épaules et le bas bouché. Odett', d'une autre cabine, lançait des réflexions qui les époumonaient de rire, mais qui devaient rendre perplexes les baigneuses collet-monté.

La cure n'empêchait pas les cinq amis de faire des excursions, et surtout, comme disait Manouche, de « bien bouffer ».

Le médecin les avait engagés à visiter, en Corrèze, la localité de Sarrans, submergée par un lac artificiel qui laisse pointer le clocher. Dans les environs, s'élève un monastère, célèbre par son cloître, et transformé en asile d'enfants inadaptés. Il est tenu par les religieuses dominicaines de Notre-Dame-de-la-Compassion.

La première étape fut un restaurant d'Espalion, où l'on se bourra de homard à l'américaine. Le champagne faisait partie de toutes les promenades, à plus forte raison lorsqu'elles étaient gastronomiques. Un peu éméchés, les hôtes de Chaudes-Aigues roulèrent vers le lac et, de là, vers le couvent.

Un groupe de gentilles naines leur ouvrit la porte. Dans l'euphorie où ils étaient, la pitié avait moins de prise sur eux que l'alacrité. Les naines, les voyant rire, rirent aussi et ce fut en joyeux cortège qu'on aborda la mère supérieure. Elle leur conta l'histoire de la maison. Elle parlait de tous ces enfants, dont on ne laissait voir que les plus normaux, avec une tendresse touchante. Elle guida les visiteurs à travers le cloître, puis, dans l'établissement, pour en montrer le confort. Manouche s'arrêta devant une porte où était percé un judas, et fut effarée de ce qu'elle aperçut : un garçon à tête porcine mangeait dans une auge d'or. La supérieure déclara que c'était un fils de grande famille. Ce spectacle avait serré le cœur aux assistants. La lingerie leur rendit leur gaieté : des filles étaient en train de repasser, les unes en cadence, les autres avec des gesticulations. Les visiteurs s'excusèrent d'une bonne humeur qui semblait indécente, mais qui était sans malice. La supérieure les remercia de leur généreuse obole, et les abandonna à l'entrée de la chapelle, où, dit Manouche, ils voulaient faire une petite prière.

— En roupillant un peu, ajouta Didi à demi-voix.

Une fille, sur un banc, égrenait un chapelet de marrons d'Inde, et, de temps en temps, s'en frappait le dos; une autre lavait les dalles avec une serpillière sèche, qu'elle trempait dans un seau sans eau; un petit garçon, les deux mains devant ses yeux, remuait la tête, comme s'il lisait un livre invisible. Soudain, Martoune donna des signes d'inquiétude.

— Le homard, dit-elle, le champagne, la cure, les naines, les bonnes sœurs, tout ça me gargouille.

Elle eut un cri.

— Ça y est! je peux plus me retenir.

Elle galopa vers la sortie, les deux mains sur le ventre, mais n'arriva pas à temps au port du salut...

L'ancienne patronne du Sphinx ne s'était pas doutée qu'elle regagnerait Chaudes-Aigues après s'être assise sur le bidet en émail de la mère supérieure de Notre-Dame-de-la-Compassion et caparaçonnée dans un jupon raide d'empois.

QUATRIÈME PARTIE

1

Manouche et Didi débarquaient à Tanger, non seulement avec la procuration du vieux couple lyonnais, mais avec quelques millions supplémentaires, prêtés par l'ancienne maîtresse du général von Stülpnagel. Ses trésors cachés étaient beaucoup moins fabuleux que ceux des Szkolnikoff, car son protecteur avait eu des principes plus stricts. En joignant ces fonds aux siens propres, Manouche acheta le bar Venezia, rue Murillo, et prit un charmant appartement rue Vermeer, — Tanger honorait les peintres. Il y avait du changement de personnel : Bébert, le barman, préparait désormais ses cocktails sur une péniche du pont de Saint-Cloud; Nanette, qui avait épousé le cuisinier du Chambiges, avait gagné les Etats-Unis pour y ouvrir un restaurant. Jean-Paul eut une nurse sévillane, tout occupée à réciter des prières, et fut inscrit dans une école française.

Tanger était le centre d'innombrables trafics, grâce au statut spécial que lui avait conféré, au début du siècle, le traité d'Algésiras. Malgré des modifications successives, l'essentiel en subsistait, qui était le marché monétaire libre et l'absence de contrôle sur les importations et les exportations. Près de trois cents banques avaient un siège dans la ville. Son mont-de-piété était le plus achalandé de la Méditerranée. C'est celui où s'adressait d'abord l'Interpol, lorsque des bijoux de grande valeur avaient été volés. Juifs, Arabes et Hindous voisinaient sans difficulté; mais, des trois races, la dernière battait les deux autres dans l'art du commerce.

Peu après leur installation, Manouche et Didi assistèrent à l'enterrement d'un Hindou : sa dépouille fut brûlée au bord de la mer, sur un bûcher arrosé de parfums, et l'on mit ses cendres dans un vase pour les jeter au Gange.

Tous les plaisirs s'offraient aux amateurs. De riches Anglais, tels que David Edge, héritier d'un prince-évêque hongrois, menaient une vie de Sardanapale. Barbara Hutton, qui avait divorcé d'avec Rubirosa, festoya Manouche dans son palais hispano-mauresque. Elle se plaignait de n'avoir pas de bon coiffeur. Manouche en avait découvert un, qui était français, et elle le lui procura. L'Américaine l'attacha aussitôt à sa suite, avec son guitariste anglais, son pédicure chinois et son masseur suédois. Manouche aurait été nommée surintendante de ses divertissements, si elle était venue à Tanger pour porter les chaînes de ces riches oisifs.

Les profits du bar, doublé d'un restaurant, étaient regardés comme secondaires auprès de ceux qu'elle attendait de la contrebande des cigarettes. C'était à la fois le plus simple, l'un des plus fructueux et le plus innocent des trafics de Tanger. Toutes sortes de bateaux acheminaient ces caisses vers la Provence et l'Italie, où d'autres bateaux, auxquels elles étaient livrées en haute mer, les débarquaient clandestinement. Comme il s'agissait de cigarettes américaines, on appelait ce commerce particulier « la traite des blondes ». A Marseille, Dominique Ventura, dit Nik, en était le principal consignataire; en Corse, c'était Planche, l'ami de Luchinacci; à Pigalle, ce n'était plus le Saint, qui avait été abattu.

Jo Renucci rejoignit Manouche, pour lui proposer une association. Il était cousin de Didi et elle n'avait pas oublié son intimité avec le sous-directeur de la police judiciaire. Elle accepta. Afin de ne pas être à la merci d'armateurs équivoques, elle décida d'avoir son propre moyen de transport. Deux yachts étaient à vendre : le Sapho et l'Arren Mail. Le premier avait appartenu à la comtesse Marga d'Andurain, que Manouche avait jadis aperçue à Paris. On avait soupçonné cette célèbre aventurière d'être de l'Intelligence Service, au temps où elle avait inspiré à Pierre Benoit *la Châtelaine du Liban*. Pendant la guerre, on la croyait du deuxième bureau, parce qu'elle fréquentait chez Lafont. Son fils Jacques, alors chef des étudiants communistes, avait été un héros de la résistance. Après avoir frôlé la mort plusieurs fois, notamment dans la cité interdite de La Mecque, où elle avait été condamnée à être précipitée à la mer dans un sac plein de chats sauvages, elle avait été étranglée par son amant sur le Sapho, au retour d'une croisière à Lesbos.

Manouche préféra l'Arren Mail, qui avait un passé plus serein. La propriétaire en était une Anglaise, Doris G. qui avait épousé un marin breton, et qui se prétendait la seule femme capitaine au long cours. Manouche comptait les caisses et Doris, avec un équipage international, faisait les livraisons. Bientôt, il fallut la remplacer par un capitaine hollandais : elle était trop souvent ivre morte.

Le Venezia était vite devenu, comme le Chambiges à ses beaux jours, l'endroit à la mode. Barbara Hutton avait remplacé Mistinguett pour le lancement. Le prince Pio di Savoia, la princesse Edmondo Ruspoli, la marquise Ponce de Leon, le journaliste anglais George Greaves, l'ancien consul d'Amérique Kenneth Pendar, l'ancien secrétaire général du parti radical Edouard Pfeiffer, le colonel de Marenches, se retrouvaient chez Manouche avec l'élite marocaine, comme s'y retrouvaient les entremetteurs et les contrebandiers.

Elle avait espéré que Didi emploierait ses journées à chasser l'halbran le long du détroit, dans la Cadillac qu'elle lui avait achetée. Il se lassa

194

vite de ces plaisirs sportifs, auxquels Jo ne s'intéressait guère : comme ce dernier, il préférait
le tapis vert. Manouche ne le vit pas sans colère
se partager entre le casino de Tanger et un cercle
de jeu. Ce que l'on gagnait d'un côté, commençait à s'envoler de l'autre.

— Ah! que les truands seraient des gens for-
midables, s'ils n'étaient pas si cons! leur disait
Manouche.

Pour faire peau neuve, elle avait adopté la mode
arabe. Les gandouras et les burnous avaient l'avantage de dissimuler ses formes de plus en plus
volumineuses, mais que sa fraîcheur rendait appé-
tissantes.

Sa barmaid, Geneviève, était l'ex-maîtresse de
Doriot, échouée dans « la perle du détroit ». Cela
renforçait sa position féminine à l'endroit de ses
deux compagnons, ainsi qu'une ravissante insti-
tutrice française d'Indochine, tellement débridée
qu'elle la surnommait Baise-à-l'œil.

L'arrivée imprévue du vieux couple lyonnais,
qui venait vérifier le bon usage de ses millions,
provoqua un peu de trouble au Venezia. La Cadillac resta au garage, pour ne pas donner à supposer qu'ils avaient servi à la payer. Ces braves
gens étaient ravis d'être propriétaires de la moitié d'un yacht; on leur fit verser encore quelque
chose pour l'entretien. Les bénéfices, qui s'annon-
çaient considérables, leur promettaient de belles rentes à la fin de chaque exercice. En attendant, on leur montrait les folies tingitanes. Lorsqu'ils eurent visité le palais de Barbara Hutton,

le palais du Mendoub et le palais du prince Menhabi, parent du Glaoui, ils se crurent presque remboursés.

Une autre arrivée causa plus de perturbation : celle de l'ex-maîtresse de von Stülpnagel. Elle voulait voir, elle aussi, ce que l'on faisait de son argent. Comme Barbara Hutton, elle voyageait avec son coiffeur, mais il était son amant. A la différence du vieux couple, qui était vêtu comme la famille Fenouillard, l'héritière de l'ancien gouverneur militaire allemand de Paris et le coiffeur étaient habillés comme à Tahiti. L'art de Manouche consista à empêcher les deux couples de jamais se rencontrer, pour ne pas les inquiéter à l'idée que les bénéfices auraient tant de preneurs. Elle expédia l'un à Fez, et l'autre à Marrakech; mais, quand elle sut que les Lyonnais hantaient le casino de cette ville, elle envoya Jo leur présenter la note d'urgentes réparations de l'Arren Mail.

Un Anglais demanda à Manouche si elle n'avait pas besoin d'argent.

— On a toujours besoin d'argent, répondit-elle, mais encore?

— Vous connaissez tout le monde. Quand on connaît tout le monde, on entend beaucoup de choses et cela peut être utile pour le service de Sa Gracieuse Majesté.

— Ah, ah! Intelligence Service! dit Manouche. Sa Gracieuse Majesté s'est trompée, si elle a cru que mon cul était du poulet.

Sans doute ces mots ne parvinrent-ils pas aux

oreilles d'un officier français, résident occasionnel de Tanger, car il fit, peu après, à Manouche des propositions similaires. Il ne parla pas d'argent, mais de patriotisme.

— Colonel, répondit Manouche, j'aime mon pays autant que vous, mais j'étais l'amie d'un homme qui, en s'imaginant patriote, était « V. Mann » de la Gestapo. Je me méfie, quand on me parle de patriotisme.

— Voyons, madame, répliqua l'officier, ne confondez pas des choses qui n'ont aucun rapport. J'étais officier de renseignement pendant la guerre, mais pas pour l'Allemagne. Je vous invite à travailler pour la France.

— Je travaille pour moi, et c'est déjà suffisant. Nous sommes chez les Marocains. Ils m'ont accueillie avec sympathie, parce que je suis une femme libre, dans ma conduite et dans mon langage. Je serais perdue pour eux, si j'étais un agent de renseignement. Ces choses-là ne peuvent se cacher.

— J'admire votre caractère, mais je le regrette, dit l'officier.

— Ne regrettez rien : je suis trop bavarde.

Le majordome d'un ancien pacha fut porteur d'une offre différente. Ce pacha, client de Manouche pour des boissons non alcoolisées, s'était épris d'elle, parce qu'elle avait juste l'embonpoint qui lui plaisait. Il voulait en faire sa maîtresse et la gouvernante de son harem. Elle rit d'être appréciée « au poids », mais pria le majordome

de transmettre à Son Excellence le refus respec-
tueux de son humble servante.

2

Un Français, qui n'était pas agent de renseignement, mais agent d'affaires, venait souvent
au Venezia, sans lier conversation. Il soufflait
comme un phoque, juchait son obésité sur un
tabouret du bar, fumait une dizaine de gauloises,
buvait deux ou trois cocktails en regardant, d'un
air vague, une photographie de Jean-Paul, épin-
glée au mur. Un jour que Manouche était seule,
il se décida à lui parler :

— Madame, c'est épouvantable. Je ne dors
plus, je ne mange plus. Je suis amoureux de
votre fils.

— Mon fils? dit-elle, stupéfaite. Mais, monsieur,
vous devez faire erreur : mon fils a huit ans.

— C'est pour cela que j'en suis amoureux.
Je n'aime que les garçons de huit ans et votre
fils est le plus beau que j'aie jamais vu.

— S'il avait neuf ans, vous ne l'aimeriez plus?

— Huit ans, c'est pour moi l'âge idéal, mais
je peux aller jusqu'à dix.

— Allez plutôt dans un asile, pauvre fou.

L'interlocuteur parut si désolé qu'elle prit un
autre ton pour le ménager.

— Vous me rendez curieuse de savoir ce que l'on peut faire avec un garçon de huit ans, dit-elle.

— Je vois, madame, que j'ai des choses à vous apprendre. Je suis, du reste, un ancien professeur. On peut faire avec un garçon de huit ans tout ce que l'on veut. Ce n'est qu'une question d'apprentissage... et d'assouplissement.

— Merci pour la vaseline, dit Manouche.

— J'ai été tenté de vous tromper, en vous proposant de donner à votre fils des leçons particulières. Après vous avoir étudiée, j'ai compris qu'à une femme comme vous, il fallait dire la vérité. D'ailleurs, j'ai dû raconter tant de mensonges que j'en ai assez et je me suis transplanté ici afin d'échapper à un drame perpétuel. L'Afrique est pour moi une oasis, comme elle le fut pour André Gide. Cela ne veut pas dire que j'y sois heureux; mais, au moins, j'y suis relativement tranquille. Je m'enivrais de petits Arabes et voilà qu'arrive votre fils. Il me rappelle tout à coup les enfants de ma race et il anéantit ceux des sables. Je sais bien qu'il vous est impossible de m'aider, mais je vous supplie de me plaindre.

Manouche s'attendrit. Elle prépara un cocktail spécial pour rendre du cœur à ce client très spécial. Il fixait éperdument des yeux l'image de Jean-Paul et murmurait des vers.

— *Pierrot gamin, Pierrot gosse,*
Le cerneau hors de la cosse.
C'est Pierrot, Pierrot, Pierrot...

— Que baragouinez-vous? demanda Manouche.

— Du Verlaine.

Il ne disait plus rien, comme happé par la photographie, et Manouche, qui l'observait du coin de l'œil en agitant le shaker, eut l'impression qu'il agitait autre chose, à l'abri du comptoir. Ses yeux chaviraient, son souffle haletait. Il répéta en se pâmant :

— *C'est Pierrot, Pierrot, Pierrot...* ouf !

— Vous êtes encore plus toqué que je ne pensais, dit Manouche. Je ne me serais pas doutée que la première passion inspirée par mon fils, serait celle d'un gros porc comme vous.

Insensible à cette remarque, le Français sirota le cocktail qu'elle lui avait versé :

— Comme c'est bon, ce cocktail de Manouche, mère adorable de Pierrot !

— Mon fils s'appelle Jean-Paul, dit-elle.

— Cette confession m'a fait du bien.

— Votre poignet aussi.

— Excusez-moi... Si je vous disais, madame, toutes mes mésaventures, les révocations, la police, les psychiatres, le tribunal pour enfants, les mères lancées sur mes pas !... Une fois, à Rome, elles furent une vingtaine à assiéger ma porte, armées de balais, et je me suis enfui par le jardin pour aller prendre l'avion... Montherlant dit que « les mères qui ferment les yeux, sont la rosée du genre humain ». Hélas ! cette phrase n'est que le fruit de son expérience chez les Bédouins. Madame, avoir parlé une fois, une seule fois, à une mère française qui ne m'ait pas

200

chassé, qui ne m'ait pas insulté, c'est une satisfaction que je n'oublierai jamais.

— J'espère qu'elle vous suffira, dit Manouche.
Allez chercher vos Pierrots ailleurs que chez moi.

L'ancien professeur partit, les jambes coton-
neuses.

3

La contrebande se poursuivit sans anicroche,
mais Didi en gaspillait de plus en plus le fruit
sur les tables du casino et du cercle. Dans celui-ci,
on avait la consolation de se dire que Jo en rattrapait quelque chose, car il était devenu le propriétaire de l'établissement. Il avoua enfin à Manouche le motif de la passion croissante de son
cousin pour le jeu : Didi avait envie de coucher
avec la femme du capitaine de l'Arren Mail et
jouait pour se distraire de cette idée fixe. Manouche se rebiffa, quand Jo lui conseilla de fermer les yeux.

— Tu l'as bien laissé coucher avec Doris, qui
pourrait être sa mère, dit-il.

— C'était sa contribution à l'achat du yacht.

— Tu aurais pas accepté ça de Carbone ou de
François. Conduis-toi donc avec Didi comme
il faut se conduire avec lui. Tu es une femme
libre et nous sommes dans un port libre. Donne-

toi une preuve de liberté... sexuelle. Au fond, tu es pas pour le baisage, mais pour la ribouldingue.

Après un nouvel assaut d'arguments, elle consentit de céder sa place à la Hollandaise, lorsque le capitaine serait en mer. Didi joua moins, peut-être pour justifier le prétexte. Mais, bientôt, il voulut continuer ses relations, même quand le capitaine était là; Manouche y consentit encore. Il fallait saouler le Hollandais, ce qui était facile. Durant ses somnolences, Didi montait avec sa femme dans le salon au-dessus du bar. Si le capitaine se réveillait, on lui faisait boire de nouvelles rasades. Les amours de Jo étaient la femme du second barman, une Espagnole qui avait huit enfants.

Manouche se drapait dans sa dignité, comme dans ses gandouras, sous les yeux concupiscents des Arabes. L'ancien pacha n'était pas le seul d'entre eux à lorgner ses formes. Elle les traitait si familièrement qu'ils avaient presque l'illusion de l'avoir pour maîtresse. Cela les mettait tous sous son joug, sans qu'elle en eût aucun dans son lit.

Paulo Leca arriva soudain à Tanger. Il était précédé d'une histoire aussi retentissante que l'attaque du train de l'or : le hold-up, près du Cannet, des bijoux de la bégum. Ses complices, avant d'être arrêtés, avaient exécuté deux comparses : Roger le Juif et sa maîtresse. Paulo avait gagné l'Amérique, où il avait écoulé quelques-uns des bijoux non récupérés; puis il était rentré en France avec un faux passeport, avait pris les autres bijoux et était ressorti pour les mettre au mont-de-piété de Tanger. Didi le Portoricain et Jo Renucci étaient chapeau bas devant lui.

Il dévoila le secret qui l'avait encouragé à accomplir sa prouesse, et qui lui avait déjà permis de s'esquiver, malgré une condamnation à trois ans de prison pour trafic de cigarettes. Ce secret était lié à la résistance, qui continuait de résister. Paulo avait séjourné, sous l'occupation, dans le même camp d'internement qu'un professeur à l'université de Toulouse, maintenant directeur général de la sûreté nationale. Ils avaient noué là une amitié indestructible, bien que Paulo eût quitté le camp, à la façon de Carbone et de Spirito, pour joindre la police allemande, et le professeur pour gagner le maquis. Il était naturel que Jo, truand résistant, Didi, ancien « V. Mann » de la Gestapo de Paris, et Paulo, ancien membre de la Gestapo de Marseille, se retrouvassent à Tanger.

Manouche fut inquiète, lorsque Paulo lui demanda à quelle date devait avoir lieu la grande fête arabe de Barbara Hutton. C'est elle qui était chargée de la préparer et l'on en parlait déjà comme d'un événement. Les yachts et les avions de plusieurs milliardaires et de quelques têtes couronnées étaient attendus. Les marins marocains reprenaient des forces : le yacht du prince consort d'Angleterre les avait épuisés.

— Je t'avertis, Paulo, dit Manouche d'un air résolu : si tu fais un hold-up chez Barbara, je te descends. Nous sommes ici pour faire de la contrebande et je t'interdis de nous emmerder.

— Espèce de punaise! J'ai pas l'habitude de recevoir des ordres d'une gonzesse.

— Pauvre con! regarde un peu autour de toi, avant de faire le fortiche. Tu vas en prison, si tu retournes en France, car tu as certainement grillé ton protecteur dans l'affaire de la bégum; tu ne peux retourner en Amérique, car on y connaît désormais ta vraie identité. Où irais-tu vendre les bijoux de Barbara? Du reste, ses domestiques sont armés.

— C'est pas ce qui me fait peur, dit Paulo.

— Je ne sais si tu t'en tirerais une fois de plus, dit Manouche, mais nous, nous paierions les pots cassés, comme les complices de ton hold-up les ont payés.

— Bon, reprit Paulo, je toucherai pas à ta Barbara de mes couilles et à ses invités, mais il me faut une compensation.

4

Cette fête n'était certes pas la première que donnât l'héritière des Prisunic américains : elle vivait au milieu des fêtes, mais les réservait d'ordinaire à ses intimes.

Chaque fois qu'elle revenait à Tanger, même

après une brève croisière, elle envoyait un chèque de cinq cents dollars à Manouche : cela signifiait qu'il fallait rassembler un orchestre de musiciens, de chanteurs et de danseurs arabes pour l'accueillir dans son palais. Ce palais, d'assez mauvais goût, mais meublé avec faste, se prêtait à tous ces déploiements de réjouissances. Ils offraient un certain contraste avec l'état physique de la propriétaire. Elle était affaiblie par un traitement amaigrissant, au point qu'on devait la transporter. Dans la salle des fêtes, on l'asseyait sur un fauteuil, au centre d'une estrade semée de fleurs. A ses côtés, des pages balançaient des éventails et son guitariste, étendu à ses pieds, jouait en la regardant.

A la veille du gala, Manouche pria Jo, qui ne se souciait pas d'y assister, d'emmener Paulo à Marrakech. Elle, en caftan lamé d'or et un haïk de sultane sur les épaules, Didi en targui, avec le litam bleu sur le visage, furent les premiers à pénétrer dans le palais. Les fumées du couscous et des agneaux à la broche, les nuages de l'encens, les mélopées, les sons des flûtes et des tambourins, composaient l'atmosphère. Les invités, dans tous les déguisements possibles, évoluaient au milieu des danseurs. Manouche revoyait plusieurs de ses anciens clients de Paris. Elle y connut le comte Charles de Breteuil, qui habitait Marrakech et qui avait des intérêts au Maroc, où il possédait même un journal. Diverti par elle, il la pria de le considérer désormais comme un de ses amis.

La soirée dura jusqu'à l'aube. Didi était déjà
rentré, mais Manouche voulait partir la dernière. Elle avait mis un revolver dans son sac,
pour le cas où Paulo apparaîtrait. Elle était, il
est vrai, tellement saoule qu'elle se demandait
si elle aurait la force de s'en servir. Le chaouch
allait fermer derrière elle, quand Barbara la rappela.

— Vite, vite! criait l'Américaine, d'une voix
étranglée. Monte dans ma chambre.

Manouche, recouvrant son sang-froid, gravit
l'escalier quatre à quatre. Barbara était devant
le coffre, scellé dans le mur, où son maître d'hôtel
rangeait ses bijoux. L'entrée de Manouche, qui
brandissait un revolver, semblait le hold-up
caressé par l'imagination de Paulo mais Barbara ne se méprit pas.

— *Good egg of* Manouche, qui crois me protéger! dit-elle. C'est inutile.

Elle lui montrait un parabellum que le maître
d'hôtel avait posé sur une table.

— Tu as été merveilleuse, dit-elle. La soirée
a été un succès, grâce à toi. Tu as fait rire tout
le monde. Le buffet était superbe, la musique,
les chants, les danses... Tiens, en souvenir, choisis
un de mes bijoux.

— Tu es folle, dit Manouche, tu as trop bu.

Elle contemplait l'intérieur du coffre, étince-
lant de pierreries.

— Je serais folle, si je te disais de tout prendre,
fit Barbara. Allons, choisis.

Manouche avança une main qui ne tremblait

pas vers un clip d'émeraudes, entourées de diamants.

— Cela me plaît, mais c'est trop, dit-elle.

Barbara saisit le clip pour le lui épingler au corsage, mais elle s'écroula sur le tapis, entraînant plusieurs bijoux, que le maître d'hôtel ramassa. Manouche et lui aidèrent l'Américaine à se relever. Puis, le clip d'émeraudes sur sa poitrine, voilée d'une écharpe de gaze, elle regagna à pied la rue Vermeer en traversant la ville arabe. Elle n'avait pas voulu se faire reconduire, afin de rafraîchir ses esprits.

Arrivèrent des notabilités parisiennes qui ne venaient pas pour Barbara Hutton : Bleustein-Blanchet, Pierre Lazareff et Carmen Tessier. Le fondateur de Publicis et de Radio-Cité tenait à voir de près la station de Radio-Tanger, qu'il projetait d'acheter. Comme le directeur général de *France-Soir*, il avait fréquenté le restaurant de la rue Chambiges et savait que Manouche était à Tanger. Lazareff, en écoutant ses histoires, qui enchantaient la Commère, voulait la persuader d'être la correspondante de celle-ci à Tanger. Elle lui dit qu'elle avait déjà repoussé les offres de tous les services spéciaux.

— Je n'ai pas fait le même chemin que vous, ajouta-t-elle en s'adressant à la fois au roi de la presse et au roi de la publicité. Auriez-vous deviné, au cocktail d'adieu de Jacques N., qui partait comme vous pour la fortune, que vous me retrouveriez contrebandière à Tanger? Chacun a sa vocation.

207

— Je veux, dit Bleustein-Blanchet, fonder un prix de la Vocation pour encourager ceux qui, faute d'argent, ne peuvent devenir ce qu'ils rêvent d'être.

— Voilà enfin un prix intelligent, dit Carmen Tessier.

— Je me demande, dit Bleustein-Blanchet à Manouche, quelle était ta vraie vocation, en dehors d'être une force de la nature.

5

Paulo avait sa compensation. Quoi de plus banal que de charger des cigarettes sur un yacht et de les livrer à des bateaux de pêche? Personne n'avait donc songé plus tôt à faire mieux? On devait assurer la marchandise au prix maximum, puis arraisonner le transporteur en haute mer par un navire pirate qui s'emparerait de la cargaison, et l'on toucherait d'une main le bénéfice, de l'autre l'assurance.

Deux juifs américains, installés à Tanger, Forrest et Paley, négociants en tissus, échafaudaient une entreprise de ce genre et en avaient parlé à Paulo. Ils étaient même allés à Paris pour s'aboucher avec le Saint, mais celui-ci, entre-temps, avait terminé sa carrière. Paulo leur rendait courage.

Ils étaient antipathiques à Manouche. Elle répugnait, d'ailleurs, à une telle aventure, comme elle s'était opposée à celle dont Barbara Hutton aurait fait les frais. Les restes de son éducation lui servaient de sauvegarde contre les entraînements de ses amis. Jo et Didi, qui l'avaient soutenue à propos de l'Américaine, se liguaient cette fois pour lui résister : ils disaient que, lorsqu'on était contrebandier, il ne fallait pas l'être à demi. Elle déclara qu'elle se refusait à mettre un sou dans ce brigandage, et à le laisser perpétrer sur l'Arren Mail, et elle se contenta d'en être le témoin.

Un cargo hollandais, le Combinatie, ex-bateau américain ayant participé au débarquement en Afrique, fut choisi pour cette opération, digne de son nom. Le capitaine était hollandais, le second italien et les marins de Tanger. La cargaison, destinée à Malte, était de trois mille caisses de cigarettes et fut assurée pour cent mille dollars.

Au cours du chargement, un avocat de la ville représentant d'un grand cabinet juridique de Paris, vint prendre un verre au Venezia. Il sympathisait avec Manouche et n'était pas sans connaître ses activités secrètes. Il lui demanda, en confidence, si elle ne participait pas à l'affaire du Combinatie. Elle eut une réponse vague.

— Je vous conseille de vous en abstenir, dit l'avocat.

Il raconta que le bâtonnier du barreau de Tanger avait été consulté récemment sur les conditions dans lesquelles pouvait jouer une assurance maritime en cas de piraterie. Il y avait déjà eu quelques actes de cette espèce entre trafiquants de cigarettes, mais cela s'était passé de manière anonyme et sans police d'assurance. La consultation prouvait qu'un coup d'un nouveau genre se tramait.

— Consultation ou pas, dit Manouche, j'ai peine à voir ce que risquent les expéditeurs.

— Pardon, fit l'avocat : ils ignorent le droit maritime. Ils s'imaginent duper les assureurs et seront dupés. Un capitaine est responsable de son navire et, par conséquent, de la cargaison. Si elle disparaît, le propriétaire de la cargaison doit faire saisir le navire.

— C'est merveilleux! s'écria Manouche. Le propriétaire de la cargaison touchera trois fois : le prix de la vente à travers les prétendus pirates, celui de l'assurance et celui du navire.

— Ce serait trop beau, dit l'avocat : la saisie du navire finira au profit de l'assureur et l'opération sera blanche pour tous les complices... en dehors d'un certain séjour en prison, naturellement.

Manouche s'empressa de rapporter cet entretien à ses trois Corses. Ils étaient trop accoutumés à défier la justice pour s'inquiéter de subtilités juridiques. Néanmoins, sur l'insistance de Manouche, ils diminuèrent leur participation, en vue de diminuer leurs risques. On observa ainsi avec plus de sérénité l'horizon de la Méditerranée, où s'éloignait le Combinatie.

En pleine mer, le cargo fut abordé par une vedette battant pavillon britannique, d'où Forrest, Paley et dix lascars bondirent en braquant leurs mitraillettes. Quatre marins du Combinatie, qui n'étaient pas de mèche, tentèrent de se défendre. Ils furent tués et jetés par-dessus bord. Forrest guida le cargo vers les côtes provençales, où il avait rendez-vous avec les Corses de Nick Ventura, mais la tempête empêcha leur liaison et, après dix jours d'errance, il livra les caisses, près d'Ajaccio, aux Corses de Planche.

Dès le retour du Combinatie à Tanger, l'avocat déclenchait l'offensive, aggravée par les quatre assassinats. Les propriétaires de la cargaison furent contraints, bien malgré eux, de demander la saisie du navire. Les marins de la vedette, interrogés à Marseille, avouèrent tout. Planche fut arrêté en Corse, le capitaine du Combinatie à Tanger, Paley en Espagne. Forrest, échappant à la police française, vivait, terré dans un village de Provence, où il faisait le muet.

Les Corses du Venezia sentaient passer l'orage, mais se croyaient à l'abri. Un soir, Paulo reçut une communication mystérieuse et disparut. Le lendemain matin, des inspecteurs arrivaient de Marseille pour s'emparer des trois amis.

Lorsque Didi et Jo montèrent, menottes aux mains, sur le navire qui les emmenait, Manouche et Geneviève avaient porté leurs valises. A présent, elles leur expédiaient des colis à la prison des Baumettes. Comme ils n'avaient eu aucune part effective ni dans l'acte de piraterie, ni dans le meurtre des quatre marins, et qu'ils étaient les moindres des propriétaires de la cargaison, ils comptaient revenir incessamment. Si le directeur général de la sûreté veillait sur Paulo Leca, le sous-directeur de la police judiciaire n'abandonnerait pas Jo Renucci.

6

Manouche réglait désormais toute seule les expéditions de l'Arren Mail. Le capitaine devenait malheureusement inutilisable, à cause de ses excès d'alcool. Il se trompa de direction, manqua le bateau qui l'attendait, louvoya quelques jours et revint à Tanger comme il en était parti. Doris était dans le même cas : elle ne pouvait se tenir debout. Son mari breton était plus solide, mais elle s'était disputée avec lui et l'avait mis à la porte. Manouche se vit obligée de se lancer sur la route des blondes.

Elle s'en était dispensée jusqu'aujourd'hui, ayant charge d'âme, mais elle s'estimait capable d'accomplir cette tâche qui exigeait du sang-froid. Cependant, comme elle n'était pas capitaine au long cours, elle engagea en cette qualité un Allemand, qu'on appelait Le Blond et qui avait dirigé d'autres bateaux de contrebande. C'était un bel homme, à qui elle faisait confiance. Ils s'embarquèrent avec onze matelots et deux tonnes de cigarettes.

Coiffée d'un suroît, vêtue d'une vareuse de laine, d'un pantalon de toile et d'un ciré, chaussée de bottes de caoutchouc, avec deux parabellums dans sa ceinture, elle sortit, au soleil levant, de la rade de Tanger, pour cette croisière, peu semblable à celles de Barbara Hutton. L'équipage lui était familier et goûtait sa truculence. Elle dépassa les espoirs de tous ces hommes pour se mettre à la hauteur de la situation. Italiens, Espagnols, Marocains, Allemands, avouèrent qu'elle les battait en expressions salaces, dans leurs langues respectives. Elle leur fit la cuisine. Les figatelli à la corse et le ragoût de mouton étaient ses spécialités, jadis chères à Carbone.

Le bateau stoppa, tous feux éteints, au large de Gênes. La nuit était épaisse, la mer calme. De temps en temps, on faisait des signaux avec un fanal. Bientôt, d'autres signaux répondirent et une barcasse s'approcha. Il y eut alors un moment d'angoisse. Qui arrivait? l'ami espéré ou un ennemi toujours possible? Malgré la fâcheuse expérience du Combinatie, quelqu'un pouvait être tenté de recommencer. Enfin, les douaniers étaient fertiles en embûches. Manouche, sur le pont, fumait nerveusement une des Camel dont elle allait livrer deux mille caisses : elles étaient toute sa fortune, y compris les millions du vieux couple et ceux de l'ex-maîtresse de von Stülpnagel.

Un homme monta par l'échelle de corde. La lampe-tempête que tenait Le Blond, éclaira un visage broussailleux, des mains calleuses, un blouson dont une poche était gonflée par les liasses de dollars et l'autre par un revolver. C'était le capitaine. Un marin le suivit. On ne les laissa pas à monter à bord. Manouche, entourée de ses hommes, armés, eux aussi, barrait la coupée, de sa personne imposante.

— *Buona notte*, dit le capitaine.

— *Buona notte*, répondit Manouche.

Tout discours étant superflu, elle ajouta le mot essentiel :

— *I dollari.*

On se faisait payer d'avance. Le capitaine tendit un premier billet de cinq cents dollars. Manouche, sous le faisceau lumineux de la lampe, frotta ce billet sur un morceau de toile blanche humide : il ne déteignait pas.

— *Bidone*, dit-elle.

Ce sont les vrais dollars qui déteignent, les faussaires n'ayant jamais pu imprimer les leurs avec une encre qui déteignît.

Le capitaine, sans sourciller, reprit le billet pour en donner un autre, qui laissa la toile aussi nette. Il joua la confusion, dit qu'on l'avait eu et redescendit pour changer de liasses. L'équipage de l'Arren Mail était aux aguets : qu'allaient faire les Génois, puisqu'on avait établi leur mauvaise foi? Deux faux billets présentés à la suite, c'était un peu fort. Sans doute les contrebandiers avaient-ils été avertis des malheurs des compagnons de Manouche et, sachant qu'elle viendrait elle-même, avaient-ils voulu la pigeonner. De longue date elle avait appris chez Wolfr. le moyen de déceler les faux dollars, avant de les mettre dans son plan.

La houle commençait d'être forte et le capitaine, qui semblait revenir avec des intentions pacifiques, eut du mal à remonter. Il fallut lui permettre de poser le pied sur le pont. Il tendit les nouveaux billets d'un air intrépide et Manouche en vérifia l'authenticité par le même procédé : cette fois, on était honnête.

— *Bene*, dit-elle en recomptant.

Le capitaine était sûr d'avance que le nombre et le contenu des caisses correspondaient à la somme. S'il était permis de glisser de faux billets en prétendant avoir été escroqué soi-même, il ne l'était pas de faire une livraison irrégulière sans courir les plus graves dangers. Du reste, Jo s'était rendu en Italie pour établir les contacts et la confiance nécessaires, dès l'achat de l'Arren Mail. Tout ce trafic y était dirigé par le gangster italo-américain Lucky Luciano, que l'Amérique avait restitué à l'Italie et qui était en résidence surveillée à Naples. Il avait été l'adjoint, puis le successeur de son compatriote Al Capone à la tête de la mafia et tous deux avaient ceint l'auréole de la gloire nationale, lorsqu'ils avaient facilité le débarquement des troupes alliées en Sicile.

La barcasse réussit enfin à s'approcher et l'on transborda quelques caisses à l'aide de cordes et de poulies. Mais l'état de la mer interrompit le travail. L'aube pointait; on se sépara jusqu'à la nuit suivante. Les Génois se tournèrent vers la côte et les autres vers le large.

Trois rencontres furent nécessaires pour livrer toute la cargaison : la mer s'était déchaînée. Manouche, qui n'avait pas le pied marin, regrettait, comme Panurge, « le plancher des vaches », mais une tempête avec l'impossibilité de se réfugier sur la côte voisine, faisait partie du métier de contrebandier maritime.

7

Le directeur d'un journal français du Maroc avertit Manouche qu'il attendait une grande personnalité parisienne et la pria de préparer un bon dîner au Venezia : il recevrait dans le salon du dessus.

— S'il vous plaît, ajouta-t-il, pas de grossièretés. Mon invité n'est pas seulement une grande personnalité, mais un homme du monde.

Elle vit arriver le comte Jean de Beaumont.

— C'est toi, la grande personnalité? « A Beaumont le vit monte. »

— Manouche! s'écria-t-il tout joyeux, qu'est-ce que tu fous là?

— Je suis contrebandière et je tiens cette boîte.

Le directeur ne savait où se mettre; sans pitié, Manouche le confondit jusqu'au bout :

— Monsieur, avec son col à bouffer de la tarte, m'a recommandé de ne pas dire de grossièretés. Alors, il vaut mieux que tu t'en ailles, car nous allons le scandaliser.

Tout s'arrangea et le directeur se mit à l'unisson. Jean-Paul apparut, à la fin du repas. Beaumont lui donna un billet de cent dollars, que l'enfant, bien élevé, frotta aussitôt contre une serviette mouillée.

— Il regarde si le billet est vrai, dit Manouche. Excuse nos manières.

Quand il fut seul avec Manouche, Beaumont la questionna sur son existence. Elle lui avoua que « son jules » était en prison à Marseille.

— J'ai été au dépôt, à la libération, dit Beaumont. C'est un souvenir désagréable.

— Didi est compromis dans l'affaire du Combinatie.

— Diable! tu as choisi un mec à la redresse. Mais pense à ton fils, qui vit dans ce drôle de milieu. Toi, tu as de l'estomac; lui n'est pas encore formé. Il faut sauver ce gosse. Mets-le au collège, en France.

— C'est facile à dire, rétorqua Manouche. Tout ce que je possède, est enfoui dans mon bar et dans mon yacht, qui n'est pas de plaisance.

— Si tu veux, je paierai la pension, dit-il.

Elle crut à une plaisanterie, mais il répéta son offre.

— Quel collège recevra le fils de Carbone? dit-elle.

— Le collège de Normandie, à Clères, où j'ai été. Cela ne fera pas un pli.

Manouche avait fait acheter par Beaumont, en Corse, la maison de Mme Carmona, veuve « Cinzano », et elle n'ignorait pas qu'il lui en savait gré. Elle pensa qu'il voulait lui manifester sa reconnaissance; mais, quand il couva, d'un regard de pacha, ses formes dodues, elle se demanda si le bienfaiteur de l'enfant n'espérait pas s'acquérir des droits sur la mère.

Lorsque Charles de Breteuil téléphona à Manouche pour réserver le salon du Venezia et la prier de préparer un bon repas, car il avait un hôte de marque, elle pensa que l'aristocratie française se relayait pour la consoler de l'emprisonnement de Didi.

Breteuil fut précédé par un personnage que Manouche avait déjà entrevu, mais qui l'étonna comme invité du comte : c'était Ben Barka, chef communisant du parti marocain de l'indépendance. Le dîner n'était pas journalistique, mais politique. Breteuil ne cacha d'ailleurs pas à Manouche qu'il estimait Ben Barka, et que des rapports avec lui pourraient être utiles, dans l'avenir, à la cause française. Et Ben Barka ne cacha pas à Manouche qu'il était allé chez elle, parce qu'elle était une amie des Arabes.

Le retour de Didi et de Jo restitua au Venezia

son atmosphère habituelle. On illumina le bar en leur honneur, comme on le faisait après la réussite des expéditions. C'est à peine s'ils parlèrent de leur séjour aux Baumettes : une telle mésaventure n'était pas pour les frapper.

On était sans nouvelles de Paulo, qui n'avait plus son protecteur dans sa manche. Ce dernier, ainsi que Manouche le prévoyait, avait été compromis par l'auteur du hold-up des bijoux de la bégum et muté comme préfet.

En sortant de prison, Didi et Jo avaient rencontré Spirito, qui vivait à Marseille avec l'argent gagné d'abord en Espagne dans la contrebande, puis à New York dans la mafia. La police américaine l'avait mis enfin dans un bateau à destination de la France, en avertissant la police française. Au débarquer, on lui avait notifié trois condamnations : l'une prononcée à Marseille pour intelligence avec l'ennemi, les deux autres à Paris et à Chartres pour délits de droit commun, sous le couvert de la collaboration; c'étaient les séquelles de la bande des Corses.

Il bénéficia du système dont Didi avait fait l'épreuve. Ni à Paris ni à Chartres, aucun témoin ne le reconnut. Il était transformé, d'ailleurs, par dix ans d'absence. A Marseille, où il avait été condamné à mort, le tribunal militaire l'acquitta haut la main, pour services rendus à la résistance.

8

Dès que Jean de Beaumont eut télégraphié que Jean-Paul était admis au collège de Normandie, Manouche décida de l'y conduire. Elle en avait d'autant plus hâte que Didi, devenu irascible, ne supportait pas la présence de cet enfant, dont il n'avait jamais pu acquérir l'affection. Bien mieux, comme il battait Manouche, Jean-Paul se jetait sur lui avec ses petits poings pour la protéger.

— Sale maquereau, lui disait-il, veux-tu respecter maman?

Didi répondait par des claques et lui rappelait en vain qu'il lui avait donné le biberon. Pendant ces batailles, la bonne espagnole, à genoux, implorait la Madone. Comme l'avait dit Beaumont, il était temps d'arracher le fils de Manouche à cette promiscuité.

Ils descendirent avenue Montaigne, où elle avait gardé son appartement. Elle acheta pour Jean-Paul un trousseau conforme à la qualité qui serait censée la sienne : celle de fils d'un banquier de Tanger, M. Germain. C'est du moins ce qu'elle le priait de raconter, bien qu'il ne fût guère enclin à lui obéir. Il n'était pas parti sans regret d'une ville où, malgré tout, il jouissait d'une certaine liberté. Ce collège, qui lui était dépeint comme un des plus élégants de France, lui faisait l'effet d'une maison de correction.

Ils prirent le train de Rouen. Manouche avait une tenue très étudiée : tailleur gris, chapeau, demi-voilette, renard et quelques bijoux discrets de femme riche. Jean-Paul portait un costume bleu, dont la culotte anglaise laissait voir ses jambes fuselées. Il avait plié dans sa poche la cravate club qu'il ne voulait nouer à son cou qu'au dernier moment. Il avait dû se résigner à sacrifier ses longs cheveux, pour ne pas avoir l'air d'une fille.

Dans le compartiment de première classe où ils étaient seuls, sa mère lui répéta sa leçon. Un hasard lui procurait la plus grande chance de sa vie. Il aurait pour camarades les fils de familles huppées et resterait en bons termes avec eux. La recommandation de Jean de Beaumont était une référence qui l'introduisait et qui le suivrait, mais dont il devait se montrer digne. Cet homme éminent, cet ancien député, ce grand financier, ce grand fusil, ce romancier plein de fantaisie, planait au-dessus des préjugés vulgaires, mais les garçons de Clères étaient probablement de petits snobs. Ne pas parler du restaurant de la rue Chambiges, du Venezia, de l'assassinat du Notaire, des prisons de Didi, des hold-up de Paulo Leca, mais du prince des Asturies, avec lequel il avait joué une fois, de Charles de Breteuil, de Barbara Hutton, de Pierre Lazareff, de Bleustein-Blanchet, de Carmen Tessier, — à la rigueur, de Mistinguett. Pas un mot de contrebande, de piraterie, de parabellum, bref, d'aucun des sujets de conversation qui avaient bercé son enfance. Jean-Paul écoutait sa mère d'un air las, les yeux fixés sur ses valises de chez Vuitton, rangées dans le filet en face de lui.

— Maman, déclara-t-il enfin, tu peux la boucler. Je crois savoir ce que je dois dire et ce que je ne dois pas dire.

Depuis un moment, un garçon de son âge passait et repassait dans le couloir et, chaque fois, lui lançait un regard de connivence.

— Je parie que ce mouflet va à la même cabane que moi, dit-il.

Il le rejoignit pour s'en assurer. Peu après, une dame hautaine et froufroutante vint se présenter à Manouche :

— Je suis la comtesse François de Longjumeau, madame, et mon fils, qui a fait connaissance avec le vôtre, m'apprend que vous allez à Clères comme nous.

— Eh bien, madame, mon fils, qui est nouveau, a déjà un ami. Je suis madame Germain.

— Etes-vous parente des Germain du Crédit Lyonnais? demanda la comtesse, qui s'était assise, en quête de renseignements.

— Non, madame. Chaque fois que je dis mon nom, on me demande si je suis parente des Germain du Crédit Lyonnais. Vous voyez, il y a d'autres Germain que ceux-là.

— Je m'excuse, dit la comtesse.

— Pourtant, mon mari est banquier... à Tanger.

La comtesse tressauta :

222

— Quelle coïncidence! mon mari y est diplomate.

Manouche se mordit la langue :

— Comment ne nous sommes-nous pas encore aperçues? dit-elle, légèrement inquiète.

— Nous ne voyons presque personne, fit la comtesse. Cette ville de trafiquants est un coupe-gorge.

— A qui le dites-vous! Mon mari est tellement absorbé par ses affaires que, nous aussi, nous voyons très peu de monde. Nous fuyons Tanger sur notre yacht.

— Vous avez sans doute un pied-à-terre à Paris?

— Oui, avenue Montaigne.

— Quel numéro s'il vous plaît? J'ai tant d'amis dans cette avenue!

— Au 33, dit Manouche, qui commençait à bouillonner.

— C'est du bon côté. Vous voisinez avec le duc et la duchesse de Castries.

« Quand est-ce que cette emmerdeuse va lever son cul de là? » se disait Manouche. Heureusement, on arrivait à Rouen. La comtesse s'apprêtait à monter dans la micheline qui menait à Clères, mais elle profita volontiers du taxi que, plus seigneuriale, emprunta Mme Germain. Leur intimité s'accrut. Manouche, entendant que le comte François de Longjumeau était du Jockey et des Habits rouges, parla de son mari le banquier, qui chassait le canard sauvage, mais Jean-Paul éclata d'un rire indécent. Avant d'entrer au collège, elle fit arrêter à l'auberge du Cheval noir,

pour boire un coup de blanc et manger une ron-
delle de saucisson. Sa compagne aima mieux un
doigt de porto et des petits fours.

Chez Mlle du Lot, directrice de Clères, la
comtesse François de Longjumeau ne tarit pas
d'éloges sur Mme Germain, qui avait tout payé.

9

Le départ de son fils avait été le prélude de
celui de Manouche. Les relations avec Didi ne
cessaient de s'aigrir. Sa passion pour le jeu était
toujours aussi acharnée et ses infidélités aussi
dégoûtantes. Il ne se contentait plus de la Hollandaise. Quand il rossait Manouche, elle n'avait
personne pour la défendre. Elle n'espérait lui
échapper qu'en partant de Tanger.

Jo, de son côté, avait repris goût à la France,
sinon par sa visite aux Baumettes, du moins par
ses diverses rencontres à Marseille. Il semblait,
d'ailleurs, que la route des blondes ne pût faire
vivre aussi largement qu'au début d'honnêtes
contrebandiers. La vigilance se renforçait, le long
des côtes françaises et italiennes. Enfin les suites
sanglantes de l'affaire du Combinatie créaient un
malaise général. Depuis que certains inculpés
avaient été remis en liberté, comme Jo et Didi,
les règlements de comptes avaient fait sept morts

et cinq blessés. Planche, qui avait reçu les caisses de cigarettes à Ajaccio, était l'avant-dernière victime. Forrest, arrêté enfin dans son village de Provence, était ainsi à l'abri.

Pour se distraire, Manouche s'accorda un intermède espagnol. Un de ses clients de Madrid, le juif richissime Benrao, l'invitait depuis longtemps au spectacle d'une corrida. Il lui renouvela son invitation pour les débuts de Cordobés à Algésiras. L'avion privé d'un Anglais de Tanger la déposa à Séville, où Benrao l'attendait.

Au centre de la tribune d'honneur, en mantille, un grand peigne dans les cheveux, elle semblait une *Maja* de Goya. Le beau Cordobés lui offrit en hommage l'oreille et la queue du taureau. Ce torero était encore trop jeune pour qu'elle essayât sur lui les effets de sa prestance agressive. Elle disait pourtant n'être pas venue seulement pour la queue d'un taureau. Miguel Dominguin, alors dans toute sa gloire, se laissa terrasser par elle, chez les amis de Séville où l'on termina la soirée.

Le banquier Muñoz connaissait également Manouche. Elle l'amusa beaucoup en lui contant qu'elle était, pour le collège de Clères, la femme d'un banquier de Tanger. Le récit de son voyage avec la femme du consul général de France était un de ses morceaux de bravoure. Muñoz la présenta au marquis de Villaverde, gendre du Caudillo, qui l'emmena dans une immense plaine, où plusieurs centaines de taureaux vivaient à l'état sauvage. Elle sauta une barrière pour les contempler de plus près et ressauta vite, cul par-dessus tête, lorsque leur troupeau se mit soudain à la charger. On lui dit qu'ils l'avaient prise pour une vache appétissante.

Elle avait déjà eu des nouvelles de son fils, mais assez brèves, comme s'il voulait lui témoigner sa mauvaise humeur. Bientôt, il se montra plus loquace. C'était pour se plaindre de tout : du temps, du pays, de la nourriture, de la messe, des professeurs, des camarades, de la directrice.

« Quel casse-couilles! » se dit Manouche. Cependant, elle se rasséréna, en voyant qu'il citait avec complaisance les noms de ses « camarades de chambrée » : d'Estainville, Grey-Poupon, Thierry d'Argenlieu, le fils de Bao-Daï, ancien empereur d'Annam... Ces noms remémorèrent un instant à Manouche ceux de Worthing : Isabelle d'Orléans-Bragance, devenue la comtesse de Paris, Marie-José de Belgique, ex-reine d'Italie... Elle n'avait pas encore lu la suite de la phrase : « Ces morpions-là ne savent même pas se branler. »

Jean-Paul disait, dans une autre lettre, qu'il avait fait amitié avec deux Corses de Propriano, chargés de la garde du prince annamite. Ce seraient aussi ses gardes du corps. Maintenant, il ne craignait plus Mlle du Lot.

10

La moitié de l'Arren Mail fut rétrocédée à Doris. Le Venezia, l'appartement, le stock de cigarettes, tout cela faisait une belle somme, mais la plus grande partie en resta sur le tapis vert. L'entreprise finissait sans profit pour personne. Jo et Didi allaient tâter le terrain à Marseille. Manouche, laissant Baise-à-l'œil et Geneviève, décolla pour Paris.

De nouveau, elle était seule. Son appartement de l'avenue Montaigne, sans fils et sans amant, lui paraissait, en vérité, « la maison du retour écœurant » et ce n'était pas un retour après fortune faite. L'avenir n'était pas très lumineux. Si la pension de Jean-Paul était payée par un mécène, sa mère n'en avait pas encore trouvé un.

Elle appela Wolfr. Il lui annonça qu'il était marié. Malgré son amour de la liberté, elle eut un pincement au cœur. Elle avait perdu à jamais l'occasion de fixer sa vie aux côtés d'un homme dont elle n'avait eu qu'à se louer et qu'elle aurait pu sans doute reconquérir. Il était au courant de ses aventures.

— Avec toi, lui dit-elle, j'ai fait le trafic de l'or; avec Didi, celui des cigarettes... Quelle dégringolade! mais aussi, quelle rigolade!

Ce dernier mot la consolait un peu. Elle n'était pas femme à cultiver les regrets superflus. Cependant, elle n'entendait parler que de mariages. L'ancienne maîtresse du capitaine Engelke, protecteur de Szkolnikoff, avait épousé un Français important. Le président X., enfin à la retraite, avait épousé sa maîtresse. Plusieurs jolies filles, que Manouche avait connues dans la vie joyeuse et dont certaines avaient été les clientes de Mme B., avaient bague au doigt et pignon sur rue.

Elle apprenait, d'autre part, des choses qui la réjouissaient, à propos de gens touchés par la politique. Horace de Carbuccia avait discrètement repris sa place à Paris. Le frère de Carbone réfugié en Espagne, était revenu à Marseille, comme Spirito. Avec son autre frère, il avait acheté une grande brasserie. Ils en proposèrent la direction à Manouche, mais elle n'avait aucune envie d'émigrer sur la Canebière, comme si elle courait après celui qui l'avait ruinée.

Une visite inattendue lui prouva qu'elle était toujours chère aux Corses. Antoine Guérini, en voyage à Paris, avait tenu à la rencontrer. Elle ne le connaissait que de réputation, lui et ses quatre frères, et fut sensible à son intérêt. Comme son ami le commandant Blément, Antoine était ému en évoquant la mort tragique de son vieil ami-ennemi Carbone. On l'avait mandé à Paris pour régler certains litiges des Corses de Montmartre, qui étaient en guerre ouverte avec les Arabes. Ceux-ci maniaient le rasoir plus promptement que ceux-là le revolver. Plusieurs rues avaient dû être évacuées par les Corses. Antoine avait ramené dans ces quartiers une paix temporaire.

Il raconta le procès du hold-up de la bégum, qui s'était déroulé l'an dernier à Aix-en-Provence et auquel il avait assisté. Un ancien directeur de la police judiciaire mena la vie dure à son ancien chef qui avait tout fait pour l'empêcher de conduire l'enquête à bonne fin, dans le souci de couvrir Paulo Leca. L'ex-directeur de la sûreté n'avait pas hésité, pour se justifier, à qualifier Paulo « un homme d'honneur ». Ces mots avaient provoqué des remous dans la salle, mais Antoine Guérini les jugeait dignes de mémoire : quelqu'un qui avait été à la tête de la police française, délivrait un certificat d'honorabilité à un gangster.

Antoine était amateur de courses. Manouche l'accompagnait à Chantilly.

— Je vais mettre mille francs pour toi sur un cheval, dit-il, mais je ne te précise pas lequel.

Il prétendit ensuite qu'elle avait gagné et lui donna trois cent mille francs. Elle apprécia cette manière galante de lui faire un cadeau en souvenir de Carbone.

11

Manouche avait résolu de reprendre le métier de gargotière. Elle l'avait dans le sang et il était en rapport avec ses goûts. Elle s'assurait ainsi une bonne table, voyait du monde, recevait ses amis, s'en faisait de nouveaux, bref, joignait l'utile à l'agréable. C'est également ce qui lui permettait de se produire en spectacle, — plaisir que, plus d'une fois, Mistinguett l'avait incitée à expérimenter sur une scène de théâtre ou de music-hall. Manouche n'en demandait pas tant : elle s'était aperçue, au Chambiges, qu'il lui était facile de transformer ses clients en acteurs, tout en gardant le premier rôle.

Il ne lui manquait qu'une chose : les moyens d'avoir un restaurant. V., magnat de la presse, les lui fournit. Il acheta pour elle le Spad, rue Quentin-Bauchart. Elle effectua quelques travaux, rallia son public et bénéficia de tous les échos que pouvait lui valoir un directeur de quotidiens. Bébert, l'ancien barman du Chambiges, quitta la péniche du pont de Saint-Cloud pour revenir à son service.

V., qui était veuf et amoureux de Manouche, l'invita dans son château, près de la forêt de Saint-Germain. Il insistait pour obtenir la récompense de sa générosité. Il était laid et elle ne savait comment l'éconduire sans l'offenser. Il avait un râtelier qui le faisait souffrir et qu'il posait sur la nappe en se mettant à table.

— Avec toi, disait-il à Manouche, je ne me gêne pas, puisque nous devons nous marier.

C'est à quoi il aspirait, plus ou moins sincèrement. Manouche pensait à l'inconnu qui, une nuit d'éthylisme à Deauville, lui avait laissé son râtelier entre les fesses. V. n'eut pas ce bonheur : elle s'enfermait dans sa chambre.

Pour ses sorties parisiennes, elle prenait Bébert comme sigisbée. Tout en l'amusant, il tenait auprès d'elle le rôle modérateur de Nanette.

— Madame, lui disait-il, quand elle puisait de l'argent dans la caisse, vous confondez toujours les recettes et les bénéfices.

Elle puisait de l'argent dans la caisse, pour aller avec lui dans les boîtes, dès qu'ils avaient fermé le restaurant. Odett', qui avait le Perroquet au Nid, rue de Ponthieu, ne commençait jamais son numéro avant qu'elle fût là.

Rue de Ponthieu, il y avait aussi le Carroll's, célèbre boîte de lesbiennes, gouvernée par la belle Frede. En dehors du Spad, c'est là que Manouche faisait ses propres numéros. Elle y chantait une chanson saphique de sa composition, pour se moquer de tout le monde, et tombait ensuite dans l'orchestre, les jambes en l'air.

Son restaurant était plein, mais son cœur ne l'était pas. Elle remarqua, parmi les clients de Bébert, un fringant jockey de Maisons-Laffite. Il se mit à lui faire du plat sans trouver d'obstacle. Ce jockey lui en amena d'autres. Avec leur corps d'enfant, que contrastaient ses formes matronales, ils étaient un type d'homme nouveau pour elle. Bientôt, ils arrivèrent par trois, avenue Montaigne. Comme ils transpiraient encore de leurs exercices, elle les plongeait dans la même baignoire, en leur disant qu'ils étaient trop petits pour un grand bain. Le dimanche, elle allait les voir sur les champs de courses. Ils étaient éblouis, parce que François Dupré l'invitait dans la tribune des propriétaires. Elle lui décrivait leurs performances secrètes.

Toutefois, un dimanche sur deux, elle se rendait à Clères. Elle déjeunait avec son fils à l'auberge du Cheval noir. Puis, ils visitaient le parc zoologique, mais rentraient à temps pour les vêpres. Les élèves qui, tels que Jean-Paul, préparaient leur communion privée, étaient obligés d'y assister. Manouche retrouvait, au parloir, à la chapelle, au restaurant, des femmes qui avaient été clientes du Chambiges ou qui l'étaient du Spad. Si certaines, de fibre féodale, se montraient distantes, la plupart étaient naturelles. Manouche n'avait pas revu la comtesse François de Longjumeau, pour connaître le résultat de ses investigations à Tanger. En tout cas, rien n'altérait sa qualité de banquière aux yeux de Mlle du Lot.

L'approche des grandes vacances calmait un peu Jean-Paul. Cependant, il inquiétait sa mère en lui disant qu'il ne voulait pas revenir dans « ce collège de cons ». Il irait passer l'été chez Nanette, qui était installée à Cincinnati, et Manouche comptait sur ce bain d'Amérique pour le rendre plus malléable. Elle avait déjà dit à Jean de Beaumont que, l'an prochain, elle assumerait les frais de cette belle éducation normande.

Après avoir mis Jean-Paul dans l'avion, elle partit pour la Dordogne. Une amie qui croyait à la métempsycose et qui était convaincue d'avoir été la maîtresse de Louis XI, l'attendait dans sa gentilhommière. Elle voulait découvrir les réincarnations de Manouche à travers les siècles, mais ce fut sans succès : Manouche, sans se préoccuper beaucoup du lendemain, se préoccupait encore moins de son passé historique.

— Tu ne dois être qu'à ta dixième vie, lui dit son amie. J'en suis à la trentième.

— Pendant que tu étais la maîtresse de Louis XI, répondit-elle, moi qui suis une grosse enculée, je me faisais embrocher sous les mâchicoulis de Plessis-lez-Tours par vos manants.

Les manants, c'étaient, pour l'heure, les jockeys de Maisons-Laffitte. Manouche brûlait de les revoir. Depuis l'époque des gigolos de Cannes, elle n'avait pas eu de relations aussi uniquement sensuelles. Quoiqu'ils fussent les vedettes d'une des plus grandes industries françaises, celle du Pari Mutuel, ces bouts d'hommes n'étaient que soucieux de faire l'amour et non d'imposer leur personnage.

Quelqu'un troubla la fête : Didi le Portoricain. Il s'imaginait avoir des droits éternels sur Manouche. Elle le reçut avec froideur et lui déclara qu'elle avait des amants. Il tira un revolver de sa poche pour la menacer. Elle lui jeta un couteau à la tête et le blessa légèrement. La vue du sang les attendrit. Manouche ne put échapper, une fois de plus, à son destin de Madone des Corses. Mais, si elle consentit à aider le Portoricain, ce fut sans reprendre la vie commune. Elle le nourrit au Spad, lui garnit la bourse, lui paya une chambre d'hôtel et garda son indépendance et ses jockeys.

12

Beaucoup de gens qui avaient des choses à cacher, redoutaient le franc-parler de Manouche, mais elle était aussi libérale de ses histoires personnelles. Carmen Tessier, dînant au Spad avec le nouveau préfet de police, André-Louis Dubois, sut ainsi que le fils de Carbone était au collège de Normandie, grâce à Jean de Beaumont. Elle ne livra pas ce potin à ses lecteurs de *France-Soir*, mais à ceux du *Nouveau Femina*. Manouche s'attendait bien qu'il fuserait un jour. Heureuse d'en avoir fini avec un pieux mensonge, elle espérait que la comtesse François de Longjumeau lisait *le Nouveau Femina*.

C'est Mlle du Lot qui lui écrivit. Elle l'avisait que « les familles bien-pensantes et aristocratiques dont les fils étaient élevés dans l'établissement, avaient été informées à regret que l'enfant de feu monsieur Carbone était parmi eux. En conséquence, son inscription était annulée ».

Manouche téléphona aussitôt à Jean de Beaumont, qui lui dit de ne pas tenir compte de cette lettre : on n'oserait expulser son fils pour une telle raison. Mais Manouche, en y repensant,

234

ne voulut pas laisser Jean-Paul un jour de plus dans un collège qui s'estimait souillé par lui. Elle mobilisa une amie qui avait une voiture rapide et toutes deux partirent le lendemain matin pour Clères. A l'auberge du Cheval noir, où elles s'étaient arrêtées avant l'affrontement, déjeunait la comtesse François de Longjumeau. Elle sourit d'un air pincé. Manouche s'assit à la table voisine.

— Madame, dit-elle, je m'excuse de vous avoir parlé du banquier Germain, qui n'existe pas, mais j'ai voulu me mettre à votre portée, et non me foutre de vous. J'aurais mieux fait de vous parler de Carbone, à cause de qui l'on chasse mon Jean-Paul. Ce n'était pas un vulgaire truand : c'était un aristocrate, puisque c'était un chef, et c'est pour cela que je l'ai aimé. C'est pour cela que j'ai pensé que son fils pouvait être élevé au collège de Clères comme le vôtre.

Ces paroles brisèrent la glace. La comtesse tenait à faire preuve d'intelligence.

Après le déjeuner, qui avait été largement arrosé, trois furies pénétraient en ouragan dans le bureau de Mlle du Lot. La comtesse François de Longjumeau, son bibi de travers, n'était pas la moins excitée et la chaleur qu'elle témoigna pour défendre le fils de Carbone, stupéfia la directrice.

— Madame Germain a raison, criait-elle : c'est un scandale de punir un enfant pour des choses dont il n'est pas responsable.

— Mademoiselle du Lot, criait Manouche,

mon fils a un père dont il peut s'enorgueillir...
un père qui a eu des obsèques presque nationales, auxquelles assistaient un ministre français et des notables étrangers.

— Tino Rossi a chanté devant son macchabée,
criait l'amie de Manouche.

— Monsieur Carbone était un grand homme,
reprit la comtesse, le plus grand de son milieu.

— Il baisait bien, mademoiselle du Lot, dit
Manouche, mais, avec la gueule que vous avez,
ce n'est pas vous qu'il aurait baisée...

— Parfaitement! s'écria la comtesse.

Mlle du Lot, aussi scandalisée qu'effrayée, se
rapetissait dans le fauteuil de son bureau et
murmurait :

— Mesdames, je vous en prie!

— Vous devriez faire des excuses à madame Germain, dit la comtesse.

— Mais, madame, dit-elle à la comtesse, vous
êtes une de celles qui m'ont écrit!

Elle montrait une pile de lettres sur le bureau.

— Je vous ai écrit sans savoir qui était
monsieur Carbone. Je n'ai même pas consulté
mon mari. Je me rétracte et je vais faire une
pétition en sens contraire.

— Je suis navrée, madame, fit la directrice,
mais la décision est irrévocable.

— La mienne aussi, du Lot, dit Manouche.
Je ne venais pas vous conjurer de garder mon
fils dans le collège aristocratique des Grey-Pou-

236

pon, premiers moutardiers du pape. Je viens le chercher.

Elle remercia la comtesse, fit appeler Jean-Paul, dont les valises étaient déjà prêtes, et sortit dignement du collège de Normandie, saluée très bas par les deux gardes du fils de l'empereur d'Annam.

— Pauvre du Lot! dit Jean-Paul, tous les mecs ont appris, dès le premier jour, que j'étais le fils de Carbone. Aucun n'a eu l'idée d'en parler aux profs ou aux parents.

13

Sous l'égide de la Corse, c'est-à-dire du ministre André Maroselli, il entra au lycée Carnot, à Fontainebleau. Redevenir interne, ne faisait pas son affaire, mais il avait dû se soumettre.

Manouche « en avait ras le bol » de Didi le Portoricain. Lorsqu'il eut séduit une riche veuve parisienne qui avait été leur cliente à Tanger, elle s'en réjouit comme d'une délivrance. Elle encouragea cette liaison, la veuve souhaitant retrouver un mari.

Pour sa part, elle était tentée de faire de même et se rendait la voie libre : un vieux milliardaire de Detroit, Jim K., toujours coiffé de grands chapeaux texans, parce qu'il était né au Texas, s'était mis en tête de l'épouser. Descendant à l'hôtel Prince de Galles, où il avait un appartement sur la rue Quentin-Bauchart, il avait été incommodé par le brouhaha nocturne de cette rue. Quand il en apprit la cause, il fut curieux de connaître le restaurant qui avait une clientèle si gaie : il ne résista pas à l'entrain et aux attraits de la propriétaire. Elle n'avait d'abord attaché guère d'importance à ses propositions d'amoureux transi. Il lui avait avoué, en effet, qu'il était impuissant. Tout ce qu'il lui demanderait, si elle était sa femme, ce serait de se promener nue devant lui. Cette perspective n'était pas ce qui enthousiasmait Manouche; mais un tel mariage résoudrait ses problèmes : ceux d'une femme de quarante ans qui n'avait pas de fortune et qui avait un enfant. Lorsqu'elle avait refusé d'être lady B., Mme Jacques N. ou Mme Sylvain Wolfr., elle était à l'âge de l'insouciance et de l'espoir. Elle accepta d'être Mrs K.

Le dîner de fiançailles eut lieu à la Tour d'Argent, avec Mistinguett, Mme B. et tous les amis. Quand Jim, au dessert, lui offrit la bague, Manouche ne la jeta pas dans la bombe glacée, comme celle du fils du maire de Vincennes. Le fiancé fut couronné de roses, bien qu'il fût septuagénaire; mais sa gaillardise, trempée dans le whisky, égalait celle de Manouche. Il désirait que le mariage se fît à Detroit, où il vivait avec ses deux sœurs. Il les peignait assez rigides, mais comptait sur sa femme pour les dégeler : elle animerait cette maison de célibataires.

Il cherchait dans quel collège de la Ivy League Jean-Paul, futur héritier des K., poursuivrait ses études, avant de diriger leur usine d'appareils électroniques. On retournerait en France chaque année, pour les vacances. On achèterait une villa sur la côte d'Azur. A titre provisoire, on conserverait l'appartement de l'avenue Montaigne. Jim partait le premier, afin de préparer l'installation de Manouche. Il lui avait donné mille dollars pour ses achats et deux billets de cabine de luxe sur le Liberté.

Elle commanda chez Dior une robe de mariage en bleu pâle. Bébert, qui allait fonder un restaurant à Biarritz, offrit à Jean-Paul un costume d'Eton boy.

Peu avant son départ, Manouche eut une répétition de la cérémonie de Detroit : le mariage de Didi, célébré en grande pompe à la Trinité. Tout Tanger et tout Montmartre étaient là. Doris serra dans ses bras son ancien amant. Paulo Leca sortit, pour un jour, de sa cachette. Jo Renucci avait amené Spirito de Marseille. Manquaient les Corses du boulevard Flandrin, réfugiés en Espagne ou en Amérique du Sud.

Didi avait eu le courage de ne pas dérober à ses amis l'annonce de cette union, qui était le signal de sa rupture avec eux. Il promettait d'être un mari fidèle, un honnête homme et, autant que possible, un homme du monde. C'était la fin de Didi le Portoricain et la naissance du respectable Didier X... : il ne manierait plus le revolver, mais le club de golf.

Jim n'avait pas perdu sa flamme en retraversant l'Atlantique. Il téléphonait à Manouche chaque soir et lui écrivait des lettres érotiques, dont elle faisait lecture aux intimes du Spad. On s'esclaffait.

CINQUIÈME PARTIE

1

Ce n'était plus une traversée de l'Arren Mail. Laissant son fils jouer au ping-pong ou regarder des films, Manouche allait au bar de la classe touriste payer des tournées, rire et chanter. Une famille d'Arméniens, cordonniers et tailleurs à Marseille, que Carbone avait sauvée des rafles allemandes, était à sa dévotion. Elle aimait aussi le salon de coiffure, où se réunissaient les homosexuels du bord. On s'y déguisait pour les soirées de gala.

Manouche n'avait pu emporter que les sommes allouées par l'office des changes, mais ne songeait pas à épargner : Jim lui avait télégraphié qu'il l'attendrait à New York. C'est lui, d'ailleurs, qu'elle avait indiqué pour référence financière, en sollicitant son visa. Ce voyage enterrait sa « vie de garçon », mais elle ne rompait pas, comme Didi, avec son passé.

Dès qu'on aperçut dans le crépuscule du soir, la gigantesque façade de New York, elle éprouva

241

ce choc auquel nul ne peut se dérober. Appuyé près d'elle au bastingage, Jean-Paul lui fournissait des explications. Le Liberté avait rejoint la Liberté, mais Jim n'était pas sur le quai. L'arrivée du bateau ayant été retardée de quelques heures par une avarie, Manouche pensa qu'il s'était retranché dans un bar du voisinage et qu'il apparaîtrait d'un moment à l'autre. Jean-Paul eut une remarque pessimiste :

— Ton vieux t'a plaquée.

Avant de quitter le navire, Manouche demande, une dernière fois, s'il n'y a pas de message pour elle. Elle compte l'argent qui lui reste : dix-neuf dollars. Les ultimes pourboires distribués, elle est riche de neuf dollars en posant le pied sur la terre de l'Amérique.

Elle fit tout à coup réflexion que Jim ne lui avait pas télégraphié durant la traversée. N'était-il pas malade? Avant d'aller plus loin, il fallait téléphoner à Detroit. Manouche confia les valises à Jean-Paul et se dirigea vers une cabine téléphonique. La cascade de pièces nécessaire pour cet appel à longue distance réduisit sa mince provision de dollars, mais c'était pour lancer un S.O.S.

— Hello, Jim! dit-elle, le cœur battant, lorsqu'une voix eut répondu.

Dans son trouble, elle n'avait pas remarqué que c'était une voix de femme.

— Qui le demande? dit-on froidement.

— Manouche Germain, sa fiancée, qui arrive à New York.

— Mr K. est dans l'impossibilité de vous parler, dit la voix, insensible à cette présentation.

— Dans l'impossibilité de me parler? répéta Manouche. Pourquoi?

— Il a eu une attaque, il y a quelques jours.

— Une attaque?

— Une attaque d'hémiplégie.

— Mais c'est affreux! Puis-je parler au moins à quelqu'un de sa famille?

— Vous avez parlé à l'une de ses sœurs.

Et l'on raccrocha.

Jean-Paul, assis sur une valise, regardait sa mère qui revenait, flageolante. Il éclata de rire :

— Je parie que le vieux a cassé sa pipe.

Manouche s'affala sur une autre valise pour lui rapporter la conversation et sangloter. En tirant un mouchoir de son sac, elle fit tomber un dollar, qu'il ramassa.

— C'est bien le moment de perdre le peu d'oseille qui nous reste! dit-il. Et tu es en train d'écraser ta robe de mariage.

Ces mots arrachèrent à Manouche un sourire, au milieu des pleurs. Son bouleversement ne lui dissimulait pas le comique de la situation.

— C'est moi qui devrais pleurer d'avoir une mère comme toi, dit Jean-Paul.

Elle l'embrassa, pour se faire pardonner sa légèreté, qui les mettait dans cet embarras inouï, mais elle voulut ranimer son courage :

— Nous ne sommes pas encore réduits à la mendicité. J'ai mes bijoux. Nous avons Nanette à Cincinnati. J'ai une ancienne copine près de Boston.

— J'ai faim, dit Jean-Paul pour tout commentaire.

Cette phrase fit presque peur à Manouche, en la rappelant aux réalités immédiates. Un taxi s'était arrêté devant eux et le chauffeur les observait.

— Qu'est-ce que vous attendez? leur demanda-t-il.

— J'attends mon fiancé, répondit Manouche.

Le chauffeur, un gaillard au nez busqué et aux yeux vifs, était d'humeur engageante.

— Le fiancé qui vous a fait ce garçon? dit-il.

— Oh! non. Du reste, il ne m'en fera aucun, parce qu'il vient d'avoir une attaque d'hémiplégie. Il est à Detroit, et nous débarquons de Paris. Ne vous étonnez pas que j'aie un mouchoir à la main.

— Paris! s'écria le chauffeur. J'ai descendu les Champs-Elysées dans un char de l'armée américaine après la libération.

Les propos devinrent assez familiers pour incliner Manouche à tout raconter et à finir par cet aveu : qu'elle avait trois dollars en poche. Le chauffeur la fixait d'un œil à lui faire entendre qu'il la trouvait à son goût et elle lui laissait deviner qu'il ne la dégoûtait pas. Il conclut ainsi l'entretien :

— Vous n'avez pas de quoi payer une chambre d'hôtel. Vous n'avez pas de quoi payer un taxi. Pour vivre, vous serez obligée de vendre vos bijoux. Je vous propose de venir chez moi. Je vis à Bronx, dans une petite maison, avec ma mère et ma sœur. Il y a une chambre pour vous; on y placera un deuxième lit. Je dirai que je vous ai connue à Paris et que nous nous sommes rencontrés par hasard au débarcadère. Comme je dois aller bientôt à Detroit pour acheter une nouvelle Ford, je vous y mènerai. Peut-être remettrez-vous la main sur Mr K.

— Je crois qu'il nous est difficile de refuser, fit Jean-Paul, qui comprenait l'américain aussi bien que sa mère. La Providence nous envoie ce monsieur pour ne pas t'envoyer au bordel.

On monta dans le taxi, après avoir arrimé les valises. A défaut de milliardaire, on avait un chauffeur.

— Quand j'étais à Paris, dit-il, j'ai beaucoup regretté de ne pouvoir contempler les Nymphéas de Monet. Ils avaient été enlevés, à cause de la guerre. J'adore Monet.

— Vous êtes bien cultivé, pour un chauffeur, dit Manouche.

— Je ne suis pas un pauvre bougre. Je suis ingénieur; mais, depuis quatre ans, je fais ce métier, qui m'amuse et me rapporte davantage. Ce taxi m'appartient et j'en possède quatre autres. Mon nom, le voici.

Il montrait la carte d'identité que, suivant la loi américaine, tout chauffeur doit encadrer sur le tableau de bord. On y lisait : « Moose J. Harkavy. »

— Je suis un juif russe, dit-il, mais né à New York.

— Les Juifs ont tenu une grande place dans mon existence, dit Manouche.

— En bien ou en mal?

— En bien, puisque je n'ai trouvé parmi eux que des protecteurs ou des amants.

— J'espère que vous continuerez, dit Moose en riant.

Il habitait près d'un jardin public. Le rouleau de prières cloué au chambranle de la porte, prouvait que l'on entrait chez des juifs pieux. La mère, une vieille dame charmante, et la sœur, effacée, dissimulèrent leur surprise, en recevant cette Française que Moose avait connue à Paris.

— Ne vont-elles pas s'imaginer que Jean-Paul est votre fils? lui avait dit Manouche.

— Soyez sans crainte, avait-il répondu : elles ne croiront jamais que j'aie pu coucher avec une goy.

Les deux lits furent vite préparés, pendant que Manouche et Jean-Paul défaisaient leurs valises. Puis, un dîner qui, pour être kasher, n'en était pas moins excellent, réunit les cinq commensaux devant l'écran de la télévision. Jean-Paul dit qu'à Cincinnati, il avait appris à aimer l'Amérique par la télévision en couleur. Manouche se demandait si elle devait rire ou pleurer d'être, après une traversée si folâtre, chez des juifs pieux de New York, dans le quartier de Bronx, en train de manger une carpe farcie et du kreplach. Jacques N., Sylvain Wolfr. et Albert H. préféraient le foie gras et le caviar.

Moose avait fait visiter sa chambre, moins austère que le reste de la maison : il y avait un coûteux électrophone, des disques de choix, quelques gravures orientales, des trophées de club. Ses médailles de guerre étaient dans une petite vitrine, avec le texte de ses citations.

Manouche, en se remémorant cette journée agitée, s'étendit avec plaisir sur le lit qu'elle devait à la charité. Jean-Paul dormait déjà près de la lampe, dont l'abat-jour de parchemin était orné de textes hébreux. La mère et la sœur psalmodiaient, de l'autre côté de la cloison. Soudain, la porte s'entrouvrit et le chauffeur fit signe à Manouche de le suivre. Elle crut que sa dignité l'obligeait à ne pas céder le premier soir et dodelina la tête, comme si elle mourait de sommeil. Mais, lorsque Moose eut écarté les pans de sa robe de chambre, elle écarquilla des yeux émerveillés : Carbone et Rubirosa étaient dépassés. Elle se leva, pour payer avidement le tribut de l'hospitalité.

2

Moose était un galant homme. Il mit à la disposition de Manouche la somme qu'elle comptait retirer de la vente d'une bague et d'un collier.

— Vous me rendrez cet argent plus tard, dit-il.

Le matin, il lui faisait visiter New York et, l'après-midi, continuait son métier. Elle sortait alors avec Jean-Paul. Une affiche attira son attention. L'un des derniers danseurs de Mistinguett, Roger Stefani, qui faisait une tournée en Amérique avec le Latin Quartet, s'exhibait en ce moment sur une scène de la ville. Manouche prit des places pour elle, son fils et Moose. Le soir même, Stefani, stupéfait, l'aperçut au premier rang. Il l'invita à venir le lendemain dans l'appartement de Greenwich Village qu'il partageait avec un de ses camarades.

— Tu nous feras la cuisine, dit-il. Nous pourrons enfin bien manger à New York.

Les bras chargés de victuailles, elle frappa à la porte des deux danseurs du Latin Quartet. Des gémissements étouffés lui répondirent. N'obtenant pas d'autre écho, elle demanda le secours d'un voisin qui fit sauter la serrure : Stefani et son ami étaient bâillonnés et attachés au pied de leurs lits. Des marins qu'ils avaient amenés la nuit précédente, les avaient réduits à l'impuissance et dévalisés. L'arrivée de Manouche avait été aussi providentielle pour eux que celle de Moose pour elle sur le quai de New York.

— Ce sont les inconvénients du métier, dit Stefani. Mais ces marins étaient si beaux...!

Pour ne pas abuser de l'hospitalité hébraïque, autant que pour éclaircir sa situation conjugale, Manouche pressa le voyage de Detroit. Elle n'avait pas retéléphoné chez Jim : on le joindrait en tournant les sœurs dragons. Elle fit ses adieux à la famille de Moose, en emportant les souhaits de revenir Mrs K. et milliardaire.

La longue randonnée à travers la Pennsylvanie lui permit d'apprécier une fois de plus l'heureux caractère de son amant-chauffeur. L'incident d'une crevaison était, grâce à lui, une distraction aussi plaisante qu'un arrêt à une pompe à essence ou à un snack-bar. Au lieu de brûler les étapes, il s'arrêta dans un motel, pour passer encore une nuit avec Manouche.

Quand on longea le lac Erié, Jean-Paul montra l'endroit où il était venu avec Nanette, l'été précédent. Manouche aurait volontiers fait un crochet, afin d'aller voir son ancienne femme de chambre, dont le restaurant était le plus sélect de Cincinnati, mais elle était trop impatiente de connaître ce qui l'attendait à Detroit. Le gratte-ciel du Penobscot building signala enfin les lieux qui avaient vu fleurir les fortunes de Ford, de Chrysler et, subsidiairement, de Mr K.

Le plan d'action avait été établi au cours du voyage. Dès qu'on fut aux portes de la ville, Moose téléphona chez Mr K., en se donnant pour un de ses amis de New York qui était de passage. Une des sœurs répondit que Mr K., sous le coup d'une attaque, ne recevait personne. L'intrigue s'annonçait difficile, mais le chauffeur avait au moins en perspective quelques nuits de plus avec l'enivrante Parisienne dans un hôtel de Detroit.

Le lendemain, nouveau coup de téléphone de l'ami de New York aux sœurs tourières : il venait justement de connaître un neurologue, spécialiste de l'hémiplégie, et serait heureux de l'amener chez son *old fellow*. On répondit à l'ami de New York que, dans le carnet d'adresses de Mr K., ne figurait pas son nom et que, d'autre part, le meilleur spécialiste de l'hémiplégie était celui qui soignait Mr K. On priait, par conséquent, le prétendu ami de New York de cesser cet imbroglio, s'il ne voulait pas qu'on avertît la police.

— Eh bien, dit Moose, c'est nous qui l'avertirons.

Il avait mis dans les intérêts de Manouche un de ses anciens camarades de régiment, médecin à Detroit, qui avait accepté de s'introduire auprès de Mr K. comme spécialiste de l'hémiplégie. Ce médecin, aussi indigné que le chauffeur d'une telle obstruction, alla dénoncer au commissaire de police du district le fait inexplicable de ne pouvoir approcher Mr K. On le disait malade, mais n'était-il pas séquestré ? Le commissaire ouvrit une enquête. Deux jours après, il informa le médecin que Mr K. était vraiment hémiplégique et entre les mains d'un des plus grands spécialistes de l'hémiplégie.

Manouche et Jean-Paul, dans la voiture neuve de Moose, passaient et repassaient devant l'hôtel particulier de Mr K., mais désespéraient de franchir la grille. S'ils étaient arrivés quelques semaines plus tôt, cette maison eût été la leur. L'usine d'appareils électroniques, à River Rouge, leur mit aussi l'eau à la bouche.

Piqué au jeu, le médecin les conduisit chez un avocat, auquel on exposa toute l'affaire. Manouche montra le télégramme de Mr K. disant qu'il l'attendait à New York, quelques lettres, qui firent rougir légèrement l'avocat, la bague de fiançailles, où les initiales M et J étaient gravées à l'intérieur, la photographie du dîner des fiançailles à la Tour d'Argent, présidé par Mistinguett.

— *Aoh!* Mistinguett? dit l'avocat. *She is still alive?*

Il déclara qu'un dîner de fiançailles présidé par une artiste de music-hall, faisait l'effet d'une farce, que le J de la bague pouvait n'être pas celui de Mr K., que ces lettres choquantes n'étaient pas de celles qu'on écrit à une fiancée et qu'il était loisible d'interpréter le télégramme comme un simple geste d'amitié, suspendu par un cas de force majeure. L'ensemble de ces preuves ne constituait pas une promesse de mariage aux yeux de la loi américaine, singulièrement dans le Michigan.

Le chauffeur et le médecin, de plus en plus stimulés par les obstacles, appâtés aussi par l'odeur de tout cet argent, livrèrent le dernier combat. Ils recoururent à un détective, qui força la porte des terribles filles. Il leur dit la vérité : cette comédie était montée par la fiancée éconduite, mais attestait les scrupules, la délicatesse, la modération de cette Française, cette « veuve » du fameux gangster Carbone, à laquelle Mr K. avait rêvé de s'unir. Elle possédait des documents irréfragables, de nature à provoquer un scandale dont souffrirait la respectabilité des K., mais elle n'en userait qu'à toute extrémité. Elle était venue à Detroit avec son fils, faisant de grandes dépenses, abandonnant une situation brillante, renonçant à d'autres projets d'union, désormais compromis. Elle ne menaçait pas d'un vil chantage, mais elle demandait une réparation, proportionnée à ses sacrifices et à la fortune de Mr K. Les deux sœurs, qui avaient écouté attentivement, graves comme des Parques, dirent au détective qu'elles consulteraient leur frère et feraient connaître leur réponse dans les vingt-quatre heures.

Le lendemain matin, deux agents du F.B.I. se présentaient à l'hôtel où Mlle Germain était descendue et la priaient de quitter la ville... dans les vingt-quatre heures.

3

Manouche avait eu le temps de vendre son collier et sa bague à des conditions avantageuses, grâce au dévoué médecin. Elle remboursa Moose et il lui resta un peu d'argent. Elle ne parlait plus de Mr K. que pour se féliciter d'avoir échappé aux farouches belles-sœurs. Moose avait les mêmes ressources d'optimisme, mais il estimait que, dans ces circonstances, elle y avait plus de mérite.

A Cincinnati, Nanette et son mari accueillirent leur ancienne patronne d'une manière qui acheva de les consoler. Le récit du mariage manqué déclenchait les rires sur les tables du « french restaurant », le Pigall's. Manouche avait conté au chauffeur la fin tragique du Notaire et Nanette eut la coquetterie de montrer la cicatrice que lui avait laissée sur la cuisse une balle de l'assassin. Ce séjour chez cette aimable femme rappelait à Manouche, non seulement ses aventures, mais sa fortune disparue. Jean-Paul retrouvait son club préféré, sa piscine, ses petits compagnons, ses petites amies. Moose, qui ne pouvait s'octroyer de plus longues vacances, repartit pour New York.

Au bout de quelques semaines, Manouche voulut reprendre, avec son fils, le tour de ses amis d'Amérique. La copine dont elle lui avait parlé, ancien mannequin chez Patou, habitait dans le Massachusetts. Sa maison était située au milieu des bois et remplie de pendules qui sonnaient à tout instant : c'était le hobby de son mari. Son amant était embaumeur dans une entreprise de pompes funèbres. Manouche le vit travailler sur un défunt du voisinage : il injecta certains liquides, au cou et sous les aisselles du cadavre, le vida de son sang, de ses gaz et de ses boyaux, le frotta d'huile de lavande et de térébenthine, lui vernit et colora les joues, lui ouvrit les paupières, lui raviva les yeux, l'habilla d'un habit de fête et l'assit dans un fauteuil, un verre de champagne à la main. Manouche s'aperçut que cette scène peu ragoûtante avait excité son amie : elle la laissa avec l'embaumé et l'embaumeur, pour aller vomir son déjeuner sous les tamaris.

Sa troisième visite fut pour les Arméniens de la traversée. Ils s'étaient divisés entre Saint Louis et La Nouvelle-Orléans, où ils exerçaient joyeusement leurs divers métiers. Tous reçurent Manouche avec chaleur; ceux de Saint Louis lui firent descendre le Mississippi en bateau jusqu'à ceux de La Nouvelle-Orléans. Elle connut par eux la vie des noirs, chanta des negro spirituals dans les églises. Quand elle avait si bien traité ces humbles passagers du Liberté, elle n'imaginait pas qu'ils lui auraient été un jour si utiles.

Des hospitalités semblables, qui lui permettaient de faire ce qu'elle voulait, lui paraissaient plus séduisantes que celles que lui auraient ménagées ses richissimes clients américains de Tanger et de Paris : elle ne recherchait plus les milliardaires.

En chemin, elle avait récolté une invitation pour San Francisco, mais sa bourse était plate. Jacques N. lui avait écrit qu'il l'attendait à Hollywood, dont il était un des principaux personnages : elle jugea humiliant de le taper pour traverser les Etats-Unis et regagna New York. Comme elle ne tenait pas à entendre des prières de juives pieuses en faisant l'amour, elle descendit à l'hôtel. Ce qu'elle avait encore de bijoux, lui permettait de vivre une semaine et de prendre les billets de retour. Avant de lessiver son dernier clip, elle effectua une démarche qu'elle avait gardée comme une poire pour la soif et qui n'engageait pas son amour-propre.

Carbone lui avait dit les liens des Corses avec la mafia sicilienne de New York; elle n'ignorait pas que lui-même en avait connu les chefs. Didi le Portoricain avait indiqué quelques noms de plus à Manouche; Adolphe, un truand, ami du Notaire, avait rafraîchi la liste. Avec Jean-Paul en Eton boy, elle entra au San Marino, dans la 43e rue, pour demander Gigi, le boss. Elle avait griffonné un mot, dans le plus pur anglais de Worthing, pour lui dire qui elle était et avec qui elle était. Un jeune Sicilien, trapu comme une métope de Sélinonte, le guida vers un salon, au fond du bar. Cela lui rappelait sa première rencontre avec Carbone à Marseille.

Gigi, très gentleman sous ses cheveux blancs, se leva tout ému. Il embrassa Manouche et Jean-Paul, les fit asseoir, les contempla.

— Carbone! s'écria-t-il, *Mio carisimo Paolo*...! *Poor* Paul...! Nous nous sommes rencontrés à Marseille, quand nous avions quatorze ans, et nous volions les valises dans les gares.

— Il m'avait caché ce détail, dit Manouche.

— Oui, c'était un début bien modeste, pour devenir un géant comme lui.

Il répéta :

— *Mio carisimo* Paul! Il m'a empêché de mourir de faim, moi, petit émigrant de Sicile.

Sa voix tremblait. Il regarda Jean-Paul.

— *My little chicken*! Spirito m'avait appris que Paul avait un fils posthume.

Soudain, comme s'il avait eu un doute sur cette paternité, il saisit la tête de l'enfant et lui tâta le crâne.

— Tu as la châtaigne, dit-il avec satisfaction. Tu seras digne de ton père.

Il demanda à Manouche si elle voulait le lui laisser, pour le former, d'ores et déjà, à la vie de New York. Elle répondit qu'il devait terminer son éducation.

— Ah! dit Gigi à Jean-Paul, ton père l'avait déjà commencée, à ton âge, sa vraie éducation!

Après tous ces compliments, Manouche lui expliqua comment, venue aux Etats-Unis épouser un milliardaire, elle était réduite à vendre ses bijoux pour subsister.

— Ne te préoccupe plus de cela, lui dit Gigi. C'est moi qui réglerai ta note d'hôtel tant que tu seras à New York, aussi bien que tes achats, payés par l'hôtel. Tu vois que le nom de Carbone signifie quelque chose parmi nous.

Manouche s'en était doutée, mais cela dépassait ce qu'elle aurait cru. Elle sauta au cou de Gigi.

— Chère Manouche, dit-il. Tu ne sais pas les services que Paul m'a rendus ensuite, à Paris et à Marseille, quand il était le grand Carbone!...

Il offrit à Jean-Paul un billet de cinq cents

dollars, que celui-ci regarda aussitôt par transparence. Du moins, ne le frotta-t-il pas à un linge mouillé. Manouche jugea superflu de s'excuser. Gigi grogna de plaisir.

— Tu iras loin, dit-il à l'enfant, tu es sur le bon chemin.

Ainsi Manouche demeura-t-elle quatre mois au Sheraton, sans avoir l'impression d'être indiscrète. Cela ne l'empêchait pas de conserver Moose comme amant. Quand elle annonçait son départ, Gigi protestait. Ce vieux mafioso était le plus sentimental des hommes. Toute sa famille avait adopté Manouche et était prête à adopter Jean-Paul en bonne et due forme.

L'activité des Siciliens de New York évoquait celle de Paul, mais à l'échelle américaine. On s'offrait à créer pour sa « veuve » un restaurant, au quarante-cinquième étage d'un nouveau building. Elle hésita un peu, alléchée par l'idée de voir son enseigne briller devant Central Park. Mais ce n'était pas dans une ville aussi écrasante qu'elle voulait tenter de nouveau le sort. Si elle devait faire rire les Américains, c'était à Paris. Elle était contente de voir se confirmer chez Jean-Paul l'amour de ce pays extraordinaire, où il était appelé à revenir. Son pays à elle était la France, sa capitale à elle était Paris.

4

Réinstallée avenue Montaigne, elle eut pour premier soin de faire entrer son fils au lycée Janson-de-Sailly, sans la protection de personne. Ensuite, elle chercha un restaurant à diriger, pour assurer leur existence. Mistinguett lui en indiqua un : l'auberge des Cormiers, à quelque distance de sa maison de Bougival. Manouche en prit la charge et rabattit tous ses amis, auxquels ses lettres avaient narré ses aventures, plus ou moins succinctement. Ce retour d'Eldorado était assez humiliant, mais il en aurait fallu davantage pour la démonter.

Miss, de plus en plus fripée, ne conservait pas moins une santé de fer et risquait encore quelques apparitions sur la scène de l'A.B.C. Elle avait des trous de mémoire dans ses chansons et s'arrêtait pour dire, ingénument :

— Où j'en suis? Voyons si ça m' r'viendra.

Et le public, bon enfant, applaudissait. Elle était jalouse de son ancien danseur italien, qui habitait toujours chez elle et qu'elle surnommait « la Timbale milanaise ». Elle ne lui pardonnait pas d'avoir accepté le rôle de diable aux Folies-Bergère, où elle s'était produite autrefois. Encore très beau et moulé par son collant, il précipitait de jolies filles dans les flammes. Le soir de la générale, Miss, à côté de Manouche qui

cherchait en vain à la retenir, criait, montrant
sa coquille :

— C'est un faux paquet! c'est du bidon! i' bande p'us.

Fou de rage, le diable cracha dans sa direction.

Jean-Paul était excédé de Janson. Il refusait
de travailler, même de manger, sous prétexte
que la pitance était exécrable. Une assistante
sociale pondit un rapport, où il était qualifié
durement. Manouche, qui avait fait la sourde
oreille aux récriminations de son fils, n'admettait pourtant pas qu'il fût insulté. Elle envahit
l'office des assistantes sociales, plus agressive
encore que chez Mlle du Lot :

— Bande de gouines! leur dit-elle, n'avez-vous
pas honte de juger des garçons qui ont des
couilles au cul? Vos chattes pourries ne feront
jamais un fils comme le mien.

Il ne lui restait qu'à le retirer de Janson. En
dépit de cette algarade, elle put le mettre au
lycée de Saint-Cloud. Cela entraîna des dépenses
supplémentaires.

— Tu es ma ruine, dit-elle à Jean-Paul.

— Tu es ma mère, répondit-il.

L'auberge des Cormiers prenait son essor, quand
Mistinguett trépassa. Manouche perdait une
grande amie, qui avait conféré du prestige à ses
restaurants et dont l'allégresse l'avait soutenue
dans les épreuves. Jean-Paul accompagna sa
mère aux obsèques de sa marraine, pompeuse-
ment célébrées à la Madeleine. On y dénombra
presque autant de couronnes qu'à l'enterrement

de Carbone. Il y en avait une en plumes roses, envoyée par le coiffeur de la Miss. Il y en avait une aussi du président de la République, René Coty. Cet hommage touchait Arletty, parce que l'actuel chef de l'Etat avait été arrêté comme elle à la libération et même provisoirement déclaré inéligible.

Sans la Miss, Bougival n'était plus Bougival. Manouche résilia le bail des Cormiers. Après un bref séjour à Saint-Tropez, où voulait la fixer Huguette Empain, elle repensa tout à coup à Tanger. Contre son attente et peut-être à cause de ce deuil, Paris ne l'avait pas reconquise. Les souvenirs d'une vie facile l'attiraient vers le Maroc. La vente de son appartement de l'avenue Montaigne fournirait la mise de fonds de sa seconde aventure africaine. Jean-Paul quitta le lycée de Saint-Cloud avec joie. Les perspectives des souks de Tanger l'intéressaient plus, à douze ans, que des études sérieuses.

Manouche ne voulut pas réoccuper le Venezia, pour ne pas remuer trop de cendres. Elle choisit le bar Las Vegas, rue Cujas.

Le Blond était là, à qui elle n'avait pas donné rendez-vous, — Le Blond, le dernier capitaine de l'Arren Mail. Il devint son associé, mais la désenchanta sur les à-côtés de la profession : la contrebande des cigarettes était finie. Seules restaient celles des armes et de la drogue, plus fructueuses, mais plus dangereuses. Manouche ne se sentait de goût pour aucun de ces commerces.

Bien des choses avaient changé au Maroc et

260

continuaient d'y changer. La déposition du sultan, les luttes du parti nationaliste, le rôle croissant de Ben Barka, l'échec des réformes tentées par la France, avaient modifié profondément l'atmosphère. Le Glaoui, qui s'était déclaré contre son souverain légitime, reconnut son erreur à genoux, lors d'une entrevue dramatique.

Ces événements ne faisaient pas le compte d'un certain nombre de Français, qui avaient défendu jusqu'au bout le colonialisme, comme d'autres le défendaient en Algérie. Leur animadversion était particulièrement virulente à l'égard de leurs compatriotes qui favorisaient le parti marocain. L'un de ceux-ci, et non des moindres, était Jacques Lemaigre-Dubreuil, gendre du propriétaire des huiles Lesieur. Pendant la guerre, il avait été, avec Henri d'Astier de la Vigerie, membre du fameux « comité des cinq ». Manouche l'avait souvent vu au Venezia, lorsqu'il s'arrêtait à Tanger avec son jeune ami, modéliste chez Dior, et son chauffeur arabe, autre beau garçon. Au moment où elle se réinstallait à Tanger, Lemaigre-Dubreuil fut assassiné à Casablanca. La lumière n'était pas encore faite sur ce crime, qui, au lieu de retarder l'indépendance, l'avait précipitée. Le sultan devenait roi. Tanger cessait d'être un port libre.

Manouche fut très surprise, quand elle reçut la visite de Jo Renucci, dont elle avait perdu la trace. Elle le fut encore plus en apprenant qu'il avait failli être impliqué dans l'assassinat de Lemaigre-Dubreuil, attribué à un commando marseillais. L'industriel avait été tué à onze heures du soir, devant sa porte, alors qu'il montait en voiture. Il allait chercher à l'aéroport un homme mystérieux, dont Jo révéla le nom à Manouche.

Un autre Français était mort : Charles de Breteuil. Lui aussi partisan de l'indépendance, il avait été affecté par la confiscation de son journal et cette nouvelle, alors qu'il était gravement malade, avait hâté sa fin.

Manouche ne tarda pas à comprendre qu'elle avait fait un nouveau voyage inutile. Le Blond voulant se transplanter en Espagne, elle décida de replanter son piquet à Paris. Elle rendit une visite de courtoisie, en même temps que d'adieu, au premier ambassadeur de France au Maroc, l'ancien préfet de police André-Louis Dubois, qui épousait Carmen Tessier. Manouche se présenta devant eux comme une bonne Française qui n'est plus contrebandière, mais elle regrettait un peu le temps des Longjumeau, où elle était « la femme d'un banquier de Tanger ».

5

Une proposition intéressante lui fut faite par Henri René, directeur des Folies-Matignon. Manouche l'avait connu sous l'occupation, quand il gérait une des boîtes de nuit les plus prospères de la rue de Bassano. Elle connaissait encore mieux Ignace, son associé, qui, jeune garçon, avait été recueilli par Mistinguett et fut ensuite danseur au Casino de Paris. C'est lui qui avait ramené des Etats-Unis des girls devenues célèbres dans le monde entier.

La faiblesse d'Ignace était de porter des perruques qu'il croyait invisibles, parce qu'elles avaient des cheveux de plus en plus longs, jusqu'à ce qu'il recommençât la série. Les faiblesses d'Henri étaient d'une autre sorte et leurs talents conjugués avaient porté les spectacles des Folies-Matignon à la même hauteur que ceux de Miami.

Les propriétaires de l'établissement étaient aussi connus de Manouche, amis de Carbone. Ils avaient fait fortune, durant la guerre, dans des conditions qui valaient une entrée gratuite aux inspecteurs des renseignements généraux.

René offrit à Manouche de tenir la boîte de nuit qu'il avait créée près des Folies-Matignon pour un gigolo. Elle accepta et se logea dans l'immeuble.

A ses clients ordinaires, vite accourus, elle ajoutait les jeunes de la « nouvelle vague ». C'étaient les admirateurs de ces petites débutantes qui s'appelaient Brigitte Bardot et Françoise Sagan ou qui allaient entendre le hot jazz de Sacha Distel et les premières chansons de Barbara à l'Ecluse. Manouche, qui ne sentait jamais son âge et à peine son poids, s'adaptait d'autant plus aisément à toute cette jeunesse, que son fils en faisait déjà partie. Pour l'instant, elle l'avait rebouclé au lycée de Saint-Cloud.

Henri René invitait Manouche en week-end, dans sa propriété des environs de Rambouillet. C'était une vaste maison Louis XVI, entièrement remise à neuf, meublée comme un décor des Folies-Matignon, rehaussé de Miami : les chambres étaient tapissées de damas or, avec des moquettes rouge vif. Il y avait une piscine couverte. Il y avait surtout, dans les dépendances, d'anciens commis ou plongeurs des Folies-Matignon, déchus de leur emploi et promus, plus ou moins passagèrement, à celui de giton. René ne recevait guère, du reste, que ses plongeurs, ses commis ou des gigolos et, en dehors de Manouche, sa sœur, tierceline de saint François.

Un jour, il dit à Manouche de l'attendre, au coin de la rue de Marignan, avec deux commis qu'il voulait emmener à Rambouillet. De même qu'Ignace s'imaginait qu'on ignorait ses perruques, René était persuadé qu'on ignorait ses mœurs. Manouche, qui riait de ces précautions, faisait donc la mère de famille attendant son mari entre ses deux fils, mais ils n'avaient pas l'heur de lui plaire.

René apparut, au volant de sa DS, fort guindé. Manouche, un peu nerveuse, s'assit à côté de lui, les commis derrière.

— Ils sont bien boutonneux, tes minets, lui dit-elle. Et moches, avec ça.

— Vous n'êtes pas gentille pour nous, madame Manouche, répliqua l'un d'eux.

— Ne m'appelez pas madame Manouche, comme si j'étais une patronne de bordel. Appelez-moi madame. Pinson est seul ici à avoir le droit de m'appeler Manouche.

Dans l'intimité, Henri René voulait, en effet, qu'on l'appelât Pinson. Il jugea les plaisanteries de Manouche offensantes pour ces garçons, qui étaient assez soignés et assez gentils.

— Fous-leur la paix, la grosse, dit-il.

— Mais non, voyons! reprit-elle. Je tiens à ta santé. On ne fait pas l'amour avec des croûteux, des cracras. Ils cocotent, comme s'ils sortaient de la plonge.

— Ils se plongeront dans la piscine.

— Moi, je ne m'y plongerai pas, dit Manouche.

— Elle déborderait, dit Pinson.

— Avant d'y laisser barboter ces Amours, reprit-elle, brique-les au savon de Marseille : ils ont sûrement de l'astrakan entre les doigts des panards et du fromage blanc autour du chinois.

— Ne vous effrayez pas, dit Henri pour apaiser les minets : la grosse fait son cirque.

On était déjà hors de Paris. Au bord de la route, deux grands blonds superbes, en short, les jambes dorées, leurs sacs à terre, faisaient de l'auto-stop.

— Voilà ce qu'il te faut, dit Manouche. Ça, c'est de la belle viande.

Sans pitié pour les commis, Henri s'arrêta près des deux blonds : deux étudiants allemands.

— Les dieux du stade! s'écria Manouche.

Ils prirent place derrière, un commis s'asseyant sur les genoux de l'autre, et acceptèrent avec plaisir l'hospitalité à Rambouillet. Manouche les mit à l'aise par quelques-unes de ces plaisanteries qui avaient réjoui son capitaine allemand à Tanger. Ils ne savaient pourtant pas quelle contenance avoir, se croyant les hôtes d'une famille française. Aussi parurent-ils surpris, quand Manouche se pencha pour leur palper la braguette.

— Tiens-toi bien, lui dit Pinson. Tu me fais honte. N'oublie pas que j'ai la légion d'honneur.

— Et toi, tu me fais chier. Je te procure ces deux merveilles, à la place de ces gueules de raie, et tu te plains! Je peux te dire que tu ne t'embêteras pas avec eux; ils ont de ces membres!

Les deux commis rongeaient leur frein et regardaient par la portière.

L'arrivée à la propriété était toujours un divertissement pour Manouche. Les anciens se montraient fort désagréables pour les nouveaux. Ils prenaient leurs valises, mais pour les leur flanquer sur les pieds. Ils les bousculaient. En les servant à table, ils leur donnaient des coups sur la tête avec les plats. Cette fois, ils firent semblant de ne pas même les voir et ne s'occupèrent que des dieux du stade. René expédia les deux pauvres méprisés au bungalow et conduisit les deux vainqueurs dans la plus belle chambre. Il leur fit donner des pyjamas sans pantalons.

Un verre à la main, près de Manouche, il contempla les évolutions de ces deux athlètes dans la piscine. Comme on leur avait interdit de mettre un maillot de bain, elle pouvait faire constater qu'elle n'avait rien exagéré en parlant de leurs attributs. Les commis de la maison regardaient, eux aussi, et leurs yeux flambaient autant que ceux du maître. On poussa un cri d'admiration devant l'émoi subit des deux nageurs qui faisaient la planche. Leur virilité semblait répondre d'avance à tous les appétits. Pinson se tortillait sur son siège.

— Salaud! lui dit Manouche, tu vas te farcir de beaux gosses. Mais ils auront du courage, malgré ta légion d'honneur!

Quand les Allemands sortirent de l'eau, les commis se précipitèrent pour les essuyer, avec peignoirs et serviettes. Comme l'essuyage se prolongeait d'une manière abusive, Pinson dispersa la foule.

Conformément à ses ordres, le dîner fut servi sans familiarités indécentes. Il voulait rétablir le ton d'une maison bourgeoise où l'on traite deux nobles étrangers. Leurs victimes, qui mangeaient discrètement en bout de table, se félicitaient de ne pas recevoir ainsi des taloches ou de la sauce.

Après le repas, on joua au gin rammy. Assez tôt, les Allemands se dirent fatigués et se retirèrent dans leur chambre. Pinson prit cela pour une politesse à son intention. Accompagné de Manouche, il alla se pomponner, se parfu-

mer, mettre sa plus belle veste de pyjama, sans
pantalon.

— Bonsoir! dit-il à Manouche, tout gaillard,
en la quittant pour frapper chez les dieux du
stade.

Elle fit quelques pas, puis, l'entendant cogner
en vain, se retourna d'un air railleur.

— Tu es baisé, Pinson, lui dit-elle. J'ai vu les
signes qu'échangeaient les commis de la maison
et les Chleus. Laisse les jeunes rigoler avec les
jeunes.

Il s'éloigna vers le bungalow pour se consoler
de l'ingratitude allemande.

6

Désormais, les étés de Manouche se passaient
à Nice, à Cannes, à Antibes, à Saint-Tropez, dans
tous ces lieux où elle avait été choyée par Wolfr.,
Albert H. et Carbone. Elle n'y vivait plus que
dans un style modeste, mais bénéficiait encore
de son acquis. Les directeurs des palaces que
Carbone avait achetés pour Szkolnikoff, — palaces dont les derniers, le Ruhl et le Martinez,
venaient à peine d'être vendus pour les domaines,
— lui réservaient une chambre de courrier, c'est-
à-dire de chauffeur. Ainsi gardait-elle une adresse

élégante, pour retrouver ensuite sur les plages ses amis élégants.

Elle croisa un jour une jeune femme, squelettique et voûtée, qui, escortée de bagages somptueux, quittait le Carlton. On lui dit que c'était la nièce et héritière de Szkolnikoff : malgré les amendes dont avait été grevée la fortune de son oncle, elle avait touché une somme considérable du gouvernement français. Manouche n'eut pas le cœur de lui demander des nouvelles d'Hélène.

Elle ne rencontrerait probablement pas Denise L. qui, maintenant, séjournait à l'ombre plutôt que sur la côte d'Azur. Lorsque la sûreté nationale se décida enfin d'arrêter l'ancienne protégée d'Himmler et de Knochen, on y trouva un commissaire de police à qui elle avait promis de le faire nommer directeur du Rouge Baiser. L'habileté de son avocat changea l'inculpation d'intelligences avec l'ennemi en inculpation pour des « actes ayant pu nuire à la défense nationale ». Sortie de Fresnes, sa cliente bifurqua vers le monde des affaires. Elle manqua de peu une escroquerie d'un milliard, aux dépens d'un financier à qui elle prétendait livrer quelques tonnes de café de Colombie. Elle faillit ruiner le président-directeur général d'un des plus grands magasins de Paris, à qui elle faisait reluire le contrôle économique des armées américaines en France. Elle faillit ruiner un grand bijoutier du faubourg Saint-Honoré, un grand fourreur de l'avenue Matignon. Ensuite, sous de Gaulle, elle faillit marier une de ses filles au fils du président d'une république africaine. Elle a escroqué enfin, sous Pompidou, plusieurs centaines de millions près de Bordeaux. Toujours aussi mouvementé, mais à présent dans la chronique judiciaire, le film de Denise L. continue.

Manouche fit une rencontre d'un autre genre. Un soir, dans le hall du Majestic, une femme, endiamantée et emperlée, l'accola en criant :

— Manouche!

La voix un peu vulgaire aida sa mémoire. Elle répondit :

— Iñes!

C'était une ancienne courtisane à temps perdu, qu'elle faisait manger gratis au Chambiges, dans les jours difficiles, et à qui elle avait présenté un de ses clients du George-V. Elle ne savait pas qu'il l'avait épousée.

— Je suis une des femmes les plus riches de l'Australie, dit à Manouche son ancienne nourrissonne, mais, si tu savais comme je m'emmerde!... Tu me ferais plaisir de venir nous voir.

L'Australien, qui arrivait, lui déclara qu'elle avait fait son bonheur. Pendant trois semaines, elle accompagna ces époux, de Cannes à Monaco, dans tous les endroits de luxe, mais elle ne leur promit pas de visiter l'Australie, et ne se laissa pas enlever à Acapulco, où ils allaient en quête de distractions. Elle s'imaginait vivant cette existence erratique avec Mr K.

Henri René avait un voilier, sur lequel elle et Jean-Paul montaient souvent. L'amusement consistait à la faire culbuter dans la mer quand elle grimpait l'échelle : on aurait dit alors une énorme méduse flottante. Elle dut subir cette plaisanterie jusque dans les piscines des villas et des hôtels. Quelquefois, elle y dégringolait d'elle-même, si elle avait trop bu.

Deux raisons entraînèrent la fermeture de sa boîte de nuit : René se fâcha avec son gigolo et un préfet, qui habitait l'immeuble, déposait plainte sur plainte pour le bruit. Grâce à l'indemnité qu'elle reçut, Manouche prit un bar-restaurant, rue de Turin.

Son associé était l'ex-gardien du vestiaire du Golf Drouot, boîte favorite des jeunes. Il lui amena des clients encore plus *in* que ceux qu'elle laissait. Johnny Hallyday, le rock'n'roller de cette boîte, était leur idole. Manouche aimait ce garçon qui possédait la folie du rythme, et qui se régalait avec la purée de pommes de terre qu'elle lui préparait.

Jean-Paul, maintenant âgé de quinze ans, ne voulait plus entendre parler d'internat et d'études. Il échappait du lycée pour rejoindre les fans de Johnny et guetter ses apparitions chez Manouche. Pour l'occuper, elle le confia aux bons soins de René, qui proposait de lui ouvrir une carrière de vedette au music-hall.

On lui fit faire un costume en satin bleu, avec une toque argentée. Son rôle consistait à annoncer les danseurs et les danseuses sur la scène. Il sentait qu'il y avait autant de regards pour lui que pour eux et pour elles. Cela ne dura pas très longtemps; une nuit, il revint tout renfrogné des Folies-Matignon, en disant qu'il était poursuivi par un danseur et qu'il lui avait « cassé la gueule ». Il ne travaillerait plus chez Henri René.

Quand il demanda à Manouche de l'envoyer à Cincinnati, c'était lui faire comprendre que son éducation était un échec. Il déclarait qu'il avait hâte de vivre aux Etats-Unis, qu'il n'accepterait de retourner dans un collège que là-bas, et que Nanette était comme sa seconde mère.

— Plus sérieuse que toi, ajoutait-il.

Manouche n'accepta pas sans crève-cœur de se priver de son fils. Nanette se dit enchantée d'avoir à le surveiller. Il habiterait sous son toit et irait dans une high school, dont Manouche paierait la pension. Le fils de Carbone était fait pour l'Amérique.

Une des raisons qui avaient déterminé sa mère, était de ne pas le rendre témoin de son penchant pour la boisson. L'absence de Jean-Paul lui fut, d'ailleurs, un motif pour se contraindre encore moins. Jadis, elle collectionnait les amants; désormais, c'étaient les cuites.

L'été suivant, elle devint, par ses manifestations diverses, la terreur des palaces qui l'abritaient. Au Byblos, à Saint-Tropez, elle mettait sécher ses slips à sa fenêtre et elle foudroyait, avec le slang de Soho, les vieilles Anglaises indignées de ce laisser-aller napolitain. Une nuit de saoulerie, à Cannes, elle révolutionna le Carlton, en chantant dans les couloirs, vêtue d'un couvre-lit de dentelles. La veille au soir de son retour à Paris, elle avait chopiné longuement avec le patron de la Chunga, qui la conduisit à Nice, où elle devait prendre l'avion. Il l'installa au Plaza vers quatre heures du matin.

— A midi, faites-lui monter une bouteille de blanc, dit-il au portier. Voici de quoi payer la note.

On avait donné à Manouche une chambre à deux lits, qu'elle rapprocha, afin de dormir plus à l'aise. La table de nuit se renversa, la lampe se fracassa, les voisins se réveillèrent en protestant.

— Merde! leur répondit Manouche. Je fais le ménage.

Elle se jeta sur les deux lits rapprochés. Son poids les écarta et elle tomba par terre, comme pour réveiller plus de monde. Il lui fut impossible de se relever et, quand, à midi, le valet entra avec la bouteille, il la trouva allongée sous un sommier, les cheveux emmêlés dans les ressorts, dormant toute nue du sommeil du juste.

Lorsqu'elle habitait avenue Montaigne, on l'avait aperçue, une fois, à six heures du matin, assise au bord du trottoir, en face de chez elle. Un taxi l'y avait laissée; mais elle n'avait pas eu la force de marcher jusqu'à sa porte. Le balayeur venait de la réveiller et, en riant, lui arrosait les pieds dans le ruisseau.

7

Bien qu'elle ne fût plus l'obligée d'Henri René pour son restaurant, elle demeurait son amie et le porte-respect de ses parties de campagne. Elle maintenait la paix entre les commis. Son autorité chez le directeur des Folies-Matignon venait de ce qu'elle était la seule, avec la tierce-line de saint François, à ne pas faire des folies de son corps.

René avait une bonne cave, mais la tenait sous clé. Aussi Manouche, qui l'accompagnait à Rambouillet dans sa camionnette pour faire les provisions, achetait-elle quelques bouteilles de choix. Le dimanche, il entendait la messe dans une église de la ville, parfois avec sa sœur. Manouche se refusait à cette comédie.

Un jour qu'elle attendait Pinson dans un café, elle avait engagé la conversation avec deux jolis voyous de dix-sept ou dix-huit ans.

— C'est exactement ma pointure, lui dit-il à l'oreille dès qu'il fut de retour de l'église, parfumé d'encens.

Il les invita à déjeuner, comme on avait fait pour les dieux du stade, et ils partirent tous en camionnette. La maison, la piscine, les chambres, le bungalow, éblouirent les deux garçons, que Manouche préserva contre les insolences des commis. Sur les instructions de René, elle ne laissa pas de leur tâter les poches, où l'un d'eux avait un couteau à cran d'arrêt. Ensuite, il s'occupa du barbecue, entouré de son personnel.

Quand il voulut entraîner les deux voyous dans sa chambre, l'un d'eux déclara que « ces trucs ne lui plaisaient pas ». On lui rendit son arme, on lui donna quelques billets et on le fit raccompagner. Pinson fut si content du « service trois pièces » de l'autre, qu'il décida de le prendre à bail. Manouche fut chargée de compléter l'éducation de ce garçon, qui posait les os et les croûtes de fromage sur la nappe. Elle le nippa à la Belle Jardinière, où René avait de fortes remises, parce qu'il y habillait ses commis, et il s'assit enfin à la table directoriale des Folies-Matignon. Puis, un clou chassant l'autre, il disparut de la circulation.

Six mois après, à Cannes, on parlait beaucoup, chez Madeleine, « la femme des sables » de la plage sportive, du « fils secret et retrouvé » d'un acteur célèbre. Cette histoire passionnait la presse du cœur et inspirait une certaine curiosité à ceux qui connaissaient les goûts de cet artiste. Manouche le vit tout à coup arriver avec son pupille de Rambouillet, qui parut troublé. Elle éclata de rire, quand l'acteur le lui présenta comme son fils, qui n'était plus secret.

— Tu as changé de père! dit-elle au jeune homme.

— Monsieur Henri René n'était qu'un ami, dit-il. Mais lui est vraiment mon père. Nous nous sommes retrouvés.

— Probablement dans un bain de vapeur, dit Manouche.

L'acteur célèbre modéra désormais ses commentaires paternels dans la presse du cœur et ne remit pas les pieds chez « la femme des sables ». Manouche était une trompette de la Renommée, contre laquelle on ne pouvait lutter.

8

Jean-Paul revint de Cincinnati, au mois de juillet. Il approchait de ses dix-huit ans et voulait devancer l'appel pour son service militaire. Ses études terminées, il n'avait pas d'autre ambition que de travailler dans un bar. Les lois de l'Ohio le lui interdisaient, parce qu'il était trop jeune pour vendre de l'alcool. Ainsi emploierait-il son temps en France, sans le perdre aux Etats-Unis. Il rejoignit Manouche à Cannes.

Sa beauté et son petit air dur, qui faisaient de lui un jeune sosie d'Alain Delon, furent une nouvelle attraction de la plage sportive. Il y retrouvait Johnny Hallyday. Le chanteur était amoureux de la starlette Patricia Viterbo, à laquelle il avait offert une bague. Cette bague fut volée et Johnny accusa Jean-Paul. Il reçut immédiatement un coup de poing dans l'œil, ce qui l'empêcha de sortir de quelque temps. Un journal parla de ce fils de Carbone, le petit Jean-Paul Germain, qui avait poché un œil au « grand Johnny ». Ils se présentèrent mutuellement des excuses et la réconciliation publique se fit au cours d'une soirée vénitienne donnée par Eddie Barclay. Manouche, habillée en dogaresse, trônait entre Jean-Paul, vêtu d'un pourpoint de dentelle blanche, et Johnny, vêtu d'un pourpoint de dentelle noire. Le beau pied-noir Michel Beaufort, romancier débutant, et Philippe Erlanger, le brillant historien, ministre plénipotentiaire, lauréat de l'Institut, les encadraient. Le soirée se termina chez le prince de Lignac, personnalité de Cannes et de Hong Kong. On se baigna au clair de lune dans la piscine, où, naturellement, la dogaresse fut plongée. Elle était, avec Geneviève Fath, la seule femme invitée. Le lendemain de cette soirée, il y eut une tentative de suicide de Johnny.

Pour changer ses idées, Jean-Paul s'embarqua pour la Corse sur le yacht d'une jeune Belge, dont le père avait été un soupirant de Manouche. Il visita sa famille de Propriano. La vieille mamma, qui avait été si attendrie de le voir tout enfant, était morte et la dépouille de son père avait pu enfin être inhumée dans le cimetière du village. Ses deux oncles étaient en désaccord pour savoir à qui laisser la maison : l'un inclinait pour des cousins du pays, l'autre pour Jean-Paul. Son partisan, étonné de la compagnie qui était à bord du yacht, lui dit confidentiellement :

— Mon petit, il faut te marier, si tu veux avoir la maison.

Il le promit, mais il eût préféré une maison au cap d'Antibes.

Il regagna la France pour entrer à la caserne de Kremlin-Bicêtre, service des transmissions. Ce n'était pas de tout repos : il y avait surtout des engagés volontaires, que ses prétentions américaines et sa qualité de fils de Carbone n'intimidaient pas. Sa chance fut qu'un adjudant corse était de Propriano, comme les gardes du fils de Bao-Daï.

9

Manouche se lassait de ses restaurants plus vite que sa clientèle. Elle ne songeait plus qu'à s'en aller de la rue de Turin; mais, où transporter cette enseigne, toujours victorieuse et toujours vagabonde : « Chez Manouche » ?

Elle s'ouvrit de son intention à Robert Dorfmann, devenu l'un des grands producteurs de films français, et qui lui devait son mariage. C'est par elle, en effet, qu'il avait connu, au lendemain de la guerre, la jeune femme dont il avait des enfants. Plus d'une fois, elle avait espéré l'obtenir comme commanditaire, mais il lui expliquait qu'une carrière cinématographique était faite d'autant de revers que de succès. Tantôt il gagnait un milliard avec *Jeux interdits* et *les Tricheurs*, tantôt il frôlait l'abîme avec *Gervaise* ou *la Princesse de Clèves*. Prenant Gérard Oury comme réalisateur pour *le Corniaud*, il avait eu un triomphe, qui lui permettait de payer ses dettes. Ils mitonnaient ensemble *la Grande vadrouille*, qui était de la même veine et dont on pouvait attendre les mêmes résultats. Il promit de faire quelque chose pour Manouche et acquit un restaurant rue Boursault, aux Batignolles. Les studios de Boulogne accomplirent le travail de décoration.

Sur ces perspectives, Manouche abandonna la rue de Turin et l'appartement qui en dépendait. L'animateur d'un cabaret, qui avait un engagement en Belgique, lui offrit sa chambre dans un petit hôtel, proche de la rue Lepic. C'était une amusante résidence de danseurs et de travestis, où les chambres étaient louées à l'année, sans aucun service, et où tout le monde fraternisait. Jusque-là, Manouche n'avait aperçu de travestis que dans les boîtes spéciales, mais elle ignorait leur vie intime. Sur le terrain de la prostitution, ils mettaient les femmes en échec. Ils prétendaient, du reste, qu'ils trompaient leur clientèle en dissimulant leur sexe par des tampons, et en proposant d'autres plaisirs, dont les hommes s'accommodent volontiers. Le bois de Boulogne et ses alentours, les rues obscures de Montmartre, étaient leurs lieux de prédilection. Manouche, qui les voyait faire leurs préparatifs et qui parfois les aidait, admirait leur métamorphose. L'un d'eux se mettait trois paires de bas foncés sur les jambes, tellement il les avait poilues. Un autre ajoutait à ses faux seins des capotes anglaises remplies d'eau Perrier : cela, disait-il, donnait un mou spécial qui excitait les Portugais et les Arabes.

Manouche avait fait rire Dorfmann, en lui demandant s'il n'y avait pas un rôle pour elle dans un de ses films.

— Tu en aurais été la vedette il y a vingt ans, lui avait-il dit.

Elle disait elle-même qu'après avoir été mannequin chez Patou, elle aurait pu l'être maintenant chez Olida. Cette année, Vittorio de Sica lui avait fait incarner la Lune dans *un Monde nouveau*, film qu'il tournait à Paris. On la voyait en maillot, tirée par un char, le croissant sur la tête. Malheureusement pour sa gloire, cette séquence fut coupée au dernier moment.

Enfin, elle pendit sa quatrième crémaillère de restauratrice parisienne. Tout le monde fut fidèle au rendez-vous de sa table et de son verbe. Certains, qui ne l'avaient pas vue depuis le Chambiges ou le Spad, la complimentaient sur l'épanouissement de ses formes. Ses yeux bleus paraissaient tout petits, au haut de ses joues rubicondes, où était enfoui son nez minuscule. La malice de son regard n'avait pas changé. *Pariscope*, en la décrivant derrière le bar de la rue Boursault, lui trouvait « un corps pour Rubens et un visage pour Toulouse-Lautrec ».

Maurice Chevalier lui proposa d'être, sinon son peintre, du moins son historien. Il l'était déjà de ses aventures personnelles, avec une dizaine de volumes. Connaissant une partie de celles de Manouche, il pensait qu'elles pouvaient intéresser des lecteurs.

Elle avait peu de sympathie pour Momo, mais ne pouvait qu'estimer flatteuse sa proposition. Il fit établir un contrat, qu'il lui soumit. Lorsqu'il fut venu dîner sept ou huit fois gratis, sans jamais laisser un centime de pourboire, elle le pria de se torcher le cul avec son contrat, surtout si, comme il le lui avait dit, ce livre devait compléter son bagage pour l'Académie française.

10

En été, elle prit un restaurant à Valbonne, près de Grasse : le club des Antiquaires. Pour l'ouverture, Geneviève Fath lui amena joyeuse compagnie : l'Américain Tommy..., qui habitait une des plus belles villas de Cannes, d'autres Américains et un Argentin, surnommé l'Araignée, qui avait été le petit ami du marquis de Cuevas. Le prince de Lignac y arriva de son côté, avec ses minets. Il n'y avait que des Rolls dans la cour. Quatre Corses, qui avaient été à la suite de Carbone, occupaient une autre table.

La chère était succulente, la gaieté communicative. Les minets du prince plaisantaient avec les amis de Geneviève Fath, d'une manière de plus en plus audacieuse. Les anciens truands étaient seuls à représenter la respectabilité.

Tommy... demanda soudain à Manouche quel était le garçon dont il apercevait la photographie sur un meuble.

— C'est celui qui se tape mon cuistot, dit-elle. Je garde sa photo, parce que c'est un beau mec.

— Il a été pendant six mois l'amour de ma vie, dit l'Américain presque en larmes. Je ne savais pas pour qui il m'avait lâché.

— Tu vois qu'on ne retient pas toujours les gigolos avec des maisons comme la tienne.

— Le matin de son anniversaire, j'avais ouvert la fenêtre de sa chambre pour lui montrer le cadeau qui était au bas du perron : une Rolls dans un emballage de cellophane, fermé par un énorme ruban rouge.

— Il a dû la revendre, dit Manouche, car je le vois circuler en solex.

« Quatre bouteilles de champagne pour la table de madame Fath, ajouta-t-elle d'autorité. Il faut noyer le chagrin de Tommy. »

— Pardon, dit l'Araignée qui invitait : une bouteille.

L'initiative de Manouche l'avait agacé.

— Mais vous êtes huit! dit-elle.

— Une bouteille... et neuf verres.

Ironiquement, l'Argentin tendit à Manouche le premier verre, où il n'y avait qu'une gorgée de champagne. Elle vida le verre et le jeta sur le sol, comme une grande-duchesse d'autrefois. Chacun des amis de Geneviève Fath fit de même. Puis, comme si ce peu de champagne avait suffi à mettre le feu aux poudres, ils jetèrent également leurs assiettes et tout ce qui était sur la table. Le prince et les minets de les imiter.

— Tu veux qu'on les calme? dit à Manouche un des Corses.

— Ils s'amusent, répondit-elle : ce sont de mes bons clients de Paris.

— On s'en va, dirent les truands; on aime pas voir du gâchis.

Délivrés de ces regards réprobateurs, les autres achevèrent de s'abandonner à leur folie destructive. Les nappes et les serviettes, les tables, les chaises, les rideaux, les abat-jour, les gravures, les photographies, la robe même que portait Manouche et qu'on lui arracha, furent mis en pièces. Assise au milieu des débris, en soutien-gorge et en slip, elle pleurait et riait en même temps. Ses clients dansèrent une farandole autour d'elle, qui avait vu, le même jour, l'ouverture et la fermeture de son restaurant.

A la fin de l'été, un vieil homosexuel fut trouvé mort dans un ruisseau, près de Cannes. Son curé refusa de l'enterrer, à cause de sa réputation, mais un autre, plus libéral, fit le service funèbre. Tous les Arcadiens de la région y assistèrent. Manouche se joignit à eux. Elle passa la journée à Cannes, dîna sur le port avec le célébrant et un entrepreneur en maçonnerie. Ils burent jusqu'à une heure avancée. Le curé et Manouche étant ivres, l'entrepreneur les hissa dans sa camionnette afin de les raccompagner.

— Monsieur le curé, disait Manouche, il y a trois mois que je n'ai pas baisé.

— Ma fille, disait le curé, il y a six mois que je n'ai pas péché.

Pour gagner sa chambre, il lui fallait traverser l'église, plongée dans l'ombre. Manouche, qui le suivait, heurta le bénitier et s'étala sur le ventre. Elle sentit quelque chose qui s'insinuait.

— Monsieur le curé, vous vous trompez de porte, dit-elle.

— Si ce n'est pas la porte de l'église, c'est celle de la sacristie, répondit la voix de l'entrepreneur.

Au restaurant de la rue Boursault, Manouche avait appris qu'un producteur ami de Dorfmann, Lombroso, allait tirer un film du livre de José Giovanni, *le Deuxième souffle*, dont le début relatait un assassinat pareil à celui du Notaire. Comme l'héroïne de ce roman s'appelait Manouche, elle espérait que le film, confié par Lombroso à Melville, ne noircirait pas trop sa propre histoire.

Quand il eut été projeté, elle trouva que c'était une piètre réclame pour une restauratrice. Estimant qu'elle avait droit à une réparation, elle confia ses intérêts à Me Biaggi, qui réclama des dommages et intérêts. Les avocats adverses gagnèrent en référé : ils avaient prouvé, par les articles relatifs au film, que Manouche, loin d'en subir un préjudice, s'en faisait une publicité. Me Biaggi voulait poursuivre le procès; mais, sur les instances de Dorfmann, elle le persuada d'y renoncer.

Entre-temps, Jean-Paul avait fini son service militaire, était reparti pour l'Amérique et avait retraversé Paris, allant à Saint-Tropez. On eut bientôt de ses nouvelles par *France-Dimanche*. Sa photographie y était en première page, à côté d'une charmante fille et sous ce titre : « Drame entre Charles Aznavour et sa fille Patricia. » Elle s'était enfuie sur la Côte, « avec un garçon dont il ne voulait pas pour gendre ». Le chanteur annonçait qu'il allait la déshériter. Il la rattrapa et Carmen Tessier annonça, dans *France-Soir*, qu'il l'emmenait aux Etats-Unis, en vue de lui faire oublier ce Don Juan.

Les Etats-Unis étaient le pays de Jean-Paul, mais il n'en reprit pas le chemin pour courir après Patricia. Manouche était vexée que le fils de Carbone ne fût pas digne de la fille d'Aznavour. Elle jubila, quand il lui apprit, quelques semaines plus tard, qu'il venait d'épouser Wendy G., fille du roi du cigare. Une si rapide union l'étonnait un peu. Pour qu'elle ne s'imaginât pas être devenue milliardaire en qualité de belle-mère, Jean-Paul ajoutait que Mr G., qui n'attachait pas les chiens avec des saucisses, lui avait donné, comme cadeau de noces, une trousse renfermant les modèles de cigare à placer chez les marchands de tabac. Manouche n'était pas moins exaltée par ce mariage. Elle espérait en-

tretenir désormais des relations normales avec
ce fils qui avait tant compté dans sa vie et qu'elle
n'avait pu fixer. Tout le prix de l'amour maternel lui était apparu, depuis qu'ils étaient séparés.
Voir assuré l'avenir de Jean-Paul, lui ôtait la moitié
de ses soucis.

11

Malgré les déceptions du second séjour à Tanger, le Maroc, où régnait à présent Hassan II, la
séduisait par ses mirages. Elle était lasse de Paris : après avoir enterré le restaurant de Valbonne, elle rendit à Dorfmann les clés de celui
de la rue Boursault. Elle s'envola pour Casablanca.

Les échos de l'affaire Ben Barka n'étaient pas
encore assourdis. Ce personnage, qui avait été
président de l'assemblée consultative, au début
de l'indépendance, avait vite fait figure d'oppo-
sant démocratique et dû se réfugier en France.
Condamné à mort par contumace pour complot
contre le roi, il avait disparu, après avoir été
poussé dans une voiture à Saint-Germain-des-
Prés. Bien qu'on n'eût pas retrouvé son corps,
on était à peu près certain qu'il avait été assassiné à Fontenay-le-Vicomte, dans la villa d'un
truand, nommé Boucheseiche. L'enquête révéla,

d'ailleurs, une collusion de policiers et de truands. Un autre de ceux-ci, — Coffre-Fort, — avait été en relations avec Carbone. Un procès interminable s'était déroulé à Paris autour de ce crime politique, qui avait provoqué une rupture entre la France et le Maroc. Manouche ne possédait jusqu'à présent aucune lumière particulière sur la fin de cet ami de Charles de Breteuil.

Elle savait d'avance où descendre : un décorateur parisien lui avait offert sa villa, mais elle n'y était pas à son aise. Le gardien noir dormait devant sa porte, des souris couraient sous son lit, des cafards volants la réveillaient en sursaut.

Les patrons d'un des principaux restaurants de la ville, la Cambuse, qui s'étaient engoués de Manouche, la tirèrent de peine : ils l'installèrent chez eux pour lui faire diriger le restaurant et ouvrir une boîte de nuit. Cette boîte, le Tangage, eut le même succès auprès des Français et de toute la colonie étrangère qu'auprès des Marocains.

On y remarqua bientôt quatre truands de l'affaire Ben Barka qui s'étaient enfuis au Maroc. L'un d'eux tenait un bordel à Casablanca, les autres vivotaient à Rabat. Tous, même Boucheseiche, avaient bouche cousue sur l'affaire. Des Marocains plus confiants fournirent à Manouche quelques détails, correspondant à certaines révélations du procès. Ils assuraient que ces truands et les policiers français de divers services, à qui avaient été promis quarante millions pour s'emparer de Ben Barka, l'avaient livré à des policiers marocains arrivés en avion, mais on ne savait au juste qui l'avait tué. Quant à la rétribution, ces derniers objectèrent qu'on ne payait rien pour un cadavre. La finesse arabe avait été la plus forte.

Un soir, après la fermeture du restaurant, le colonel Dlimi, chef de la police marocaine, frappa à la porte de Manouche. C'était un de ses clients de choix, mais elle ne l'avait pas encore rencontré tête à tête.

— Je viens te voir pour parler de Paris, dit-il. Mets-moi des disques.

Elle mit un disque sur l'électrophone, lui offrit un verre.

— Eh bien! dit-elle, parlons de Paris, — de ce Paris que j'oublie chez vous.

Pour le colonel Dlimi, parler de Paris, c'était parler de l'affaire Ben Barka. Il dit combien il avait été stupéfait d'avoir été arrêté, quand il s'était présenté chevaleresquement devant la justice française pour justifier son pays et son chef, le général Oufkir, ministre de l'intérieur.

— Je suis resté près de neuf mois en prison, ajouta-t-il. C'est quelque chose d'assez inouï, quand on est le chef de la sûreté nationale. Il est vrai que j'ai été acquitté, mais on y a mis le temps. Et quelle tristesse, d'avoir condamné à la prison perpétuelle le général Oufkir, comme les quatre truands! Oufkir, un héros de l'armée française!

— N'accusez pas la France, dit Manouche, mais seulement Colombey-les-deux-Mosquées.

288

Il fit un sourire :

— Dis-moi, tu as connu Ben Barka?

— A peine. Il était mon client à Tanger, mais je ne l'ai jamais vu à Paris.

— Et les quatre truands?

— Je les connais, comme je connais tous les Français de Casa.

— On m'a dit pourtant que tu connaissais l'un d'eux, reprit le beau colonel.

— En effet, dit Manouche; il était plus ou moins dans l'entourage de Carbone et un ami du tôlier Codebo.

— Tu es une noctambule, dit le colonel; allons finir la soirée quelque part. Il y a des boîtes qui ferment plus tard que la tienne : l'Abreuvoir, par exemple.

C'était la plus belle boîte de Casa. Elle appartenait à un juif de Fez.

— Vous tombez mal, dit Manouche. La première fois, le propriétaire m'a très mal reçue et, la seconde, m'a interdit d'entrer.

— Viens avec moi, dit le colonel.

Manouche frappe à la porte de l'Abreuvoir. On regarde par le judas et on lui répète qu'elle n'est pas admise.

— Pardon, dit le colonel en se montrant : elle est avec moi.

La porte s'ouvre à deux battants. Le propriétaire s'avance, plié en deux.

— Chaque fois que madame viendra, elle est mon invitée, précise le colonel.

Cependant, elle comprenait que toutes ces gentillesses avaient un but. Elle n'en douta pas, lorsque le colonel lui dit, avant de la quitter :

— Si tu apprends des choses qui peuvent m'intéresser, appelle-moi.

— Au temps du protectorat, répondit-elle, vous m'avez aimée, vous autres Marocains, parce que je ne faisais pas du renseignement pour la France. Continuez de m'aimer, sans que j'en fasse pour le Maroc.

La Comédie-Française vint jouer *l'Aiglon* aux arènes de Casablanca. Manouche alla embrasser l'administrateur, Maurice Escande, et dîna avec lui. Il parla de Mauricio Rosal, son ami de jadis, qui, ambassadeur du Guatemala à Bruxelles, avait été arrêté à New York pour trafic de drogue, il y avait quelques mois. L'histoire avait fait grand bruit. Le cousin de Manouche avait peut-être pris l'habitude d'utiliser la valise diplomatique à des fins non officielles, lorsque, chargé d'affaires du Honduras à Vichy, il expédiait, sous ce couvert, pour le compte de Wolfr., des bidons d'essence de jasmin. En changeant de nationalité, il n'avait pas changé d'uniforme et de coutume.

Un des clients allemands de Manouche, propriétaire d'un cabaret à Agadir, cherchait à la débaucher de la Cambuse et du Tangage. Pour contenter son goût du changement, elle partit.

Elle ne tarda pas à constater qu'elle avait fait un aussi mauvais calcul au point de vue de ses intérêts, qu'au point de vue des distractions. La seule qu'elle eût à Agadir, en dehors des mots croisés, fut le passage de Barbara Hutton. L'Américaine, en six voitures, escortée de motards pour sa sécurité, avec son guitariste, son coiffeur, son masseur, son pédicure et son nouveau fiancé, allait à Taroudant, chez le baron Jean Pellenc. Manouche n'eut pas envie de se joindre à la smalah.

Elle reçut, peu après, la visite du colonel Dlimi.

— Il faut que je te retrouve ici! lui dit-il. Pourquoi as-tu filé de Casa?

— Parce que je m'y emmerdais. J'ai voulu voir Agadir, on s'y emmerde davantage.

Le colonel se mit à rire.

— J'aime t'entendre parler argot. Il me semble être à Paris.

» Je vais te distraire. J'ai un avion, le Mystère 20 du roi. Je t'emmène à une fête arabe au seuil du désert, chez un Danois que nous aimons beaucoup : C., le roi de la bière.

Dlimi et Manouche furent déposés devant des jardins qui semblaient l'œuvre des djinns et qui étaient celle de jeunes touareg. Le Danois recrutait dans leurs tribus ses serviteurs, que l'on comptait par dizaines. Il les prenait tout enfants. Leur costume était une culotte bouffante, avec un gilet brodé, sur leur torse nu. Des cyprès, des palmiers, des orangers, entouraient la maison, que précédait une piscine. C., noble vieillard, s'avança en s'appuyant sur deux pages, qui avaient une touffe de jasmin à l'oreille.

— Où sont les autres invités? demanda Manouche.

— Il n'y a que nous, dit le colonel. C'est une vraie fête.

Dans un coin de la palmeraie, était dressée une tente de toile verte, qui abritait des tapis et des coussins. A proximité, de jeunes garçons surveillaient la cuisson du méchoui. D'autres apportaient sur des plateaux du pilaf, des aubergines farcies, des boulettes de viande, des salades, des fruits, des sucreries. D'autres, sous un parasol de paille, chantonnaient, en frappant alternativement dans leurs mains et sur des tambourins. D'autres jouaient de la flûte. Au son de ces voix et de cette musique, d'autres dansaient avec grâce. Les plus beaux étaient assis aux pieds du maître. Dlimi lançait à Manouche des clins d'yeux ironiques. Elle admirait ce joli spectacle, qui n'était possible qu'au pays du Prophète.

Pour faire rire C., elle lui conta que, dans un restaurant de Marrakech, quelqu'un faisant des plaisanteries sur un grand couturier parisien qui avait une villa près des remparts, un gros Arabe s'était écrié : « Tais-toi, c'est mon femme. »

Après le repas, on fut conduit en voiture hors des jardins, pour assister à la fantasia. L'adresse de ces garçons, qui caracolaient sur leurs petits chevaux lancés ventre à terre, déchargeant leurs pistolets ou leurs fusils, formait une autre sorte de danse, plutôt qu'un exercice guerrier.

Le colonel, qui effectuait une tournée, repartit seul : C. avait supplié Manouche de rester. Elle passa deux mois dans ce paradis étrange. Elle aurait pu y passer sa vie. Le roi de la bière souhaitait l'épouser, mais elle avait abandonné l'idée d'épouser qui que ce fût. Elle était moins sensible à ses avances qu'à celles d'un joli targui de quinze ans qui lui demandait pour unique faveur de la regarder nue, comme Mr K.

S'arrachant aux rêves du désert, elle fut ravie de retrouver Casablanca pour s'amuser. Dlimi la laissait en paix, convaincu enfin qu'elle ne « faisait du renseignement » pour personne et qu'elle n'en ferait pour personne. Il se contentait de demeurer son client.

Un télégramme de Jean-Paul annonça qu'il arrivait à Rabat avec Wendy. La joie de connaître sa belle-fille fut doublée, pour Manouche, du plaisir de la voir enceinte : le mariage se consolidait. Elle ne pensa pas être importune en s'emparant du jeune couple. L'amabilité de Wendy l'y encourageait. Jean-Paul fut bientôt agacé de cette présence de sa mère, qui parlait même d'un voyage aux Etats-Unis. Il déclara brusquement que sa femme et lui partaient pour la côte d'Azur; Manouche, un beau matin, reçut leurs adieux à Rabat.

Forte de ses sentiments pour Jean-Paul et de la sympathie que lui avait manifestée sa belle-fille, elle décida un coup d'éclat. Quelques heures après leur envol, elle prit l'avion pour Marseille, alla en taxi de Marseille à Cannes, et, sachant où ils dîneraient, courut s'y installer. Jean-Paul écarquilla les yeux en l'apercevant.

— Je veux jouir de toi un peu plus longtemps,

lui dit-elle. Tu me manques. C'est le complexe d'Œdipe à l'envers. Et je voudrais aussi te donner quelques conseils : je n'en ai même pas eu le temps.

Elle ne fut pas certaine de l'avoir attendri. Pour ne pas indisposer Wendy, il joignit sa mère à leurs divertissements. Elle crut leur plaire en se montrant plus jeune qu'eux et en renchérissant sur ses extravagances habituelles. Son fils les avait supportées par force, quand il était enfant; puis, il les avait quelquefois partagées; maintenant qu'il était marié, il avait un sens du comme il faut, qui semblait risible à Manouche. C'était un curieux spectacle que leurs disputes, dans les lieux à la mode. Lorsque sa mère exagérait, son fils lui disait, les poings serrés, les sourcils froncés : « Ça suffit! » et elle lui répondait : « Tu m'emmerdes. » Wendy riait aux larmes. Ce n'est pas ce qui irritait le moins Jean-Paul.

La veille de son départ pour New York, il remit à Manouche un paquet de traveller's cheques et lui dit :

— Tu as empoisonné mes vacances. Ma vie nouvelle ne regarde que moi. J'espère pouvoir t'envoyer de quoi vivre, mais je te conseille de continuer à travailler... et de ne plus m'emmerder.

Il croyait avoir acquis le droit de lui parler aussi rudement qu'elle faisait. En larmes, Manouche embrassa Wendy et lui glissa au poignet un bracelet en or qui lui plaisait : c'était son dernier bijou.

12

Elle ne regagna pas Agadir, mais Paris. Elle se disait, avec un rire amer, qu'elle aurait pu s'envoler vers Montevideo ou Assomption. D'après ce que lui avait dit, à Tanger, un membre de la bande des Corses, elle eût été accueillie en triomphe par les anciens grognards de l'empereur de Marseille, qui avaient fondé leur Champ d'asile sur ces rives lointaines, en bon voisinage avec d'anciens nazis. Carbone était pourtant resté à l'écart de leurs activités sous l'occupation, mais son nom symbolisait pour eux les années où ils avaient régné en France avec des procédés supportables. Dernièrement, les noms de quelques-uns de ces exilés avaient alimenté la chronique, au sujet d'affaires de drogue. Probablement y avait-il là-bas plus de Corses de l'époque héroïque qu'il n'en demeurait en France : Paulo Leca, Jo Renucci étaient morts; Antoine Guérini avait été assassiné, après le commandant Blément, — meurtres qui semblaient se répondre, — et Mémé, frère d'Antoine, avait été arrêté, comme suspect d'un autre meurtre vengeant celui de son frère. Manouche, malgré cette hécatombe et l'état précaire de ses finances, ne songeait pas à rejoindre les Corses du rio de la Plata.

Ce retour d'Afrique, via la côte d'Azur, rappelait son retour des Etats-Unis, en ce qu'il était la conséquence d'une défaite. Celle-ci la touchait davantage, parce qu'il s'agissait de Jean-Paul. Elle avait cru se rapprocher de lui à la faveur de son mariage et elle avait échoué. Il ne voulait pas s'embarrasser d'elle : il s'était affranchi sur ce point, comme sur tous les autres.

A cause de lui, elle eut le sentiment d'avoir rompu avec la vie active. Elle se sentait incapable de tout effort pour reprendre un restaurant, bien qu'on lui en offrît, et elle ne se souciait plus que de vivre au jour le jour, le verre à la main, la cigarette aux lèvres, en « s'en foutant ».

Cette expression, qui résumait sa philosophie, avait toujours été un peu sa devise, mais elle la pratiquait désormais avec un cynisme joyeux, auquel son volume prêtait plus de relief. Peu de gens avaient eu autant de chance qu'elle et autant de malchance : l'homme qu'elle avait le plus aimé et dont elle avait un enfant, était mort tragiquement, sans avoir pu faire d'elle sa femme; ceux qui avaient désiré l'épouser, elle les avait rebutés; le seul avec qui elle eût été près de s'unir, pour un mariage blanc, s'était évaporé au moment de cette union.

Symbole de toutes ses unions manquées, elle rencontra Petit-Nez, — le Petit-Nez de la boîte magique, le Petit-Nez de Carbone, le Petit-Nez qui avait fait fortune en vendant de l'or aux Allemands. Les journaux l'avaient cité, quelques années après la libération, quand on avait saisi, dans un pré, aux frontières de la Suisse, un avion chargé d'or. C'était la première fois qu'il revoyait

Manouche et il ne parla pas de leurs anciens différends.

— Tu ne regrettes pas de ne pas m'avoir épousé? lui dit-il.

— Non; je te trouve intelligent, mais tu ne m'as jamais excitée.

— C'est dommage; tu serais la femme d'un type qui a quinze milliards au soleil.

— Et moi, je suis une femme qui ne possède pas un radis.

— J'ai épousé ma secrétaire.

— Je te comprends : elle en savait trop.

Il montra un ruban, au revers de son veston :

— Je suis blanchi, et je commence même à rougir.

— Es-tu heureux?

— Je le suis, quand je compte mon pognon.

Un tel mot n'aurait jamais été un mot de Manouche.

Le souvenir des fortunes qu'elle avait perdues, ne lui causait pas plus de regret que la fortune des autres ne lui inspirait de jalousie. Comment, du reste, aurait-elle jalousé une femme, puisqu'elle avait vécu l'existence de plusieurs? Elle ne portait maintenant que du strass, et Van Cleef, qui avait vu jadis ses bijoux, les estimait aux environs d'un milliard. Ce milliard en fumée, c'est le milliard de Manouche.

Le seul luxe qu'elle eût gardé, c'était de dire ce qu'elle voulait, à qui elle voulait. Une des femmes les plus élégantes de Paris la fuit comme la peste, parce qu'une fois, Manouche, invitée par elle chez Castel, lui a lancé en riant :

— Je te tenais la tête, à Cannes, sous l'occupation, pendant que tu faisais une pipe à Albert H.!

Elle n'était pas méchante : elle avait l'amour incoercible de la vérité.

Cette force, elle la devait à son caractère, mais aussi à la vie qu'elle avait menée. Depuis sa jeunesse, elle s'était affirmée telle qu'elle était. N'ayant jamais admis les hypocrisies, elle admettait à peine les conventions. La personnalité de Carbone avait doublé sa puissance. Même déchue, nul n'osait lui résister : elle écrasait par son verbe, comme elle aurait écrasé par son poids. Elle était la dernière « grande gueule » de Paris.

Elle allait dîner souvent chez sa chère Mme B., dont l'hôtel, malgré les lois sur la prostitution, restait ouvert, principalement à l'usage des étrangers distingués et du corps diplomatique. Un Anglais demi-fou, cousin de la reine Elisabeth, y fréquentait, pour raconter les apparitions dont la Vierge l'honorait. Il était friand de titres et on lui présentait les filles comme des princesses qui redoraient leurs blasons. Manouche, eu égard à son allure majestueuse, était « la reine de Roumanie ». On lui conserva cette qualité auprès des ambassadeurs noirs, gris ou jaunes, dont certains pétaient par respect en lui baisant la main.

Lorsqu'Alain Delon conçut le projet d'un film sur Carbone, c'est à elle qu'il s'adressa pour avoir des renseignements et des documents. Elle n'approuvait guère un scénario qui exploitait uniquement la violence, mais elle n'avait pas le moyen de s'y opposer. Les frères de Paul, eux non plus, ne pouvaient interdire à Delon de porter à l'écran la vie d'un homme public, mais ils lui firent savoir que, si le film était tourné à Marseille, il y aurait du grabuge et ensuite dans les salles. Tout ami des Guérini qu'il était, il mit les pouces et baptisa son film *Borsalino*.

N'ayant plus de domicile, Manouche errait d'hôtel en hôtel, dans le quartier de Saint-Germain-des-Prés, qu'elle avait adopté, parce que c'était le nouveau Montmartre. Le souvenir de ses bijoux disparus, l'auréole de Carbone et le bruit du mariage de son fils avec la fille du roi du cigare, lui servaient de crédit, généralement pour un mois, dans les petits hôtels. Généralement aussi, elle partait en laissant en gage une valise. Elle ne se préoccupait même pas de rapatrier celles qu'elle avait abandonnées à Rabat, lors de son départ précipité. Et pourtant, il y avait, dans l'une d'elles, le pot de chambre du Kronprinz, en argent massif, que lui avait offert un Allemand du Maroc. Ce vase, aussi grand qu'un chaudron, semblait fait exprès pour le postérieur de Manouche. Et ses portraits, où étaient-ils? Celui de Van Dongen, chez des juifs en Allemagne; celui de Jean-Gabriel Domergue, chez l'ancienne bouquetière du Chambiges, qui avait épousé un agent du F.B.I. à Paris.

Quand Jean-Paul, réconcilié, lui envoyait des dollars, elle faisait, selon son expression, la

« fiesta gaucho », plus qu'elle ne se souciait de payer ses dettes. Cela lui donnait une illusion d'égalité avec ses amis, Françoise Sagan, Jacques Chazot, Peggy Brasseur, le couturier Delahaye. Mais, dans ses jours les plus désargentés, il lui restait encore de quoi payer un coup de rouge au duc de la Plumeau, complètement ruiné, qu'elle trouvait quelquefois au bistrot.

Dans les restaurants, elle savait, comme dans les hôtels, les limites variables de son crédit. Chez Lipp, où elle avait son couvert, elle entrait toujours le front haut, même si elle avait la bourse vide : elle était certaine qu'il y aurait quelqu'un pour régler son addition, et, si c'était un intime, solder l'arriéré.

Les « caves » qui cherchaient à s'emparer d'elle, ne la retenaient pas plus que ses nerfs ne pouvaient le supporter. Un mandataire en fruits et légumes aux halles, qu'elle surnommait « la légumineuse » pour ses airs fragiles, s'était fait ainsi son entreteneur, presque de vive force. Il la guettait partout, jusqu'à ce qu'elle lui brisât sur la tête un cageot de fruits.

S'agissait-il, pour Manouche, de prendre ses vacances ? Une invitation arrivait à point nommé et en entraînait une cascade. Si son vieil ami Roger La Ferté, qui allait en voiture dans le sud-ouest, la prenait en charge, la route était fertile en contrastes. On pouvait s'arrêter d'abord à Dampierre chez le duc de Luynes, dont Manouche avait vu dépérir le fils aîné. Plus loin, un serveur d'un de ses restaurants avait ouvert un café et l'accueillait comme si elle était toujours la patronne : « Madame Germain! » Une autre étape avait lieu chez un Corse, truand en retraite, qui avait été l'ami de Carbone, de François et de Didi : on buvait de nombreux pastis. Puis, après la station de rigueur chez l'ancienne maîtresse de Louis XI, on passait dans la résidence basque de Maurice Carrère, où Manouche croisait parfois la comtesse de Paris, son ancienne camarade de Notre-Dame-de-Sion. Le feu d'artifice du voyage était tiré à Biarritz : l'ex-barman du Chambiges et du Spad, le compagnon dévoué de tant d'années d'aventures, de rires et de drames, lui faisait les honneurs de la ville et de son restaurant « Chez Bébert ».

La vie de Manouche à Paris était surtout nocturne. Elle affectionnait le monde grouillant des boîtes, où les goûts les plus charmants et les plus répugnants, la vérité la plus crue et la mythomanie la plus folle, l'amour naïf et la fringale sexuelle, voisinent dans la pénombre au son des puissantes stéréos, comme grouille, sous les tentures et les moquettes, un peuple de cafards, de scolopendres et de pucerons, entretenu par l'humidité, la chaleur, l'obscurité et les miasmes humains.

Manouche avait une préférence pour les lieux que citait le guide *Paris bleu tendre*, notamment le minuscule Zanzibar, tenu par un comte qu'elle appelait « la comtesse », et le Nuage, où le Tout-Paris homosexuel se réunissait sous la baguette magique de Gérald Nanty, qu'elle appelait « sa fille », parce qu'il avait à peu près l'âge de Jean-Paul. En fait, il la traitait comme une mère montgolfière, qu'il promenait à travers ce milieu particulier où, de Madone des Corses, elle était devenue, disait-elle, Madone des tantes.

Le mariage de Jean-Paul faisait long feu. Alors que sa mère exultait depuis quelques mois, d'être grand-mère d'une adorable Stéphanie, il avait été pris en flagrant délit d'adultère. Contraint de divorcer, il dut même signer un désaveu de paternité. Les conseils que Manouche avait voulu lui donner à Cannes, étaient de se bien conduire avec sa femme, dont les parents n'avaient pas vu ce mariage d'un bon œil. Elle était suffoquée que le fils de Carbone se fût laissé jouer par ces Américains. Elle était prête à se rendre à New York pour faire enlever sa petite-fille au roi du cigare par le roi de la mafia. Mais Jean-Paul aurait bientôt un autre rejeton, qui perpétuerait le sang de Carbone : déjà remarié avec une jolie fille qui avait des boutiques de confection, il disait avoir trouvé le bonheur. En tout cas, Manouche ne se croyait pas obligée de lui obéir, quand il la sommait de ne pas revoir son ex-femme et de répudier son ex-fille.

Grâce au concours de ses amis, elle habitait désormais un minuscule appartement dans l'étroite rue Visconti, entre l'imprimerie de Balzac et la maison de Racine. Son voisin était un sculpteur à barbe blanche, petit-fils de Karl Marx. Aucune de ces grandes ombres ne l'effrayait. La caution du loyer avait été avancée par Mme Neurath, femme du financier; la table de chevet avait été offerte par Jacques Chazot; le tapis, par Henri René; la commode, par Odett', qui était retiré dans les opalines au Marché suisse; encore fallait-il qu'elle pût entrer.

Ce matin-là, un spectacle singulier animait cette rue tranquille. Un rayon de soleil, qui coupait les maisons comme une longue épée, éclairait, à une fenêtre d'un troisième étage, une grosse femme gesticulante, en robe blanche à grandes fleurs et deux hercules tenant l'extrémité d'une corde. Sur le trottoir, un autre hercule attachait à l'autre extrémité une commode, entourée de paillassons : ce meuble ne pouvant entrer par la porte, il fallait le faire entrer par la fenêtre.

— Grouille-toi! disait Manouche. Tes potes me font respirer leur bonne sueur du matin, mais je suis pressée... et compressée.

Le chauffeur d'une Rolls mauve arrêtée au coin de la rue, venait de la saluer : son ex-belle-fille avait loué un grand appartement près de l'Etoile et l'envoyait chercher. C'était bien la preuve qu'aucun désaveu de paternité n'empêcherait Stéphanie d'être la petite-fille de Carbone. Manouche ne savait plus à qui entendre : un garçon du tabac du coin, où elle recevait ses coups de téléphone, lui criait que M. et Mme André-Louis Dubois l'invitaient à déjeuner le lendemain chez Maxim's.

La commode s'élevait doucement et approchait de la fenêtre. Sur le seuil de la boutique en face, la vieille épicière à lunettes de fer et le petit-

fils de Karl Marx suivaient l'opération. Manouche interpella encore le déménageur resté en
bas :

— Finis de regarder le cul de ma commode,
comme si c'était le mien, et monte vite boire un
coup. Je dois aller donner le biberon à ma petite-
fille, avenue Foch.

ROMANS-TEXTE INTÉGRAL

ARNOTHY Christine
343** Le jardin noir
368** Jouer à l'été
377** Aviva
431** Le cardinal prisonnier

ASHE Penelope
462** L'étrangère est arrivée nue

ASIMOV Isaac
404** Les cavernes d'acier
453** Les robots
468** Face aux feux du soleil
484** Tyrann

AURIOL Jacqueline
485** Vivre et voler

BARBIER Elisabeth
436** Ni le jour ni l'heure

BARBUSSE Henri
13** Le feu

BARCLAY Florence L.
287** Le Rosaire

BIBESCO Princesse
77* Katia

BODIN Paul
332** Une jeune femme

BORY Jean-Louis
81** Mon village à l'heure allemande

BOULLE Pierre
458** Les jeux de l'esprit

BRESSY Nicole
374* Sauvagine

BUCHARD Robert
393** 30 secondes sur New York

BUCK Pearl
29** Fils de dragon
127** Promesse

CARS Guy des
47** La brute
97** Le château de la juive
125** La tricheuse
173** L'impure
229** La corruptrice

246** La demoiselle d'Opéra
265** Les filles de joie
295** La dame du cirque
303** Cette étrange tendresse
322** La cathédrale de haine
331** L'officier sans nom
347** Les sept femmes
361** La maudite
376** L'habitude d'amour
        Sang d'Afrique :
399** I. L'Africain
400** II. L'amoureuse
        Le grand monde :
447** I. L'alliée
448** II. La trahison
192** La révoltée (octobre 73)

CASTILLO Michel del
05* Tanguy

CESBRON Gilbert
6** Chiens perdus sans collier
38* La tradition Fontquernie
65** Vous verrez le ciel ouvert
131** Il est plus tard que tu ne
        penses
365** Ce siècle appelle au secours
379** C'est Mozart qu'on assas-
        sine
454** L'homme seul
478** On croit rêver

CHABRIER Agnès
406** Noire est la couleur

CHEVALLIER Gabriel
383** Clochemerle-les-Bains

CLARKE Arthur C.
349** 2001 - L'odyssée de l'espace

CLAVEL Bernard
290* Le tonnerre de Dieu
300* Le voyage du père
309** L'Espagnol
324** Malataverne
333** L'hercule sur la place
457** Le tambour du bief
474** Le massacre des innocents

CLIFFORD Francis
359** Chantage au meurtre
388** Trahison sur parole

COLETTE
2*   Le blé en herbe
68*   La fin de Chéri
106*   L'entrave
153*   La naissance du jour

COOPER Edmund
480**   Pygmalion 2113

COURTELINE Georges
59*   Messieurs les Ronds de cuir
142*   Les gaîtés de l'escadron

CRESSANGES Jeanne
363*   La feuille de bétel
387*   La chambre interdite
409*   La part du soleil

CURTIS Jean-Louis
312*   La parade
320**   Cygne sauvage
321*   Un jeune couple
348*   L'échelle de soie
366*** Les justes causes
413*   Le thé sous les cyprès

DAUDET Alphonse
34*   Tartarin de Tarascon
414*   Tartarin sur les Alpes

DHOTEL André
61*   Le pays où l'on n'arrive
        jamais

FABRE Dominique
476*   Un beau monstre

FAURE Lucie
341*   L'autre personne
398*   Les passions indécises
467**   Le malheur fou

FLAUBERT Gustave
103**   Madame Bovary

FLORIOT René
408*   Les erreurs judiciaires

FRANCE Claire
169*   Les enfants qui s'aiment

GENEVOIX Maurice
76*   La dernière harde

GILBRETH F. et E.
45*   Treize à la douzaine

GREENE Graham
4*   Un américain bien tran-
        quille
55*   L'agent secret
135*   Notre agent à la Havane

GUARESCHI Giovanni
1*   Le petit monde de don
        Camillo
52*   Don Camillo et ses ouailles

130*   Don Camillo et Peppone
426*   Don Camillo à Moscou

HAMILTON Edmond
432*   Les rois des étoiles
490**   Le retour aux étoiles

HILTON James
99*   Les horizons perdus

HOUDYER Paulette
358*   L'affaire des sœurs Papin

HURST Fanny
261**   Back Street

KEYES Daniel
427*   Des fleurs pour Algernon

KIRST H.H.
31**   08/15. La révolte du ca-
        poral Asch
121**   08/15. Ls étranges aven-
        tures de guerre de l'adju-
        dant Asch
139**   08/15. Le lieutenant Asch
        dans la débâcle
188*** La fabrique des officiers
224**   La nuit des généraux
304*   Kameraden
357*** Terminus camp 7
386**   Il n'y a plus de patrie
482*   Le droit du plus fort

KOSINSKY Jerzy
270**   L'oiseau bariolé

LABORDE Jean
421**   L'héritage de violence

LANCELOT Michel
396**   Je veux regarder Dieu en
        face
451**   Campus

LENORMAND H.-R.
257*   Une fille est une fille

LEVIN Ira
324**   Un bébé pour Rosemary
434**   Un bonheur insoutenable
449**   La couronne de cuivre

LEVIS MIREPOIX Duc de
43*   Montségur, les cathares

L'HOTE Jean
53*   La communale
260*   Confessions d'un enfant de
        chœur

LOVECRAFT Howard P.
410*   L'affaire Charles Dexter
        Ward
459*** Dagon

LOVECRAFT Howard P. et DERLETH
471✶✶   Le rôdeur devant le seuil

LOWERY Bruce
165✶   La cicatrice

MALLET-JORIS Françoise
87✶   Les mensonges
301✶✶   La chambre rouge
311✶✶   L'Empire céleste
317✶✶   Les personnages
370✶✶   Lettre à moi-même

MALPASS Eric
340✶✶   Le matin est servi
380✶✶   Au clair de la lune, mon ami Gaylord

MARGUERITTE Victor
423✶✶   La garçonne

MARKANDAYA Kamala
117✶   Le riz et la mousson
435✶✶   Quelque secrète fureur

MASSON René
44✶   Les jeux dangereux

MAURIAC François
35✶   L'agneau
93✶   Galigaï
129✶   Préséances
425✶✶   Un adolescent d'autrefois

MAUROIS André
71✶   Terre promise
192✶   Les roses de septembre

MERREL Concordia
336✶✶   Le collier brisé
394✶✶✶   Etrange mariage

MONNIER Thyde
   Les Desmichels :
206✶   I. Grand-Cap
210✶✶   II. Le pain des pauvres
218✶✶   III. Nans le berger
222✶✶   IV. La demoiselle
231✶✶   V. Travaux (oct. 1973)
237✶✶   VI. Le figuier stérile (octobre 1973)

MOORE Catherine L.
415✶✶   Shambleau

MORAVIA Alberto
115✶   La Ciociara
175✶✶   Les indifférents
298✶✶   La belle Romaine
319✶✶   Le conformiste
334✶   Agostino
390✶✶   L'attention
403✶✶   Nouvelles romaines
422✶✶   L'ennui
479✶✶   Le mépris

MORRIS Edita
141✶   Les fleurs d'Hiroshima

MORTON Anthony
352✶   Larmes pour le Baron
356✶   Le Baron cambriole
360✶   L'ombre du Baron
364✶   Le Baron voyage
367✶   Le Baron passe la Manche
371✶   Le Baron est prévenu
375✶   Le Baron les croque
382✶   Le Baron chez les fourgues
385✶   Noces pour le Baron
389✶   Le Baron et le fantôme
395✶   Le Baron est bon prince
401✶   Le Baron se dévoue
411✶   Une sultane pour le Baron
420✶   Le Baron et le poignard
429✶   Une corde pour le Baron
437✶   Piège pour le Baron
450✶   Le Baron aux abois
456✶   Le Baron risque tout
460✶   Le Baron bouquine
469✶   Le Baron et le masque d'or
477✶   Le Baron riposte
494✶   Un solitaire pour le Baron (octobre 1973)

MOUSTIERS Pierre
384✶✶   La mort du pantin

NATHANSON E.M.
308✶✶✶   Douze salopards

NORD Pierre
378✶✶   Le 13e suicidé
428✶✶   Provocations à Prague
481✶✶   Le canal de las Americas

OLLIVIER Eric
391✶   Les Godelureaux

ORIEUX Jean
433✶   Petit sérail

PEREC Georges
259✶   Les choses

PEYREFITTE Roger
17✶✶   Les amitiés particulières
86✶   Mademoiselle de Murville
107✶✶   Les ambassades
325✶✶   Les Juifs
335✶✶✶   Les Américains
405✶✶   Les amours singulières
416✶✶   Notre amour
430✶✶   Les clés de Saint Pierre
438✶✶   La fin des ambassades
455✶✶   Les fils de la lumière
473✶✶   La coloquinte
487✶✶   Manouche

RAYER Francis G.
424✶✶   Le lendemain de la machine

RENARD Jules
11*   Poil de carotte

ROBLES Emmanuel
9*   Cela s'appelle l'aurore

ROY Jules
100*   La vallée heureuse

SAGAN Françoise
461*   Un peu de soleil dans l'eau froide

SAINT-ALBAN Dominique
Noële aux Quatre Vents :
441*   I. Les Quatre Vents
442**   II. Noële autour du monde
443**   III. Les chemins de Hongrie
444**   IV.Concerto pour la main gauche
445**   V. L'enfant des Quatre Vents
446**   VI. L'amour aux Quatre Vents
483**   Le roman d'amour des grandes égéries

SAINT PHALLE Thérèse de
353*   La chandelle

SALMINEN Sally
263*   Katrina

SEGAL Erich
412*   Love Story

SELINKO A. M.
489**   J'étais une jeune fille laide

SILVERBERG Robert
495**   L'homme dans le labyrinthe (octobre 1973)

SIMAK Clifford D.
373**   Demain les chiens

SIMON Pierre-Henri
82*   Les raisins verts

SMITH Wilbur A.
326**   Le dernier train du Katanga

STURGEON Theodore
355**   Les plus qu'humains
369**   Cristal qui songe
407**   Killdozer — Le viol cosmique

TOLKIEN J.-R.-R.
486**   Bilbo le Hobbit

TROYAT Henri
10*   La neige en deuil
La lumière des justes :
272**   I. Les compagnons du coquelicot

274**   II. La Barynia
276**   III. La gloire des vaincus
278**   IV. Les dames de Sibérie
280**   V. Sophie ou la fin des combats
323*   Le geste d'Eve
Les Eygletière :
344**   I. Les Eygletière
345**   II. La faim des lionceaux
346**   La malandre
Les héritiers de l'avenir :
464**   I. Le cahier
465**   II. Cent un coups de canon
466**   III. L'éléphant blanc
488**   Les ailes du diable

URIS Léon
143****   Exodus (novembre 1973)

VAN VOGT A.-E.
362**   Le monde des Ã
381**   A la poursuite des Slans
392**   La faune de l'espace
397**   Les joueurs du A
418**   L'empire de l'atome
419**   Le sorcier de Linn
439**   Les armureries d'Isher
440**   Les fabricants d'armes
463**   Le livre de Ptath
475**   La guerre contre le Rull
496**   Destination Univers (octobre 1973)

VEILLOT Claude
472**   100 000 dollars au soleil

VIALAR Paul
57**   L'éperon d'argent
299**   Le bon Dieu sans confession
337**   L'homme de chasse
350**   Cinq hommes de ce monde T. I
351**   Cinq hommes de ce monde T. II
372**   La cravache d'or
402**   Les invités de la chasse
417**   La maison sous la mer
452**   Safari-vérité

VILALLONGA José-Luis de
493**   Fiesta (octobre 1973)

VONNEGUT Jr Kurt
470**   Abattoir 5

WEBB Mary
63**   La renarde

XENAKIS Françoise
491*   Moi, j'aime pas la mer

DOCUMENTS

BAR-ZOHAR Michel
D. 18***   J'ai risqué ma vie

BATIGNE Jacques
D. 10***   Un juge passe aux aveux

BERGIER Jacques
D. 22**   L'espionnage scientifique (octobre 1973)

BONNEFOUS Edouard
D. 20***   L'homme ou la nature

BOURDREL Philippe
D. 16**   La Cagoule

COLLIER Eric
D. 17**   La rivière des castors

DALLAYRAC Dominique
D. 13**** Dossier : Prostitution

DESCHAMPS Fanny
D. 6*   Vous n'allez pas avalez ça

DIENNET M. et RANDAL A.
D. 3**   Le petit paradis

DURRELL Gerald
D. 2**   Féeries dans l'île
D. 14*   Un zoo dans mes bagages

GREER Germaine
D. 8***   La femme eunuque

HEYKAL Mohamed
D. 11**   Nasser, les documents du Caire

LAWICK-GOODALL Jane van
D. 7**   Les chimpanzés et moi

LAWICK-GOODALL H. et J. van
D. 19**   Tueurs innocents

LORENZ Konrad
D. 23*   Il parlait avec les mammifères, les oiseaux, les poissons (octobre 1973)

MORTON Frederic
D. 15**   Les Rothschild

PELLAPRAT H. P.
D. 21**   La cuisine en 20 leçons

REVEL Jean-François
D. 1**   Ni Marx ni Jésus

ROSTAND Jean
D. 5*   Pensées d'un biologiste

SHELDRICK Daphne
D. 9**   Nos amis dans la brousse

TOLEDANO Marc
D. 12**   Le franciscain de Bourges

SCIENCE-FICTION
et FANTASTIQUE

Dans cette série, Jacques Sadoul
édite ou réédite les meilleurs auteurs du genre :

ASIMOV Isaac
404**   Les cavernes d'acier
453**   Les robots
468**   Face aux feux du soleil
484**   Tyrann

BOULLE Pierre
458**   Les jeux de l'esprit

CLARKE Arthur C.
349**   2001 - L'odyssée de
      l'espace

COOPER Edmund
480**   Pygmalion 2113

HAMILTON Edmond
432**   Les rois des étoiles
490**   Le retour aux étoiles

KEYES Daniel
427**   Des fleurs pour Algernon

LEVIN Ira
342**   Un bébé pour Rosemary
434**   Un bonheur insoutenable

LOVECRAFT H.P.
410*   L'affaire Charles Dexter
      Ward
459***   Dagon

LOVECRAFT et DERLETH
471**   Le rôdeur devant le seuil

MOORE Catherine L.
415**   Shambleau

RAYER Francis G.
424**   Le lendemain de la
      machine

SILVERBERG Robert
495**   L'homme dans le labyrinthe
      (octobre 1973)

SIMAK Clifford D.
373**   Demain les chiens

STURGEON Theodore
355**   Les plus qu'humains
369**   Cristal qui songe
407**   Killdozer - Le viol
      cosmique

TOLKIEN J.R.R.
486**   Bilbo le Hobbit

VAN VOGT A.E.
362**   Le monde des Ã
381**   A la poursuite des Slans
392**   La faune de l'espace
397**   Les joueurs du A
418**   L'empire de l'atome
419**   Le sorcier de Linn
439**   Les armureries d'Isher
440**   Les fabricants d'armes
453**   Le livre de Ptath
475**   La guerre contre le Rull
496**   Destination Univers
      (octobre 1973)

VONNEGUT Karl Jr.
470**   Abattoir 5

L'AVENTURE MYSTÉRIEUSE
du cosmos et des
civilisations disparues

ANTEBI Elisabeth
A. 279**   **Ave Lucifer**
Aujourd'hui, bien des sectes fanatisées adorent un dieu plus
proche de Satan que de la divinité; pensons à la disparition des
enfants du Mage de Marsal ou au meurtre rituel de Sharon Tate.
Mais le démon a pris à l'heure actuelle des dehors technolo-
giques plus effrayants encore que ces manifestations passées.

BARBARIN Georges
A. 216*   **Le secret de la Grande Pyramide**
Cette construction colossale qui défiait les techniques de l'époque
représente la science d'une grande civilisation pré-biblique et
porte en elle la marque d'un savoir surhumain qui sut prédire
les dates les plus importantes de notre Histoire.

BARBARIN Georges
A. 229*   **L'énigme du Grand Sphinx**
L'obélisque de Louksor, depuis qu'il a été transporté à Paris,
exerce une influence occulte sur la vie politique de notre pays.
De même, le grand Sphinx joue un rôle secret dans l'histoire
des civilisations.

BARBAULT Armand
A. 242*   **L'or du millième matin**
Cet alchimiste du XXe siècle vient de retrouver l'Or Potable de
Paracelse, premier degré de l'élixir de longue vie. Il nous
raconte lui-même l'histoire de cette découverte.

BERGIER Jacques
A. 250*   **Les extra-terrestres dans l'Histoire**
Par l'étude de cas précis et indubitables, Jacques Bergier prouve
qu'il subsiste sur Terre des traces du passage et des actions
d'êtres pensants venus d'autres planètes.

BERGIER Jacques
A. 271*   **Les livres maudits**
Il existe une conspiration contre un certain type de savoir dit
occulte, qui a fait détruire systématiquement tout au long de
l'Histoire des livres au contenu prodigieux.

BERNSTEIN Morey
A. 212**   **A la recherche de Bridey Murphy**
Sous hypnose, une jeune femme se souvient de sa vie antérieure
en Irlande et aussi du « temps » qui sépare son décès de sa
renaissance Voici une fantastique incursion dans le mystère
de la mort et de l'au-delà.

BIRAUD F. et RIBES J.-C.
A. 281**   **Le dossier des civilisations extra-terrestres**
La vie existe-t-elle sur d'autres planètes? Des civilisations fon-
dées sur une vie artificielle sont-elles concevables? Des contacts
avec des êtres extra-terrestres sont-ils prévisibles dans un proche
avenir? Voici enfin des réponses claires par deux astronomes pro-
fessionnels.

BROWN Rosemary
A. 293*   **En communication avec l'au-delà**
Depuis l'âge de sept ans, Rosemary Brown est en communication
avec les morts. Plusieurs compositeurs célèbres lui ont dicté leur
musique « posthume » et elle a pu s'entretenir avec des personnalités telles qu'Albert Schweitzer et Albert Einstein.

CHARROUX Robert
A. 190**   **Trésors du monde**
Trésors des Templiers et des Incas. Trésors du culte enfouis lors
des persécutions religieuses. Trésors des pirates et des corsaires,
enterrés dans les îles des Antilles. L'auteur raconte leur histoire
et en localise 250 encore à découvrir.

CHEVALLEY Abel
A. 200*   **La bête du Gévaudan**
Les centaines d'adolescents dont les cadavres, durant des années,
jonchèrent les hauteurs de la Margeride, furent-ils les victimes
d'une bête infernale, de quelque sinistre Jack l'Eventreur ou
d'une atroce conjuration?

CHURCHWARD James
A. 223**   **Mu, le continent perdu**
Mu, l'Atlantide du Pacifique, était un vaste continent qui
s'abîma dans les eaux avant les temps historiques. Le colonel
Churchward prouve par des documents archéologiques irréfutables
qu'il s'agissait là du berceau de l'humanité.

CHURCHWARD James
A. 241**   **L'univers secret de Mu**
La vie humaine est apparue et s'est développée sur le continent
de Mu. Les colonies de la mère-patrie de l'homme furent ainsi
à l'origine de toutes les civilisations.

CHURCHWARD James
A. 291**   **Le monde occulte de Mu**
C'est la révélation de toutes les doctrines ésotériques, et de tout
l'enseignement occulte des prêtres de Mu, que le colonel Churchward
entreprend de révéler ici tout en poursuivant la relation de ses
découvertes sur la mère-patrie de l'homme.

DARAUL Arkon
A. 283 ** **Les sociétés secrètes**
Un grand voyageur fait le point sur les principales sociétés se-
crètes actuelles, ou du passé, tels les disciples du Vieux de la
Montagne, des Thugs indiens, des Castrateurs de Russie, des
Tongs chinois et des étranges Maîtres de l'Himalaya.

DEMAIX Georges J.
A. 262 ** **Les esclaves du diable**
Depuis l'assassinat rituel de Sharon Tate jusqu'aux messes noires
de la région parisienne, l'auteur brosse le panorama de la sor-
cellerie et de la magie depuis l'antiquité jusqu'à nos jours.

FLAMMARION Camille
A. 247 ** **Les maisons hantées**
Le grand savant Camille Flammarion a réuni ici des phénomènes de hantise rigoureusement certains prouvant qu'il existe
au-delà de la mort une certaine forme d'existence.

GERSON Werner
A. 267 ** **Le nazisme société secrète**
Les origines du nazisme sont millénaires et plongent dans les
pratiques des sociétés secrètes, tels que la Sainte Vehme, les
Illuminés de Bavière ou le groupe Thulé. Nous découvrons ici
leurs ramifications actuelles et leurs liens avec l'antique sorcel-
lerie.

GRANT J. et KELSEY D.
A. 297 ** **Nos vies antérieures**
Un psychiatre qui soigne ses malades par hypnose, assisté de sa
femme, médium exceptionnel, prouve la réalité des vies antérieures.

HUTIN Serge
A. 238 * **Hommes et civilisations fantastiques**
Nous voici entraînés dans un voyage fantastique parmi des lieux
ou des êtres de légende : l'Atlantide, l'Eldorado, la Lémurie, la
cité secrète de Zimbabwé ou la race guerrière des Amazones.
Chaque escale offre son lot de révélations stupéfiantes.

HUTIN Serge
A. 269 ** **Gouvernants invisibles et sociétés secrètes**
Les hommes qui tiennent le devant de la scène publique dis-
posent-ils du pouvoir réel? Le sort des nations ne dépend-il pas
plutôt de groupes d'hommes, n'ayant aucune fonction officielle,
mais affiliés en puissantes sociétés secrètes?

LARGUIER Léo
A. 220 * **Le faiseur d'or, Nicolas Flamel**
Nicolas Flamel nous introduit dans le monde fascinant de l'al-
chimie où le métal vil se transmute en or et où la vie se pro-
longe grâce à la Pierre philosophale.

LE POER TRENCH Brinsley
A. 252 * **Le Peuple du ciel**
« Les occupants des vaisseaux de l'espace ont toujours été avec
nous », écrit l'auteur. « Ils y sont en cet instant, bien que vous
les croisiez dans la rue sans les reconnaître. Ce sont vos amis,
le Peuple du ciel. »

LESLIE et ADAMSKI
A. 260** Les soucoupes volantes ont atterri
Le 20 novembre 1952, George Adamski fut emmené à bord d'une soucoupe volante. C'est ainsi qu'il put nous décrire la ceinture de radiations Van Allen découverte ensuite par les cosmonautes.

MILLARD Joseph
A. 232** L'homme du mystère, Edgar Cayce
Edgar Cayce, simple photographe, devient, sous hypnose, un grand médecin au diagnostic infaillible. Bientôt, dans cet état second, il apprend à discerner la vie antérieure des hommes et découvre les derniers secrets de la nature humaine.

MOURA J. et LOUVET P.
A. 204** Saint-Germain, le Rose-Croix immortel
Le comte de Saint-Germain traversa tout le XVIIIe siècle sans paraître vieillir. Il affirmait avoir déjeuné en compagnie de Jules César et avoir bien connu le Christ. Un charlatan? Ou le détenteur des très anciens secrets des seuls initiés de la Rose-Croix?

OSSENDOWSKI Ferdinand
A. 202** Bêtes, hommes et dieux
Fuyant la révolution russe, l'auteur nous rapporte sa traversée de la Mongolie, où un hasard le mit en présence d'un des plus importants mystères de l'histoire humaine : l'énigme du Roi du Monde : « L'homme à qui appartient le monde entier, qui a pénétré tous les mystères de la nature. »

PIKE James A.
A. 285** Dialogue avec l'au-delà
Lors de la mort de son fils, l'évêque Pike eut son attention attirée par une série de faits étranges. Comprenant que son fils cherchait à lui parler depuis l'au-delà, il parvint à s'entretenir avec lui grâce à des médiums.

RAMPA T. Lobsang
A. 11** Le troisième œil
Voici l'histoire de l'initiation d'un jeune garçon dans une lamaserie tibétaine. En particulier, L. Rampa raconte l'extraordinaire épreuve qu'il subit pour permettre à son « troisième œil » de s'ouvrir, l'œil qui lit à l'intérieur des êtres.

RAMPA T. Lobsang
A. 210** Histoire de Rampa
L'auteur du « Troisième œil » entraîne le lecteur plus loin dans son univers ésotérique et lui dévoile d'importants mystères occultes : c'est un voyage dans l'au-delà qu'il lui fait faire, une évasion totale hors des frontières du quotidien.

RAMPA T. Lobsang
A. 226** La caverne des Anciens
C'est dans cette caverne, lieu de l'initiation du jeune L. Rampa, que sont conservées les plus importantes connaissances des civilisations préhistoriques aujourd'hui oubliées et que l'auteur nous révèle enfin.

RAMPA T. Lobsang
A. 256** Les secrets de l'aura
Pour la première fois, Lobsang Rampa donne un cours d'ésotérisme lamaïste. Ainsi, il apprend à voyager sur le plan astral et à discerner l'aura de chacun d'entre nous. Tout ceci est expliqué clairement et d'un point de vue pratique.

RAMPA T. Lobsang
A. 277** **La robe de sagesse**
T. L. Rampa fait le récit de ses épreuves d'initiation et de ses
premiers voyages dans l'Astral. Il explique longuement l'usage
de la boule de cristal et les vérités qui permettent de découvrir
la Voie du Milieu et de gagner le Nirvâna.

SADOUL Jacques
A. 258** **Le trésor des alchimistes**
L'auteur prouve par des documents historiques irréfutables que
les alchimistes ont réellement transformé les métaux vils en
or. Puis il révèle, pour la première fois en langage clair, l'identité chimique de la Matière Première, du Feu Secret et du Mer-
cure Philosophique.

SAURAT Denis
A. 187* **L'Atlantide et le règne des géants**
Le cataclysme qui engloutit l'Atlantide porta un coup fatal à la
civilisation des géants dont les traces impérissables subsistent
dans la Bible, chez Platon, et dans les monumentales statues
des Andes et de l'île de Pâques, antérieures au Déluge.

SAURAT Denis
A. 206* **La religion des géants et la civilisation des insectes**
Avant le Déluge, avant l'Atlantide, avant les géants du ter-
tiaire, les premières civilisations d'insectes, à travers d'étranges
filiations, ont modelé les civilisations humaines, même les plus
modernes.

SEABROOK William
A. 264** **L'île magique**
Haïti et le culte vaudou ont suscité bien des légendes, mais
l'auteur a réussi à vivre parmi les indigènes et à assister aux
cérémonies secrètes. C'est ainsi qu'il put constater l'effroyable
efficacité de la magie vaudou et qu'il eut même l'occasion de
rencontrer un zombi.

SÈDE Gérard de
A. 185** **Les Templiers sont parmi nous**
C'est une tradition vieille de 40 siècles qui a donné aux Templiers leur prodigieuse puissance. Mais leur trésor et leur
connaissance des secrets des cathédrales provoquèrent la convoi-
tise des rois, et ce fut la fin de l'Ordre du Temple.

SÈDE Gérard de
A. 196* **Le trésor maudit de Rennes-le-Château**
Quel fut le secret de Béranger Saunière, curé du petit village de
Rennes-le-Château, qui, entre 1891 et 1917, dépensa plus de un
milliard et demi de francs? Mais surtout comment expliquer
que tous ceux qui frôlent la vérité — aujourd'hui comme hier —
le fassent au péril de leur vie?

SENDY Jean
A. 208* **La lune, clé de la Bible**
L'Ancien Testament n'est pas un récit légendaire, mais un texte
historique décrivant la colonisation de la Terre par des cosmonautes venus d'une autre planète (les Anges). Des traces de leur
passage nous attendent sur la Lune qui sera alors la « clé de la
Bible ».

SENDY Jean
A. 245** **Les cahiers de cours de Moïse**
   A travers l'influence « astrologique » du zodiaque, la prophétie
   de saint Malachie et le texte biblique, Jean Sendy nous montre
   les traces évidentes de la colonisation de la Terre par des cosmonautes dans un lointain passé.

TARADE Guy
A. 214** **Soucoupes volantes et civilisations d'outre-espace**
   Des descriptions très précises de soucoupes volantes ont été
   faites au XIXᵉ siècle, au Moyen Age et dans l'Antiquité. La Bible
   en fait expressément mention. Une seule conclusion possible : les
   « soucoupes » sont les astronefs d'une civilisation d'outre-espace
   qui surveille la Terre depuis l'aube des temps.

TOCQUET Robert
A. 273** **Les pouvoirs secrets de l'homme**
   L'occultisme étudié pour la première fois par un homme de
   science. Ses conclusions aboutissent à la reconnaissance de phénomènes para-normaux : télépathie, voyance, hypnose, formation
   d'auras, etc.

TOCQUET Robert
A. 275** **Les mystères du surnaturel**
   Suite du précédent ouvrage, ce livre étudie les grands médiums,
   les cas prouvés de hantise, les phénomènes de stigmatisation et
   de guérison para-normale. Ces deux volumes forment une véritable réhabilitation scientifique de l'occulte.

VILLENEUVE Roland
A. 235* **Loups-garous et vampires**
   L'auteur traque ces êtres monstrueux depuis l'antiquité jusqu'à
   nos jours et illustre d'exemples stupéfiants leurs étranges manifestations, leurs mœurs, et leurs amours interdites. Mieux, il les
   débusque jusqu'au fond des repaires secrets qui les abritent
   encore.

WILLIAMSON G. Hunt
A. 289** **Les gîtes secrets du lion**
   Le savoir des anciens maîtres de la Terre n'est pas totalement
   perdu. Dans certains lieux connus de très rares initiés, les gîtes
   du lion, des archives secrètes attendent encore d'être révélées.

J'AI LU LEUR AVENTURE

AMORT et JEDLICKA
A. 290** On l'appelait A. 54

BERBEN P. et ISELIN B.
A. 274*** Remagen, le pont de la chance

BERGIER Jacques
A. 101* Agents secrets contre armes secrètes

CARTIER Raymond
A. 207** Hitler et ses généraux

GALLO Max
A. 280*** La nuit des longs couteaux

GOLIAKOV et PONIZOVSKY
A. 233** Le vrai Sorge

HANFSTAENGL Ernst
A. 284** Hitler, les années obscures

HERLIN Hans
A. 248** Ernst Udet, pilote du diable

A. 257** Les damnés de l'Atlantique

MARTELLI George
A. 17** L'homme qui a sauvé Londres

MILLOT Bernard
A. 270*** L'épopée Kamikaze

MUSARD François
A. 193* Les Glières

PHILLIPS C.E. Lucas
A. 175** Opération coque de noix

PLIEVIER Theodor
A. 132** Moscou

SAUVAGE Roger
A. 23** Un du Normandie-Niémen

TOWNSEND Peter
Un duel d'aigles :
A. 294** I. Le chemin de la guerre
A. 295** II. La bataille d'Angleterre

L'AVENTURE AUJOURD'HUI

BAR-ZOHAR Michel
A. 222**   Les vengeurs
A. 282**   Histoire secrète de la guerre d'Israël

BEN DAN
A. 228**   L'espion qui venait d'Israël
A. 231*   Mirage contre Mig
A. 296**   Poker d'espions

BERGIER Jacques
A. 288**   L'espionnage industriel

BERGIER J. et THOMAS B.
A. 259**   La guerre secrète du pétrole

CUAU Yves
A. 217**   Israël attaque

DAYAN Yaël
A. 237*   Lieutenant au Sinaï

EYTAN Steve
A. 263**   L'œil de Tel-Aviv

FALL Bernard
A. 88**   Guerres d'Indochine : France 1946/54, Amérique 1957/...

FRIANG Brigitte
   Regarde-toi qui meurs :
A. 286**   I. L'ordre de la nuit
A. 287**   II. La guerre n'a pas de fin

HONORIN Michel
A. 234*   La fin des mercenaires

JELEN Chr. et OUDIETTE O.
A. 244**   La guerre industrielle

LESPARDA Richard de
A. 276*   La maffia du tiercé

MARIEL Pierre
A. 268*   La revanche des nazis

MAURIES René
A. 240*   Le Kurdistan ou la mort

SHAKER Farid
A. 272*   L'agent du Caire

SOUSTELLE Jacques
A. 265***   Vingt-huit ans de gaullisme
A. 292**   La longue marche d'Israël

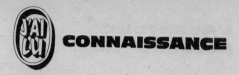

CONNAISSANCE

C/2 TOUTE L'HISTOIRE, par HART-MANN et HIMELFARB

En un seul volume double, de 320 pages :
Toutes les dates, de la Préhistoire à 1945;
Tous les événements politiques, militaires et culturels;
Tous les hommes ayant joué un rôle à quelque titre que ce soit. Un système nouveau de séquences chronologiques permettant de saisir les grandes lignes de l'Histoire.

C/4 CENT PROBLEMES DE MOTS CROISES, par Paul ALEXANDRE

LE TALISMAN, de Marcel DASSAULT

ÉDITIONS J'AI LU
31, rue de Tournon, Paris-VIe

Exclusivité de vente en librairie
FLAMMARION

« Composition réalisée en ordinateur par INFORMATYPE SERVICE »

IMPRIMÉ EN FRANCE PAR BRODARD ET TAUPIN
6, place d'Alleray - Paris.
Usine de La Flèche, le 25-07-1973.
1535-5 - Dépôt légal 3e trimestre 1973.